Die Befreiung von Syndikusrechtsanwälten von der gesetzlichen Rentenversicherungspflicht

Europäische Hochschulschriften Recht

European University Studies in Law

Publications Universitaires Européennes de Droit

Band/Volume **6188**

Anna Hyla

Die Befreiung von Syndikusrechtsanwälten von der gesetzlichen Rentenversicherungspflicht

Eine Untersuchung nach dem Erlass des Gesetzes zur Neuordnung des Rechts der Syndikusanwälte

PETER LANG

Bibliografische Information der Deutschen Nationalbibliothek
Die Deutsche Nationalbibliothek verzeichnet diese Publikation in der Deutschen Nationalbibliografie; detaillierte bibliografische Daten sind im Internet über http://dnb.d-nb.de abrufbar.

Zugl.: Bochum, Univ., Diss., 2019

D 294
ISSN 0531-7312
ISBN 978-3-631-81488-8 (Print)
E-ISBN 978-3-631-83255-4 (E-PDF)
E-ISBN 978-3-631-83256-1 (EPUB)
E-ISBN 978-3-631-83257-8 (MOBI)
DOI 10.3726/b17437

Peter Lang – Berlin · Bern · Bruxelles · New York · Oxford · Warszawa · Wien

Diese Publikation wurde begutachtet.

www.peterlang.com

Meinen Eltern
und
meinem Lebensgefährten

Vorwort

Die vorliegende Arbeit wurde von der rechtswissenschaftlichen Fakultät der Ruhr-Universität Bochum im Wintersemester 2019/2020 als Dissertation angenommen.
Ich bedanke mich bei allen Personen, die mich bei der Erstellung dieser Arbeit unterstützt und gefördert haben.

Inhaltsverzeichnis

Abkürzungsverzeichnis

a.A.	andere Ansicht
a.a.O.	am angegebenen Ort
Abs.	Absatz
ABV e.V.	Arbeitsgemeinschaft berufsständischer Versorgungseinrichtungen
abw.	abweichend(e)
a.E.	am Ende
a.F.	alte Fassung
AGB	Allgemeine Geschäftsbedingungen
AGH	Anwaltsgerichtshof
Alt.	Alternative
Amtsbl.	Amtsblatt
Anm.	Anmerkungen
AnwBl.	Anwaltsblatt
AP	Arbeitsrechtliche Praxis
ArbGG	Arbeitsgerichtsgesetz
ArbRAktuell	Arbeitsrecht aktuell
ArbRB	Der Arbeitsrechtsberater
Art., Artt.	Artikel
AuA	Arbeit und Arbeitsrecht
Aufl.	Auflage
AVG	Angestelltenversicherungsgesetz
BAG	Bundesarbeitsgericht
BayVfH	Bayersicher Verfassungsgerichtshof
BB	Betriebsberater
Bbg	Brandenburg
Bd.	Band
Bearb.	Bearbeiter
BeckRS	Beck'sche Rechtssammlung
Beschl.	Beschluss
BGB	Bürgerliches Gesetzbuch
BGBl.	Bundesgesetzblatt

BGH	Bundesgerichtshof
Bln	Berlin
BORA	Berufsordnung für Rechtsanwälte
BRAK-Mitt.	Bundesrechtsanwaltskammer-Mitteilungen
BRAO	Bundesrechtsanwaltsordnung
BSG	Bundessozialgericht
BT	Bundestag
BT-Drs.	Bundestagsdrucksache
BUJ e.V.	Bundesverband der Unternehmensjuristen
BVerfG	Bundesverfassungsgericht
BVerwG	Bundesverwaltungsgericht
bzw.	beziehungsweise
CCZ	Corporate Compliance Zeitschrift
CDU	Christlich Demokratische Union
CSU	Christlich Soziale Union
d.	durch
DAngVers	Deutsche Angestelltenversicherung
DAV	Deutscher Anwaltsverein
DB	Der Betrieb
ders.	derselbe
d.h.	das heißt
dies.	dieselbe(n)
Diss.	Dissertation
DJ	Deutsche Justiz
DNotZ	Deutsche Notarzeitung
DöD	Der öffentliche Dienst
DöV	Die öffentliche Verwaltung
DRV Bund	Deutsche Rentenversicherung Bund
DVBl.	Deutsches Verwaltungsblatt
DStR	Deutsche Zeitung für Steuerrecht
DStRE	Deutsches Steuerrecht – Entscheidungsdienst
DVVersoG	Verordnung zur Durchführung des Gesetzes über das öffentliche Versorgungswesen
DZWIR	Deutsche Zeitschrift für Wirtschafts- und Insolvenzrecht

Ent.	Entscheidung
ErfKomm	Erfurter Kommentar
EuG	Europäisches Gericht 1. Instanz
EuGH	Europäischer Gerichtshof
EuRAG	Gesetz über die Tätigkeit europäischer Rechtsanwälte
EWiR	Entscheidungen zum Wirtschaftsrecht
FAO	Fachanwaltsordnung
f., ff.	fortfolgend(e)
FGO	Finanzgerichtsordnung
Fn.	Fußnote
FS	Festschrift
GBl.	Gesetzesblatt
GewO	Gewerbeordnung
GG	Grundgesetz
GRCh	Charta der Grundrechte der europäischen Union
GS	Gedenkschrift
GVBl., GVOBl., GS	Gesetz- und Verordnungsblatt
Hess.	Hessisches
HGB	Handelsgesetzbuch
h.M.	herrschende Meinung
Hmb	Hamburg
Hs.	Halbsatz
HS RV	Handbuch des Sozialversicherungsrechts
i.E.	im Ergebnis
i.V.m.	in Verbindung mit
JA	Juristische Arbeitsblätter
jurisPK	Juris Praxiskommentar
JZ	Juristenzeitung
KassKomm	Kasseler Kommentar
KrV	Kranken- und Pflegeversicherung
LAG	Landesarbeitsgericht
LSA	Land Sachsen-Anhalt
LSG	Landessozialgericht
m.	mit
MDR	Monatsschrift für Deutsches Recht

Meckl.- Vorp.	Mecklenburg-Vorpommern
MünchKomm	Münchener Kommentar
M-V	Mecklenburg-Vorpommern
m.w.N.	mit weiteren Nachweisen
m.W.v.	mit Wirkung vom
Nds.	Niedersachsen
NJ	Neue Justiz
NJW	Neue Juristische Wochenschrift
NJW-RR	Neue Juristische Wochenschrift – Rechtsprechungsreport
Nr.	Nummer
NRW	Nordrhein-Westfalen
NW	Nordrhein-Westfalen
NZA	Neue Zeitschrift für Arbeitsrecht
NZS	Neue Zeitschrift für Sozialrecht
RAG	Reichsarbeitsgericht
RAO	Rechtsanwaltsordnung
RAVersG	Gesetz über das Versorgungswerk der Rechtsanwältinnen und Rechtsanwälten
RAVG	Rechtsanwaltsversorgungsgesetz
RdA	Recht der Arbeit
RDG	Rechtsdienstleistungsgesetz
RGBl.	Reichsgesetzblatt
Rn.	Randnummer
RS.	Rechtssache(n)
RVNG	Gesetz über das Rechtsanwaltsversorgungs-werk Niedersachsen
Rz.	Randziffer
S.	Satz
Sächs.	Sächsisches
Schl.-H.	Schleswig-Holstein
SG	Sozialgericht
SGB	Sozialgesetzbuch
SGb	Die Sozialgerichtsbarkeit
SGB I	Sozialgesetzbuch Erstes Buch – Allgemeiner Teil

SGB VI	Sozialgesetzbuch Sechstes Buch – Gesetzliche Rentenversicherung
SGB X	Sozialgesetzbuch Zehntes Buch – Sozialverwaltungsrecht und Sozialdatenschutz
SGG	Sozialgerichtsgesetz
sog.	Sogenannt
SPD	Sozialdemokratische Partei Deutschlands
StPO	Strafprozessordnung
TzBfG	Teilzeit- und Befristungsgesetz
u.	und
u.a.	unter anderem
Urt.	Urteil
v.	von
verb.	verbunden
VersoG	Versorgungsgesetz
VersR	Versicherungsrecht
VersWirtsch	Versicherungswirtschaft
VG	Verwaltungsgericht
VGH	Verwaltungsgerichtshof
vgl.	vergleiche
WiR	Zeitschrift für Wirtschaft und Recht
wistra	Zeitschrift für Wirtschaft, Steuer und Strafrecht
WM	Zeitschrift für Wirtschafts- und Bankenrecht
WP	Wahlperiode
WuB	Entscheidungssammlung zum Wirtschafts- und Bankenrecht
WzS	Wege zur Sozialversicherung
ZAP	Zeitschrift für die arbeitsrechtliche Praxis
z.B.	zum Beispiel
ZfA	Zeitschrift für Arbeitsrecht
ZIP	Zeitschrift für Wirtschaftsrecht
ZRP	Zeitschrift für Rechtspolitik
z.T.	zum Teil

Einführung

A. Problemdarstellung

Die rechts- und berufspolitische Diskussion hat sich in den letzten Jahren intensiv mit einer gesetzlichen Regelung zur Befreiung von Syndikusanwälten von der gesetzlichen Rentenversicherungspflicht befasst. Gegenstand war dabei u.a. die Frage nach dem rechtlichen Status des Syndikusanwalts und seiner Gleichstellung mit selbständig tätigen Rechtsanwälten. Den Ausgangspunkt bildete die im Rentenversicherungsrecht normierte Befreiungsvorschrift, § 6 Abs. 1 S. 1 Nr. 1 Sechstes Buch Sozialgesetzbuch - Gesetzliche Rentenversicherung - (SGB VI)[1], wonach eine Befreiung von der gesetzlichen Rentenversicherungspflicht erfolgen kann, wenn wegen einer durch Gesetz angeordneten Verpflichtung eine Mitgliedschaft in einer öffentlich-rechtlichen Versicherungseinrichtung einer Berufsgruppe (berufsständisches Versorgungswerk) und zugleich kraft gesetzlicher Verpflichtung eine Mitgliedschaft in einer berufsständischen Kammer besteht.[2] Das Vorliegen der Pflichtmitgliedschaft in einem Versorgungswerk und einer Rechtsanwaltskammer war Gegenstand eines rechtlichen Diskurses, der insbesondere die Frage nach der rechtlichen Stellung des Syndikusanwalts im Gefüge der Rechtsanwaltschaft umfasste. Zur intensiven Auseinandersetzung mit diesen Punkten kam es in der Rechtsprechung der Sozialgerichte durch eine zunehmend restriktive Verwaltungspraxis der Deutschen Rentenversicherung bei der Erteilung von Befreiungsbescheiden von der gesetzlichen Rentenversicherungspflicht für Syndikusanwälte. Unter Anwendung eines im Jahr 2005 durch die Arbeitsgemeinschaft berufsständischer Versorgungseinrichtungen

1 Gesetz v. 18.12.1989, BGBl. I S. 2261, 1990 I S. 1337.

2 Wörtlich normiert die § 6 Abs. 1 S. 1a SGB VI: „Von der Versicherungspflicht werden befreit
1. Beschäftigte und selbständig Tätige für die Beschäftigung oder selbständige Tätigkeit, wegen der sie aufgrund einer durch Gesetz angeordneten oder auf Gesetz beruhenden Verpflichtung Mitglied einer öffentlich-rechtlichen Versicherungseinrichtung oder Versorgungseinrichtung ihrer Berufsgruppe (berufsständische Versorgungseinrichtung) und zugleich kraft gesetzlicher Verpflichtung Mitglied einer berufsständischen Kammer sind, wenn
a) am jeweiligen Ort der Beschäftigung oder selbständigen Tätigkeit für ihre Berufsgruppe bereits vor dem 1. Januar 1995 eine gesetzliche Verpflichtung zur Mitgliedschaft in der berufsständischen Kammer bestanden hat […]".

e.V. (ABV e.V.) in Zusammenarbeit mit der Deutschen Rentenversicherung Bund (DRV Bund) herausgegebenen Merkblattes, welches eine Beschreibung der Tätigkeit von Syndikusanwälten enthielt, prüften die Rentenversicherungsträger die Voraussetzungen einer Befreiungsmöglichkeit anhand der konkret ausgeübten Tätigkeit. Ab diesem Zeitpunkt erließen die Rentenversicherungsträger zahlreiche Ablehnungsbescheide, gegen welche die Betroffenen verstärkt den Rechtsweg zu den Sozialgerichten bestritten. In der Folgezeit ergingen diverse Urteile in erster[3] und zweiter[4] Instanz, die zum einen lediglich die im Merkblatt genannten Voraussetzungen für eine Befreiung von der gesetzlichen Rentenversicherungspflicht überprüften[5], zum anderen, teils ohne nähere Begründung, eigene Anforderungen an die Befreiung von der gesetzlichen Rentenversicherungspflicht für Syndikusanwälte stellten.[6] Hervorzuheben ist dabei, dass die

3 Vgl. beispielhaft: SG Duisburg, Urt. v. 19.09.2011 – S 31 KR 526/10, BeckRS 2011, 78621; SG Duisburg, Urt. v. 07.02.2012 – S 37 R 1451/10, BeckRS 66718; SG Köln, Urt. v. 01.12.2011 – S 31 R 696/10, BeckRS 2012, 67428; SG Köln, Urt. v. 22.11.2012 – S 25 R 1371/11, BeckRS 2013, 65894; SG Köln, Urt. v. 30.09.2011 – S 36 R 1106/10, BeckRS 2012, 66566; SG Düsseldorf, Urt. v. 02.11.2010 – S 52 R 230/09, BeckRS 2011, 78003; SG Düsseldorf, Urt. v. 06.12.2012 – S 27 R 24/12, BeckRS 2012, 76203; SG Münster, Urt. v. 05.04.2012 – S 14 R 175/11, juris; SG Frankfurt am Main, Gerichtsbescheid v. 28.02.2012 – S 31 R 434/11, SG Würzburg, Beschl. v. 20.08.2013 – S 4 R 1318/11; SG München, Urt. v. 15.04.2011 – S 27 R 1644/10, BeckRS 2011, 79138; SG München, Gerichtsbescheid v. 29.03.2012 – S 31 R 488/11, juris; SG München; Urt. v. 30.09.2011 – S 12 R 370/11, juris; SG Gotha, Urt. v. 22.08.2011 – S 19 R 1065/11, BeckRS 2012, 66559; SG Braunschweig, Urt. v. 25.11.2011 – S 51 R 35/10, juris.

4 Vgl. beispielhaft: LSG Hessen, Urt. v. 29.10.2009 – L 8 KR 189/08, BeckRS 2010, 65634; LSG Baden-Württemberg, Urt. v. 23.01.2013 – L 2 R 2671/12, BeckRS 2013, 67066; LSG Niedersachen-Bremen, Urt. v. 11.08.2010 – L 2 R 156/08, BeckRS 2011, 75137; LSG NRW, Urt. v. 07.05.2013 – L 18 R 170/12, BeckRS 2013, 73011; LSG NRW Urt. v. 11.06.2013 – L 18 R 843/11, BeckRS 2014, 65333.

5 SG Duisburg, Urt. v. 19.09.2011 – S 31 KR 526/10, BeckRS 2011, 78621; SG Duisburg, Urt. v. 07.02.2012 – S 37 R 1451/10, BeckRS 66718; SG Köln, Urt. v. 01.12.2011 – S 31 R 696/10, BeckRS 2012, 67428; SG Köln, Urt. v. 30.09.2011 – S 36 R 1106/10, BeckRS 2012, 66566; SG Frankfurt am Main, Gerichtsbescheid v. 28.02.2012 – S 31 R 434/11, SG Würzburg, Beschl. v. 20.08.2013 – S 4 R 1318/11, juris; SG München, Urt. v. 15.04.2011 – S 27 R 1644/10, BeckRS 2011, 79138; SG München, Gerichtsbescheid v. 29.03.2012 – S 31 R 488/11, BeckRS 2012, 70022; SG München; Urt. v. 30.09.2011 – S 12 R 370/11, juris; LSG Hessen, Urt. v. 29.10.2009 – L 8 KR 189/08, BeckRS 2010, 65634; LSG Baden-Württemberg, Urt. v. 23.01.2013 – L 2 R 2671/12, BeckRS 2013, 67066.

6 Beispielhaft hierzu: LSG Baden-Württemberg, Urt. v. 19.02.2013 – L 11 R 2181/11, NZS 2013, 462.

Frage nach der Gleichstellung von selbständigen Rechtsanwälten und Syndikusanwälten in der berufsrechtlichen Rechtsprechung der ordentlichen Gerichtsbarkeit nach Entscheidungen des Bundesgerichtshofes[7] und des Europäischen Gerichtshofes[8] als geklärt galt. Nach der dort vertretenen Doppelberufstheorie kann eine anwaltliche Tätigkeit im Angestelltenverhältnis nicht ausgeübt werden. Demgegenüber wurden diese Überlegungen in der Sozialgerichtsbarkeit nur vereinzelt in das Rentenversicherungsrecht, mit der Konsequenz einer Pflichtversicherung in der gesetzlichen Rentenversicherung ohne Befreiungsmöglichkeit, übertragen.[9]

Insbesondere in der berufsrechtlichen Literatur wurden die restriktive Handhabung der Deutschen Rentenversicherung im Rahmen der Befreiungspraxis und die Übertragung der Doppelberufstheorie stark kritisiert.[10] Schließlich hat das Bundessozialgericht am 03.04.2014 in drei Urteilen entschieden, dass sich Syndikusanwälte von der gesetzlichen Rentenversicherungspflicht nach § 6 Abs. 1 S. 1 Nr. 1 SGB VI nicht befreien lassen können, wenn sie in einem abhängigen Beschäftigungsverhältnis zu ihrem nicht-anwaltlichen Arbeitgeber stehen.[11] Das Gericht schloss sich der in der berufsrechtlichen Rechtsprechung etablierten Doppelberufstheorie an, nach der ein Syndikusanwalt in seinem abhängigen Beschäftigungsverhältnis nicht zugleich rechtsanwaltlich tätig werden könne.[12]

---

7 BGH, Beschl. v. 07.11.1960 – AnwZ (B) 2/60, NJW 1961, 216; BGH, Beschl. v. 07.11.1960 – AnwZ (B) 3/60, NJW 1961, 218; BGH, Beschl. v. 07.11.1960 – AnwZ (B) 4/60, NJW 1961, 219.

8 EuGH, Urt. v. 18.05.1982, Rs. 155/79; NJW 1983, 503; EuGH, Urt. v. 14.09.2010 – C – 550/07 P, NJW 2010, 3557; EuGH, Urteil vom 06.09.2012 – C – 422/11 P und C – 423/11 P, BeckRS 2012, 81875.

9 Vgl. hierzu insbesondere LSG NRW, Urt. v. 07.05.2013 – L 18 R 170/12, BeckRS 2013, 73011, welches Gegenstand des Verfahrens vor dem BSG mit dem Aktenzeichen B 5 RE 13/14 R war und am 03.04.2014 entschieden wurde, sowie LSG NRW, Urt. v. 11.06.2013 – L 18 R 843/11, BeckRS 2014, 65333. Die Revision gegen letzteres Urteil wurde am 25.09.2014 vom Bundessozialgericht verworfen, BSG, Beschl. v. 25.09.2014 – B 5 RE 15/14 R, BeckRS 2014, 73307.

10 Vgl. insoweit z.B. Kilger, AnwBl. 1999, 571; Plitt/Stütze, NJW 2011, 2556; Horn, AnwBl. 2011, 755; ders., NJW 2012, 966; Huff, WiR 2011, 4; ders., BRAK-Mitt. 2013, 215; Prütting, WiR 2012, 84; Kleine-Cosack, AnwBl. 2011, 467; Jung/Horn, AnwBl. 2011, 209; Dahns, NJW-Spezial 2007, 237 (237 f.); Huff, CCZ 2011, 101 (101 ff.).

11 BSG, Urt. v. 03.04.2014 – B 5 RE 3/14, juris, DStR 2014, 2185; BSG, Urt. v. 03.04.2014 – B 5 RE 13/14, NJW 2014, 2743; BSG, Urt. v. 03.04.2014 – B 5 RE 9/14, juris.

12 BGH, Beschl. v. 07.11.1960 – AnwZ (B) 2/60, NJW 1961, 216; BGH, Beschl. v. 07.11.1960 – AnwZ (B) 3/60, NJW 1961, 218; BGH, Beschl. v. 07.11.1960 – AnwZ (B) 4/60, NJW 1961, 219; BGH, Beschl. v. 16.08.2001 – AnwZ(B) 41/00, NZA 2001,

Mit Verkündung der Urteile nahm eine rechts- und berufspolitische Diskussion ihren Ausgang, die eine Angleichung von Rechten für Syndikusanwälte und selbständige Rechtsanwälte forderte.[13] Der Gesetzgeber reagierte hierauf mit dem Erlass des Gesetzes zur Neuordnung des Rechts der Syndikusanwälte und Änderung der Finanzgerichtsordnung[14] vom 21.12.2015.[15]

B. Das Gesetz zur Neuordnung des Rechts der Syndikusanwälte

Zum 01.01.2016 ist das Gesetz zur Neuordnung des Rechts der Syndikusanwälte in Kraft getreten. Es enthält für die Gruppe der Syndikusanwälte eine umfassende Neuregelung in der Bundesrechtsanwaltsordnung und der Patentrechtsordnung; zugleich ist für die Frage nach der Rückwirkung einer nach neuem Recht erteilten Befreiung von der gesetzlichen Rentenversicherungspflicht eine Neuregelung im Rentenversicherungsrecht erfolgt. Neu ist zudem die Möglichkeit der Zulassung zur Rechtsanwaltschaft als Syndikusrechtsanwalt.[16] Die in § 6 Abs. 1 S. 1 Nr. 1 SGB VI geregelte Befreiungsmöglichkeit von der gesetzlichen Rentenversicherungspflicht änderte der Gesetzgeber demgegenüber nicht.

Inwieweit das Gesetz zur Neuordnung des Rechts der Syndikusanwälte zur Klärung der Frage, unter welchen Voraussetzungen sich Syndikusanwälte von der gesetzlichen Rentenversicherung befreien lassen können, beiträgt und welche Konsequenzen für Syndikusanwälte aus der alten Rechtslage hieraus für die Zukunft resultieren, soll im Einzelnen in dieser Arbeit näher untersucht werden. Dies erfordert zunächst eine kurze Erläuterung der vom Gesetzgeber

---

1095; BGH, Beschl. v. 25.10.2006 – AnwZ (B) 80/05, NJW 2007, 599; BVerfG, Beschl. v. 04.11.1992 – 1 BvR 79/85, 1 BvR 643/87, 1 BvR 442/89, 1 BvR 238/90, 1 BvR 1258/90, 1 BvR 772/91, 1 BvR 909/91, BVerfGE 87, 287; EuGH, Urt. v. 18.05.1982 Rs. 155/79; NJW 1983, 503; EuGH, Urt. v. 14.09.2010 – C – 550/07 P, NJW 2010, 3557; EuGH, Urt. v. 06.09.2012, verb. RS C – 422/11 P u. C – 423/11 P, BeckRS 2012, 81875.

13 Vgl. insbesondere Offermann-Burckart, MDR 2013, 1197; dies., NJW 2014, 2683; Merkt, NJW 2014, 2310; Krenzer, BRAK-Mitt. 2014, 128 (130); v. Felbert/Korneev, Unzulässige Fixierung des anwaltlichen Berufsbildes durch die DRV, dies., Prüfungsgegenstand des Merkmals „wegen der“ in § 6 Abs. 1 S. 1 SGB VI. A.A. Kahlert, SGb 12.13, 683; Kleine-Cosack, AnwBl. 2016, 101; Kilian, AnwBl. 2014, 468; Ewer/Filges/Roegele, Argumentationspapier, 1.

14 Im Nachfolgenden genannt: Gesetz zur Neuordnung des Rechts der Syndikusanwälte.

15 BGBl. I, S. 2517.

16 Vgl. hierzu insbesondere § 46a Bundesrechtsanwaltsordnung, zuletzt geändert d. Artikel 3 des Gesetzes v. 30.10.2017, BGBl. I, S. 3618.

verwandten Begrifflichkeiten „Syndikusanwalt“ und „Syndikusrechtsanwalt“. Anschließend wird der Gang der Untersuchung vorgestellt.

C. Zum Begriff „Syndikusanwalt“ und „Syndikusrechtsanwalt“ im Kontext der Rechtsordnung

Eine erste Untersuchung des Gesetzes zur Neuregelung des Rechts der Syndikusanwälte zeigt, dass der Gesetzgeber den Begriff des Syndikusanwalts nicht verwendet und stattdessen den Begriff des Syndikusrechtsanwalts in die Rechtsordnung integriert hat. Ob dies ein bloß redaktionelles Versehen oder eine bewusst getroffene Änderung war, lässt sich anhand der in der Rechtsordnung bis dahin verwandten Begriffe unter Zugrundelegung des Gesetzestextes und der Gesetzesbegründung klären und soll im Folgenden die Verwendung der Begriffe in dieser Arbeit verdeutlichen:

Der Ursprung des Begriffs des Syndikusanwalts lässt sich in den Grundsätzen des anwaltlichen Standesrechts[17] finden. Erstmals in § 40 Abs. 2 S. 2 der Standesrichtlinien vom 12.06.1973 hieß es:

> „Im Schriftverkehr seines Dienstherrn darf er die Berufsbezeichnung Rechtsanwalt, die Bezeichnung **Syndikusanwalt**[18] oder eine ähnliche; auf seine Anwaltseigenschaft hinweisende Bezeichnung nicht gebrauchen.“

Nachdem das Bundesverfassungsgericht[19] diese Standesrichtlinien mangels Ermächtigungsgrundlage für verfassungswidrig erklärte, erließ der Gesetzgeber die Bundesrechtsanwaltsordnung[20] (BRAO), die auf den Begriff des Syndikusanwalts verzichtete. Stattdessen versuchte der Gesetzgeber den Begriff des Syndikusanwalts in § 46 Abs. 1 S. 1 BRAO a. F.[21] wie folgt zu umschreiben:

> „Der Rechtsanwalt darf für einen Auftraggeber, dem er aufgrund eines ständigen Dienst- oder ähnlichen Beschäftigungsverhältnisses seine Arbeitszeit und -kraft zur

17 Die Grundsätze des anwaltlichen Standesrechts wurden in der Hauptversammlung der Bundesrechtsanwalts-kammer am 12.06.1973 beschlossen.

18 Hervorhebung durch die Verfasserin.

19 BVerfG, Beschl. v. 14.07.1987 – 1 BvR 537/81 u.a., NJW 1988, 191; BVerfG, Beschl. v. 14.07.1987 – 1 BvR 362/79, BVerfGE 76, 196.

20 Bundesrechtsanwaltsordnung v. 01.08.1959, BGBl. I, S. 565, zuletzt geändert d. Artikel 4 des Gesetzes v. 12.12.2007, BGBl. I, S. 2840.

21 Bundesrechtsanwaltsordnung in der Fassung d. Artikel 1 Nr. 17 nach Maßgabe d. Artikel 21 des Gesetzes v. 02.09.1994, BGBl. I, S. 2278 (RPNeuOG) m.W.v. 09.09.1994 mit Geltung bis zum 31.12.2015.

> Verfügung stellen muß, vor Gerichten oder Schiedsgerichten nicht in seiner Eigenschaft als Rechtsanwalt tätig werden."

Mit dem Gesetz zur Neuordnung des Rechts der Syndikusanwälte entschied sich der Gesetzgeber schließlich dazu, einen neuen Begriff in die Bundesrechtsanwaltsordnung zu implementieren. In § 46 Abs. 2 S. 1 BRAO[22] wird nunmehr normiert, dass Angestellte ihren Beruf als Rechtsanwalt ausüben,

> „sofern sie im Rahmen ihres Arbeitsverhältnisses für ihren Arbeitgeber anwaltlich tätig sind (Syndikusrechtsanwälte)".

Mit der Neuregelung hat der Gesetzgeber den Begriff des Syndikusrechtsanwalts legaldefiniert. Der Syndikusrechtsanwalt kann danach für seinen Arbeitgeber anwaltlich tätig werden. Indem der Syndikusrechtsanwalt seinen Beruf als Rechtsanwalt ausübt, stellt der Gesetzgeber zugleich klar, dass es sich um einen Rechtsanwalt nach §§ 1 ff. BRAO handeln soll.[23] Hinzu tritt die Besonderheit, dass nunmehr die Zulassung zum Syndikusrechtsanwalt durch § 46a BRAO sowie das Führen der Bezeichnung „Rechtsanwalt (Syndikusrechtsanwalt)" im öffentlichen Raum ermöglicht wird. Der Begriff des Syndikusrechtsanwalts ist durch die zugleich erfolgte Zulassungsmöglichkeit gesetzlich normiert worden. Auf die Verwendung des Begriffs des Syndikusanwalts verzichtet der Gesetzgeber in der Neufassung der BRAO. Im Unterschied zur bisherigen Rechtslage erkennt der Gesetzgeber nunmehr den Syndikusrechtsanwalt an und grenzt sich von der Literatur und der Rechtsprechung ab, die den Begriff des Syndikus[24] sowie des Syndikusanwalts, teils auch synonym, verwandten.[25] Lediglich in der Gesetzesüberschrift und der Begründung zum Gesetzesentwurf wird der Begriff des Syndikusanwalts im Rahmen der „Zielsetzung" und der „Notwendigkeit der Regelungen" und des „Wesentlichen Inhalts des Entwurfs im Allgemeinen Teil" der Begründung aufgegriffen. Mit der Einführung des Syndikusrechtsanwalts sind die weiteren Bezeichnungen als Syndikusanwalt bzw. Syndikus rechtlich irrelevant geworden. Die Bezeichnung des Syndikusanwalts erscheint jedoch

---

22 Bundesrechtsanwaltordnung in der Fassung d. Artikel 1 Nr. 3 nach Maßgabe d. Artikel 8 des Gesetzes v. 21.12.2015, BGBl. I, S. 2517 m.W.v. 01.01.2016.

23 Koch, DNotZ 2018, 84 (87); Prossega, DStR 2018, 1372.

24 Lediglich das Bundessozialgericht verwandte diesen Begriff und definierte den Syndikus als ständigen „[...] Rechtsberater in einem festen Dienst- oder Anstellungsverhältnis zu einem bestimmten Arbeitgeber [...] (Syndikus) [...]", BSG, Urt. v. 03.04.2014 – B 5 RE 3/14, Rn. 30, juris; BSG, Urt. v. 03.04.2014 – B 5 RE 13/14, Rn. 35, NJW 2014, 2743; BSG, Urt. v. 03.04.2014 – B 5 RE 9/14, Rn. 25, juris.

25 Vgl. hierzu Remmertz, BRAK-Mitt. 2016, 47 ff.

dort von Bedeutung, wo eine Zulassung zur Rechtsanwaltschaft als Syndikusrechtsanwalt noch nicht erfolgt ist. Sie wird im Nachfolgenden auch in dieser Funktion verwandt.[26]

D. Aufgabenstellung und Gang der Untersuchung

Im Einzelnen untersucht diese Arbeit, inwieweit und unter welchen Voraussetzungen die Regelungsänderungen mit dem Gesetz zur Neuordnung des Rechts der Syndikusanwälte zu einer Befreiungsmöglichkeit von der gesetzlichen Rentenversicherungspflicht für Syndikusanwälte führen.

Zu diesem Zweck wird im ersten – einleitenden – Kapitel, nachdem bereits eine kurze Zusammenfassung der Problematik ausgehend von Literatur und Rechtsprechung erfolgte und die Begrifflichkeiten „Syndikusanwalt" und „Syndikusrechtsanwalt" erläutert wurden, die Entwicklung des Gesetzes zur Neuordnung des Rechts der Syndikusanwälte beschrieben. Zuvörderst wird das Obiter-Dictum-Urteil des Bundessozialgerichts dargestellt, mit welchem das Gericht die Befreiung von der gesetzlichen Rentenversicherungspflicht für Syndikusanwälte versagte. In einem weiteren Schritt wird die vom Bundessozialgericht aufgegriffene Rechtsprechung des Bundesgerichtshofes, des Bundesverfassungsgerichtes und des Europäischen Gerichtshofes beleuchtet. Hieran anknüpfend wird die sozialgerichtliche Rechtsprechung dargestellt, welche bis zu den Urteilen des Bundessozialgerichts weitestgehend das Merkblatt der ABV e.V. i.V.m. DRV Bund zugrunde gelegt haben. Schließlich wird die Motivationslage, die zur Gesetzesänderung führte, verdeutlicht.

Im zweiten Kapitel wird der Schwerpunkt der Arbeit dargestellt: Es werden die einzelnen Neuregelungen des Gesetzes vorgestellt. Neben den Regelungszielen, werden insbesondere Fragen betreffend das Gesetzgebungsverfahren im weitesten Sinne aufgeworfen. So wird zum einen die Frage untersucht, ob der Bundesgesetzgeber eine Gesetzgebungskompetenz zum Erlass des Gesetzes hatte. Ferner wird die Frage aufgeworfen, welche Anforderungen an ein Gesetz, welches an der Schnittstelle zwischen Versorgungswerken auf den einen und der gesetzlichen Rentenversicherung auf der anderen Seite anknüpft, zu stellen sind. Hierbei wird sich mit der systematischen Einordnung einer Norm

26 Vgl. hierzu insbesondere die Anmerkungen von Remmertz, BRAK-Mitt. 2016, 47. Er weist darauf hin, dass es für eine Anzahl von Syndikusanwälten nachteilige Folgen haben kann, sich nach neuer Rechtslage zum Syndikusrechtsanwalt zuzulassen. Berufsrechtlich kann für diese Personengruppe das Führen der Bezeichnung Syndikusanwalt irreführend und damit unzulässig sein.

auseinandergesetzt, die an der Schnittstelle zweier Regelungsmaterien anknüpft. Es werden zunächst abstrakt mehrere Implementierungsmöglichkeiten aus dogmatischer Sicht angeführt und sodann konkrete Beispiele aus der Literatur darstellt und zu diesen Stellung genommen.

Im weiteren Verlauf werden die einzelnen Voraussetzungen der Befreiungsnorm unter Berücksichtigung der Neuregelungen in der Bundesrechtsanwaltsordnung dargestellt. Als erstes wird sich ausgehend von der in § 6 Abs. 1 S. 1 Nr. 1 SGB VI normierten Befreiungsnorm der Pflichtmitgliedschaft in der Rechtsanwaltskammer gewidmet. Dabei wird zunächst die Frage aufgeworfen, ob die in § 46a BRAO neu geregelte Zulassung zur Rechtsanwaltschaft als Syndikusrechtsanwalt unter dem Gesichtspunkt von Art. 12 GG, Art. 14 GG und Art. 2 Abs. 1 GG verfassungsrechtlichen Bedenken standhält. Hierbei wird auch die Überlegung angestellt, ob aus der Neuregelung der Zulassung zum Syndikusrechtsanwalt zugleich eine Verpflichtung zur Zulassung resultiert. Im Weiteren wird untersucht, ob sämtliche in der Bundesrechtsanwaltsordnung normierten Versagungsgründe auf Syndikusrechtsanwälte anzuwenden sind.

Sodann werden die einzelnen Tätigkeitsanforderungen an die Tätigkeit des Syndikusanwalts für die Zulassung zum Syndikusrechtsanwalts dargestellt und ausgelegt. Dabei wird sich zunächst dem Begriff der Unabhängigkeit und der Eigenverantwortung zugewandt. Im Rahmen der Eigenverantwortung wird der Frage nachgegangen, ob bzw. in welchem Umfang die privilegierte Arbeitnehmerhaftung auf Syndikusrechtsanwälte übertragbar ist.

Anschließend erfolgt die Analyse der einzelnen Tätigkeitsmerkmale, der Prüfung von Rechtsfragen, der Rechtsraterteilung, der Gestaltung von Rechtsverhältnissen sowie der Befugnis zur Vertretung nach außen zu. Es erfolgt im Einzelfall eine Auslegung des Merkmals, ein Vergleich zur Vier-Kriterien-Theorie und ggf. eine Überprüfung, ob diese mit dem in § 3 Abs. 1 BRAO verkörperten Tätigkeitsprofil des Rechtsanwalts als Berater und Vertreter in Einklang steht.

Anschließend erfolgt die Untersuchung, ob sämtliche Merkmale kumulativ vorliegen müssen. Dabei werden insbesondere im Hinblick auf die Zulassung von Rechtsanwälten Gesichtspunkte des allgemeinen Gleichheitssatzes, Art. 3 Abs. 1 GG, in die Untersuchung einbezogen. Schließlich endet dieser Teil mit der Aufarbeitung der Frage, welchen Anteil die anwaltliche Tätigkeit eines Syndikusrechtsanwalts umfassen muss.

Das zweite Tatbestandsmerkmal der Befreiungsnorm, die Pflichtmitgliedschaft im Versorgungswerk, wird unter der Fragestellung untersucht, ob die Übernahme in ein Versorgungswerk bis zu einem bestimmten Lebensalter den verfassung- und ggf. europarechtlichen Vorgaben entspricht.

Im Rahmen der Untersuchung des dritten und letzten Tatbestandsmerkmals, nämlich die Verknüpfung zwischen der Tätigkeit, wegen der eine Mitgliedschaft im Versorgungswerk und in der Berufskammer besteht, wird eine kurzen Zusammenfassung dargestellt, welche die wesentlichen Änderung der BRAO nochmals darstellt.

Im dritten Kapitel werden die Auswirkungen der Rechtsprechung des Bundessozialgerichts und der Gesetzesänderung dargestellt. In einem ersten Schritt wird der Frage nachgegangen, wie mit ursprünglich erteilten Befreiungsbescheiden umzugehen ist, wenn die ursprüngliche Tätigkeit nicht mehr ausgeübt wird. Es wird sich mit Folgeproblem beschäftigt, wann eine neue Antragstellung erforderlich ist und welche Ausnahmen es diesbezüglich gibt, nämlich dem Grundsatz nach Treu und Glauben, dem sozialrechtlichen Herstellungsanspruch und dem Vertrauensschutz. Sodann wird die Handhabung mit Beitragsrückerstattungen in den Blick genommen und insbesondere im Hinblick auf den neu eingeführten § 286f SGBVI näher dargestellt. Dieser Abschnitt endet mit Ausführungen zur Erstreckung der Befreiung auf vorübergehende Tätigkeiten und den Zulassungszeitpunkt als maßgebliches Kriterium für die Befreiung. Die Untersuchung endet schließlich mit einer kurzen Zusammenfassung des geänderten Verwaltungs- und Gerichtsverfahrens.

Im vierten und abschließenden Kapitel werden alle Ergebnisse zusammengetragen.

Kapitel 1 – Die Entwicklung des Gesetzes zur Neuordnung des Rechts der Syndikusanwälte

Das Gesetz zur Neuordnung des Rechts der Syndikusanwälte ist eine Reaktion auf die Urteile des Bundessozialgerichts vom 03.04.2014. Der Gesetzgeber hat diese Grundsatzentscheidungen zum Anlass genommen, um die im Berufsrecht der Rechtsanwälte bestehende Rechtslage im Nachgang zu den Entscheidungen des Bundessozialgerichts zu ändern.[27] Bevor im Einzelnen die Änderungen in der BRAO und im SGB VI untersucht werden, soll zunächst die Entscheidung des Bundessozialgerichts unter Berücksichtigung der zuvor im Berufsrecht ergangenen Entscheidungen der obersten Gerichte dargestellt werden und anschließend der Blick auf die sozialgerichtliche Rechtsprechung gerichtet werden, wodurch die Entscheidungsgründe des Gesetzgebers zum Erlass des Gesetzes zur Neuordnung des Rechts der Syndikusanwälte verdeutlicht werden.

A. Das Obiter-Dictum-Urteil des Bundessozialgerichts

Das Bundessozialgericht sprach den Syndikusanwälten mit seinen Urteilen vom 03.04.2014 die Möglichkeit der Befreiung von der gesetzlichen Rentenversicherungspflicht ab.[28] Zu entscheiden hatte das Gericht u.a. über die Befreiungsmöglichkeit einer in einer Rechtsabteilung eines Beratungsunternehmens angestellten juristischen Mitarbeiterin und zugleich als Rechtsanwältin zugelassenen Klägerin sowie einem als Rechtsanwalt zugelassenen und als Vorstandsreferenten und Compliance-Beauftragten tätigen Kläger.[29] Die hierfür maßgebliche Norm bildet auch gegenwärtig noch § 6 Abs. 1 S. 1 Nr. 1 S. 1 SGB VI. Danach gilt:

---

27 Vgl. insbesondere auch die Zusammenfassung bei Hartung/Hartung/Scharmer, BORA/FAO, Vor §§ 46–46c, Rn. 14 ff.

28 BSG, Urt. v. 03.04.2014 – B 5 RE 3/14 R, juris; BSG, Urt. v. 03.04.2014 – B 5 RE 9/14 R, juris; BSG, Urt. v. 03.04.2014 – B 5 RE 13/14 R, NJW 2014, 2743.

29 Im Verfahren B 5 R 3/14 R war der Kläger Volljurist und bewarb sich erfolgreich auf die Stelle eines „Juristen mit abgeschlossenem Studium der Rechtswissenschaften mit Prädikatsexamen und Schwerpunkt Arbeitsrecht“. In dieser Funktion war er ab dem 01.03.2010 gegen Entgelt in der Abteilung „Concepts and Coordination Benefits“ (Konzeption und Koordination betrieblicher Sozialleistungen) beschäftigt und hatte dort insbesondere Grundsatzfragen der betrieblichen Sozialpolitik zu klären. Sein Arbeitgeber bescheinigte ihm später, die Qualifikation als Volljurist

> „Von der Versicherungspflicht werden befreit
> 1. Beschäftigte und selbständig Tätige für die Beschäftigung oder selbständige Tätigkeit, wegen der sie aufgrund einer durch Gesetz angeordneten oder auf Gesetz beruhenden Verpflichtung Mitglied einer öffentlich-rechtlichen Versicherungseinrichtung oder Versorgungseinrichtung ihrer Berufsgruppe (berufsständische Versorgungseinrichtung) und zugleich kraft gesetzlicher Verpflichtung Mitglied einer berufsständischen Kammer sind [...]"

Das Gericht stellte in seinen Entscheidungen die Prämisse auf, dass der im Unternehmen tätige Jurist keiner Beschäftigung nachgehen könne, „wegen der eine Pflichtmitgliedschaft in der berufsständischen Kammer und einer berufsständischen Versorgungseinrichtung" bestehe.[30] Diese sogenannte Kausalität könne bei einer angestellten Tätigkeit eines Rechtsanwalts bei einem nicht-anwaltlichen Arbeitgeber nicht vorliegen. Die Zulassung zur Rechtsanwaltschaft erfolge bei Syndikusanwälten weder mit Blick auf eine „Beschäftigung" noch auf einen bestimmten Kreis anwaltlicher Betätigungen, sodass die Diskrepanz zwischen dem Rentenversicherungsrecht und dem Berufsrecht der Rechtsanwälte gemessen an einer strengen Wortlautauslegung nicht beseitigt werden könne.[31]

---

sei Einstellungsvoraussetzung gewesen, und bestätigte in einer Freistellungserklärung das unwiderrufliche Einverständnis, dass der Kläger neben seiner Tätigkeit als Angestellter den Beruf als Rechtsanwalt ausüben könne mit der Erlaubnis, sich auch während der Dienstzeit zur Wahrnehmung anwaltlicher Tätigkeiten jederzeit von seinem Dienstplatz entfernen zu dürfen. Am 07.05.2010 erfolgte die Zulassung zur Rechtsanwaltschaft.
Im weiteren Verfahren B 5 R 9/14 R war der Kläger seit 2009 als Vorstandsreferent und Compliance-Beauftragter in einem Unternehmen tätig, wobei er bereits seit 2008 zur Rechtsanwaltschaft zugelassen war. Im letzten Fall war der Kläger aufgrund einer Stelle eines „Juristen mit abgeschlossenem Studium der Rechtswissenschaft mit Prädikatsexamen und Schwerpunkt Arbeitsrecht" in einem Unternehmen tätig.
Im Verfahren B 5 R 13/14 R war die Klägerin seit Februar 2000 als juristische Mitarbeiterin in der Rechtsabteilung eines Beratungsunternehmens für betriebliche Altersversorgung tätig und übernahm ab 2009 die Stelle einer Kollegin, die als Rechtsanwältin zugelassen war. Die Klägerin ließ sich zur Rechtsanwaltschaft zulassen und wurde Mitglied im Versorgungswerk, nachdem der Arbeitgeber seine Firmenpolitik dahingehend änderte, dass nunmehr alle Juristen in seiner Rechtsabteilung zugelassene Rechtsanwälte sein sollten.

30 BSG, Urt. v. 03.04.2014 – B 5 RE 3/14 R, Rn. 23, juris; BSG, Urt. v. 03.04.2014 – B 5 RE 9/14 R, Rn. 18, juris; BSG, Urt. v. 03.04.2014 – B 5 RE 13/14 R, Rn. 28, NJW 2014, 2743 (2746).

31 BSG, Urt. v. 03.04.2014 – B 5 RE 3/14 R, Rn. 23, juris; BSG, Urt. v. 03.04.2014 – B 5 RE 9/14 R, Rn. 18, juris; BSG, Urt. v. 03.04.2014 – B 5 RE 13/14 R, Rn. 28, NJW 2014, 2743 (2746).

Das Bundessozialgericht legte dem Wortlaut der Norm ein erweiterndes Verständnis zugrunde und begründete dies mit der Funktion der Befreiungsnorm. Danach betreffe § 6 Abs. 1 S. 1 Nr. 1 SGB VI die Koexistenz von jeweils aufgrund öffentlich-rechtlichen Zwangs angeordneten Versorgungen für die Fälle von verminderter Erwerbsfähigkeit, Alter und Tod (sog. „doppelte Pflichtmitgliedschaft“).[32] Er überlasse es dem hiernach gesetzlich Ermächtigten, es nach jeweils eigener Willensentscheidung entweder durch Untätigkeit bei der Parallelität als gesetzlich stillschweigend angelegtem Regelfall zu belassen oder unter den gesetzlich im Einzelnen bestimmten Voraussetzungen durch einen hierauf gerichteten materiell-rechtlichen Antrag (§ 6 Abs. 2 SGB VI) sein Recht auf Befreiung von der Versicherungspflicht in der gesetzlichen Rentenversicherung unter Verbleib in der berufsständischen Versorgungseinrichtung geltend zu machen. Dabei habe sich das Verständnis von § 6 Abs. 1 S. 1 Nr. 1 SGB VI an dieser systemübergreifenden Koordinierungsfunktion zu orientieren und dürfe nicht bereits die Schnittmenge beider Bereiche allein nach Kriterien der gesetzlichen Rentenversicherung („Beschäftigung“) bestimmen, die für die Zugehörigkeit zu den berufsständischen Versorgungseinrichtungen grundsätzlich ohne Bedeutung seien.[33] Diese rentenrechtliche Funktion des § 6 Abs. 1 S. 1 Nr. 1 SGB VI erlaube und fordere zwingend ein den Gegebenheiten des anwaltlichen Berufs- und Versorgungsrechts angepasstes Verständnis des Tatbestandselements derselben Beschäftigung („... für die Beschäftigung, wegen der ...“). In diesem Sinne verstand das Gericht unter „derselben Beschäftigung“ die „von der Beschäftigung erfasste Erwerbstätigkeit“.[34] Dieses modifizierte Normverständnis führe dazu, dass sich Syndikusanwälte nicht von der gesetzlichen Rentenversicherung befreien lassen können. Die anwaltliche Berufsausübung sei in der äußeren Form der Beschäftigung nicht möglich. Umgekehrt bedürfe es mangels Tätigkeit in einer konkreten fremden Angelegenheit für die Erbringung von Rechtsdienstleistungen gegenüber einem Arbeitgeber keiner Zulassung zur Rechtsanwaltschaft, § 2 Abs. 1, § 3 des Gesetzes über außergerichtliche

---

32 BSG, Urt. v. 03.04.2014 – B 5 RE 3/14 R, Rn. 24, juris; BSG, Urt. v. 03.04.2014 – B 5 RE 9/14 R, Rn. 19, juris; BSG, Urt. v. 03.04.2014 – B 5 RE 13/14 R, Rn. 29, NJW 2014, 2743 (2746).

33 BSG, Urt. v. 03.04.2014 – B 5 RE 3/14 R, Rn. 24, juris; BSG, Urt. v. 03.04.2014 – B 5 RE 9/14 R, Rn. 19, juris; BSG, Urt. v. 03.04.2014 – B 5 RE 13/14 R, Rn. 29; NJW 2014, 2743 (2746).

34 BSG, Urt. v. 03.04.2014 – B 5 RE 3/14 R, Rn. 23, juris; BSG, Urt. v. 03.04.2014 – B 5 RE 9/14 R, Rn. 18, juris; BSG, Urt. v. 03.04.2014 – B 5 RE 13/14 R, Rn. 28, NJW 2014, 2743 (2746).

Rechtsdienst-leistungen[35] (RDG). Die im Rahmen der Beschäftigung erbrachte Erwerbstätigkeit sei ohne Bedeutung.[36] Maßgeblich für die Einbeziehung in die Versorgungswerke sei allein der durch Zulassungsakt eröffnete Zugang zu einer Berufstätigkeit in ihrer Gesamtheit.[37] Denn beide Sicherungsformen stimmten jedenfalls insoweit überein, als sie inhaltlich jeweils an die Ausübung einer Erwerbstätigkeit anknüpften und Schutz gegen die wirtschaftlichen Folgen gerade hiermit verbundener Risiken gewährleisteten. Komme daher in Betracht, dass ein und dieselbe Erwerbstätigkeit zur Versicherungspflicht in beiden Sicherungssystemen führe, sei bereits damit der Anwendungsbereich von § 6 Abs. 1 S. 1 Nr. 1 SGB VI eröffnet und eine weitergehende Prüfung veranlasst.[38]

Bei der Beurteilung der Frage, ob die Beschäftigung des Syndikusanwalts der anwaltlichen Berufstätigkeit zugeordnet werden könne, stützte sich das Bundessozialgericht auf die in der Rechtsprechung des Bundesgerichtshofes[39], des Bundesverfassungsgerichts[40] und des Europäischen Gerichtshofes[41] vertretene Doppelberufstheorie und kam so zu dem Schluss, dass eine Tätigkeit im abhängigen Beschäftigungsverhältnis unter keinen Voraussetzungen anwaltlicher Natur sein könne.[42] Einen Grund für eine

---

35 Rechtsdienstleistungsgesetz v. 12.12.2007, BGBl. I, S. 2840, zuletzt geändert d. Artikel 6 des Gesetzes v. 12.05.2017, BGBl. I, 1121.

36 BSG, Urt. v. 03.04.2014 – B 5 RE 3/14 R, Rn. 26, juris; BSG, Urt. v. 03.04.2014 – B 5 RE 9/14 R, Rn. 21, juris; BSG, Urt. v. 03.04.2014 – B 5 RE 13/14 R, Rn. 31, NJW 2014, 2743 (2746)..

37 BSG, Urt. v. 03.04.2014 – B 5 RE 3/14 R, Rn. 25, juris; BSG, Urt. v. 03.04.2014 – B 5 RE 9/14 R, Rn. 20, juris; BSG, Urt. v. 03.04.2014 – B 5 RE 13/14 R, Rn. 30; NJW 2014, 2743 (2746).

38 BSG, Urt. v. 03.04.2014 – B 5 RE 3/14 R, Rn. 25, juris; BSG, Urt. v. 03.04.2014 – B 5 RE 9/14 R, Rn. 20, juris; BSG, Urt. v. 03.04.2014 – B 5 RE 13/14 R, Rn. 30, NJW 2014, 2743 (2746).

39 § 11 des Gesetzes zur Wahrung der Einheitlichkeit der Rechtsprechung der obersten Gerichtshöfe des Bundes (RsprEinhG) v. 19.06.1968, BGBl. I, S. 661, zuletzt geändert d. Artikel 144 der Verordnung v. 31.08.2015, BGBl. I, S. 1474.

40 BVerfG, Beschl. v. 04.11.1992 – 1 BvR 79/85, 1 BvR 643/87, 1 BvR 442/89, 1 BvR 238/90, 1 BvR 1258/90, 1 BvR 772/91, 1 BvR 909/91, BVerfGE 87, 287, NJW 1993, 317.

41 EuGH, Urt. v. 18.05.1982, Rs. 155/79; NJW 1983, 503 (504); EuGH, Urt. v. 14.09.2010 – C – 550/07 P, NJW 2010, 3557; EuGH, Urt. v. 06.09.2012 – C – 422/11 P und C – 423/11 P; BeckRS 2012, 81875.

42 Zur Doppelberufstheorie führte das Bundessozialgericht aus, dass der Bundesgerichtshof dieses inhaltlich dem in §§ 1 bis 3 BRAO normierten Tätigkeitsbild des Rechtsanwalts in „gefestigter Rechtsprechung“ und unter Berufung auf die

Abweichung der obergerichtlichen Entscheidungen sah das Bundessozialgericht nicht.[43]

B. Die berufsrechtliche Rechtsprechung zum Syndikusrechtsanwalt

Anders als die sozialgerichtliche Rechtsprechung gilt die Rechtsprechung der ordentlichen Gerichtsbarkeit zum rechtlichen Status des Syndikusanwalts - auch heute noch - aufgrund der Doppelberufstheorie als gefestigt. Nur ausnahmsweise kam in jüngster Zeit eine Lockerung der ansonsten stringenten Anwendung der Doppelberufstheorie in Betracht. In der gleichen Konsequenz ging auch der Europäische Gerichtshof von der Geltung der Doppelberufstheorie

---

Gesetzesmaterialien entnehme, BSG, Urt. v. 03.04.2014 - B 5 RE 3/14 R, Rn. 31, juris; BSG, Urt. v. 03.04.2014 - B 5 RE 9/14 R, Rn. 26, juris; Urt. v. 03.04.2014 - B 5 RE 13/14 R, Rn. 36, NJW 2014, 2743 (2746). Hieran werde im Rahmen einer kontinuierlichen Verweisungskette in Übereinstimmung mit dem Bundesverfassungsgericht und dem Gesetzgeber (BT-Drs. III/ 120, S. 56 f.) festgehalten. Danach sei geklärt, dass ungeachtet im Einzelfall arbeitsrechtlich eröffneter Möglichkeiten, auch gegenüber dem Arbeitgeber sachlich selbstständig und eigenverantwortlich zu handeln, allein die Eingliederung in die von diesem vorgegebene Arbeitsorganisation mit dem Berufsbild des Rechtsanwalts unvereinbar sei. Das für die Zulassung unverzichtbare Berufsbild des Rechtsanwalts könne sich damit nur daraus ergeben, dass der Syndikusanwalt rechtlich und tatsächlich in der Lage sei, neben seiner Tätigkeit im Unternehmen Rechtsuchende als freier Rechtsanwalt zu beraten und zu vertreten. Der Syndikusanwalt sei Rechtsanwalt, nicht weil er Syndikus sei, sondern weil er sich aufgrund einer nur deshalb zu erteilenden Zulassung unabhängig hiervon und daneben gesondert als Rechtsanwalt betätige. Beide Tätigkeiten seien grundsätzlich getrennt zu betrachten. Soweit der BGH hinsichtlich der Voraussetzungen für den Erwerb von Fachanwaltsbezeichnungen in begrenztem Umfang Ausnahmen zulasse, sei dies für den vorliegenden Zusammenhang erkennbar ohne Bedeutung (BSG, Urt. v. 03.04.2014 - B 5 RE 3/14 R, Rn. 31 ff., juris; BSG, Urt. v. 03.04.2014 - B 5 RE 9/14 R, Rn. 26 ff., juris; BSG, Urt. v. 03.04.2014 - B 5 RE 13/14 R, Rn. 36 ff., NJW 2014, 2743 [2746]).

43 Die Rechtsprechung des Bundesgerichtshofes sei durch die Materialien zum Entwurf der Bundesregierung eines Gesetzes zur Neuordnung des Berufsrechts der Rechtsanwälte und der Patentanwälte (BT-Drucks 12/4993) bestätigt und zugleich vom Europäischen Gerichtshof in ständiger Rechtsprechung anerkannt, BSG, Urt. v. 03.04.2014 - B 5 RE 3/14 R, Rn. 33, 36, juris; BSG, Urt. v. 03.04.2014 - B 5 RE 9/14 R, Rn. 28, 36, juris; BSG, Urt. v. 03.04.2014 - B 5 RE 13/14 R, Rn. 38, 41, NJW 2014, 2743 (2747).

aus.[44] Lediglich das Bundesverfassungsgericht musste sich zu der Frage der Doppelberufstheorie bislang nicht positionieren.[45] Auch dem Beschluss des Bundesverfassungsgerichts vom 19.07.2016[46], mit dem es die Verfassungsbeschwerden gegen die Urteile des Bundessozialgerichts vom 03.04.2014 nicht angenommen hat, kann eine eindeutige Stellungnahme zur Doppelberufstheorie nicht entnommen werden.[47]

I. Die Entscheidungen des Bundesgerichtshofs zur Doppelberufstheorie

Der Bundesgerichtshof hat erstmals in einem Urteil vom 11.07.1960 den Doppelberuf des Syndikusanwalts erwähnt.[48] Die ersten Urteile[49] zu dieser Thematik betrafen die grundlegende Frage, ob die Tätigkeit eines Syndikusanwalts im Zweitberuf überhaupt mit der Rechtsanwaltstätigkeit gem. § 7 Nr. 8 BRAO vereinbar bzw. ob die Zulassung bei Ausübung eines derartigen Zweitberufs gem. § 14 Abs. 8 BRAO zu widerrufen war.[50] Konkret stellte der Bundesgerichtshof

---

44 EuGH, Urt. v. 18.05.1982, Rs. 155/79; NJW 1983, 503; EuGH, Urt. v. 14.09.2010 – C-550/07 P, NJW 2010, 3557; EuGH, Urteil vom 06.09.2012 – C-422/11 P und C-423/11 P; BeckRS 2012, 81875.

45 BVerfG, Beschl. v. 04.11.1992 – 1 BvR 79/85, 1 BvR 643/87, 1 BvR 442/89, 1 BvR 238/90, 1 BvR 1258/90, 1 BvR 772/91, 1 BvR 909/91, BVerfGE 87, 287, NJW 1993, 317.

46 BVerfG, Nichtannahmebeschl. v. 19.07.2016 – 1 BvR 2584/14, NJW 2016, 2731.

47 Das Bundesverfassungsgericht beschränkte sich in seinem Beschluss auf den Hinweis, dass die Überprüfung der alten Rechtslage aufgrund des Gesetzes zur Neuordnung des Rechts der Syndikusanwälte obsolet sei und hat die Verfassungsbeschwerden nicht zur Entscheidung angenommen. Gleichzeitig wies das Gericht im Hinblick auf die Rückwirkung von Befreiungsbescheiden auf wesentliche Punkte hin, die unter Kapitel 3, A. II. dieser Arbeit aufgegriffen werden.

48 BGH, Beschl. v. 07.11.1960 – AnwZ (B) 4/60, NJW 1961, 219.

49 BGH, Beschl. v. 07.11.1960 – AnwZ (B) 2/60, NJW 1961, 216; BGH, Beschl. v. 07.11.1960 – AnwZ (B) 3/60, NJW 1961, 218; BGH, Beschl. v. 07.11.1960 – AnwZ (B) 4/60, NJW 1961, 219.

50 Der Bundesgerichtshof hat sich erstmals in drei Entscheidungen vom selben Tag mit der Zulassung zur Rechtsanwaltschaft eines Verbandssyndikus, eines Unternehmenssyndikus und eines Versicherungsdirektors gem. § 7 Abs. 8 BRAO befasst. Dabei äußerte sich der BGH einzig im Falle des Verbandssyndikus ausdrücklich zu der Doppelberufstheorie, ging aber in den übrigen Entscheidungen stillschweigend von dieser aus. Vgl. BGH, Beschl. v. 07. 11. 1960 – AnwZ (B) 4/60, NJW 1961, 219; BGH, Beschl. v. 07.11.1960 – AnwZ (B) 2/60, NJW 1961, 216; BGH, Beschl. v. 07.11.1960 – AnwZ (B) 3/60, NJW 1961, 218.

fest, dass dem Syndikusanwalt die Zulassung zur Rechtsanwaltschaft nicht grundsätzlich versagt werden könne.[51] Auszugehen sei von der in §§ 1–3 BRAO normierten Unabhängigkeit des Rechtsanwalts als dessen Wesensmerkmal.[52] Da § 46 BRAO a.F.[53] den Syndikusanwalt anerkenne, könnten Weisungen, die der Ordnung des Arbeitsverhältnisses dienten, nicht gegen die Zulassung sprechen.[54] Vielmehr habe der Syndikusanwalt eine Doppelstellung inne, weil er einerseits Angestellter und andererseits Rechtsanwalt sei. Im Rahmen des Angestelltenverhältnisses könne er seine Eigenschaft als Rechtsanwalt nicht abstreifen. Sie ändere aber nichts daran, dass das Arbeitsverhältnis von dem Prinzip der Über- und Unterordnung beherrscht werde. Dabei berief sich der BGH auf die amtliche Begründung der Vorschrift, nach der die Tätigkeit als Syndikusanwalt nicht dem allgemeinen Berufsbild des Rechtsanwalt entspreche, wie es in der Vorstellung der Allgemeinheit bestehe, da dem Organ der Rechtspflege nur die Tätigkeit des Syndikusanwalts gerecht werde, die er außerhalb des Dienstverhältnisses ausübe.[55] Ausgehend hiervon wandte auch das Bundessozialgericht die Doppelberufstheorie an.[56]

Hervorzuheben ist ein Beschluss des Bundesgerichtshofes aus dem Jahr 2001, in dem sich das Gericht mit dem Erwerb eines Fachanwaltstitels durch einen

---

51 BGH, Beschl. v. 07.11.1960 – AnwZ (B) 4/60, NJW 1961, 219.

52 Für die Wahrung der Unabhängigkeit fordert der Bundesgerichtshof in weiteren Entscheidungen einen unbeschränkten tatsächlichen und rechtlichen Handlungsspielraum, BGH, Beschl. v. 16.11.1998 – AnwZ (B) 44/98, NJW-RR 1999, 570. Entscheidend war, ob der Rechtsanwalt in der Lage sei, rechtlich sowie tatsächlich den Anwaltsberuf in einem wenn auch beschränkten, so doch nennenswerten Umfang und jedenfalls mehr als nur gelegentlich auszuüben, BGH, Beschl. v. 07.11.1960, AnwZ (B) 2/60, NJW 1961, 216; BGH, Beschl. v. 16.11.1998 AnwZ (B) 44/98, NJW-RR 1999, 570; BGH, Beschl. v. 17.03.2003 AnwZ (B) 3/02, NJW 2003, 1527; BGH, Beschl. v. 09.11.2009, AnwZ (B) 83/08, NJW 2010, 1381. Vorzubeugen sei der Gefahr eines reinen „Feierabend-Anwalts“ sowie des bloßen inhaltsleeren Titels des Rechtsanwalts. Für die Unabhängigkeit forderte der BGH daher, dass der Anwalt über seine Dienstzeit hinreichend frei verfügen könne und während dieser Zeit bei seinem Arbeitgeber nicht nur in Ausnahmefällen erreichbar sei, BGH, Beschl. v. 09.11.2006 – AnwZ (B) 83/08, NJW 2010, 1381 m. w. N.

53 vgl. Rn. 21.

54 BGH, Beschl. v. 07.11.1960 – AnwZ (B) 4/60, NJW 1961, 219.

55 BGH, Beschl. v. 07.11.1960 – AnwZ (B) 4/60, NJW 1961, 219, m. w. N., insbesondere BT-Drs. III/120, S. 77.

56 BSG, Urt. v. 03.04.2014 – B 5 RE 3/14 R, Rn. 31 ff., juris; BSG, Urt. v. 03.04.2014 – B 5 RE 9/14 R, Rn. 26 ff., juris; BSG, Urt. v. 03.04.2014 – B 5 RE 13/14 R, Rn. 36 ff., NJW 2013, 2743 (2747).

Syndikusanwalt beschäftigte.[57] Dabei ließ der BGH ausnahmsweise die Doppelberufstheorie außer Betracht und räumte ein, dass der Syndikusanwalt auch in seinem Angestelltenverhältnis in bestimmten Fällen weitgehend unabhängig und weisungsfrei tätig sein könne. Insbesondere erwerbe der Syndikusanwalt durch seine Tätigkeit häufig umfangreiche Kenntnisse und praktische Erfahrungen auf seinem Fachgebiet, die in die Bearbeitung der, in freier anwaltlicher Tätigkeit ausgeübten, Mandate einfließen müssten.[58] Das Gericht wies jedoch darauf hin, dass neben der Annahme von Mandaten als Syndikusanwalt zusätzlich eine nicht unbedeutende Zahl an Mandaten im Rahmen einer freien anwaltlichen Tätigkeit übernommen werden müsste, da die Fälle aus der Syndikustätigkeit nur zusätzliche praktische Erfahrungen darstellen würden.[59]

In der Literatur wurde diese Entscheidung positiv aufgenommen, da von einer Rechtsprechungsänderung zu Gunsten des Syndikusanwalts ausgegangen wurde.[60] Es wurde insbesondere darauf verwiesen, dass das Gericht, ohne dies ausdrücklich zu erwähnen, von seiner bisherigen Rechtsprechung und der stringenten Anwendung der Doppelberufstheorie für Syndikusanwälte, abgewichen sei.[61] Dies sei aus der Zubilligung der weitgehend weisungsfreien Tätigkeit des Syndikusanwalts im Angestelltenverhältnis, die der Anerkennung praktischer Fälle nicht entgegenstünde, zu folgen.[62]

Im Nachgang zu diesem Beschluss folgte 2006 eine weitere Entscheidung des Gerichts zu einer ähnlichen Fallkonstellation.[63] Hier betonte der Bundesgerichtshof, dass trotz der zwischenzeitlichen Änderung der rechtlichen Grundlage für den Erwerb von Fachanwaltstiteln in § 5 Abs. 1 der Fachanwaltsordnung (FAO)[64] an der bisherigen Rechtsprechung festgehalten werde und allein eine

57 BGH, Beschl. v. 16.08.2001 - AnwZ(B) 41/00, NZA 2001, 1095.

58 BGH, Beschl. v. 16.08.2001 - AnwZ(B) 41/00, NZA 2001, 1095 (1096).

59 BGH, Beschl. v. 16.08.2001 - AnwZ(B) 41/00, NZA 2001, 1095 (1096).

60 Filges, NZA 2013, 257; Dahns, NJW-Spezial 2010, 766.

61 Dahns, NJW-Spezial 2010, 766; Filges, NZA 2013, 257 (258).

62 Filges, NZA 2013, 257 (258).

63 BGH, Beschl. v. 25.10.2006 - AnwZ (B) 80/05, NJW 2007, 599.

64 Im Nachgang zur Entscheidung von 2001 beschloss die Satzungsversammlung im Jahre 2002 die Anerkennung von Fällen im Rahmen der Syndikustätigkeit weiter zu erleichtern, indem sie das Wort „selbständig“ in § 5 Abs. 1 FAO durch die Worte „persönlich und weisungsfrei“ ersetzte. Hierdurch sollte sichergestellt werden, dass Fälle, die ein Antragsteller als Syndikusanwalt bearbeitet, grundsätzlich zum Nachweis der besonderen praktischen Erfahrungen herangezogen werden können, wenn dargelegt wird, dass diese Fälle frei von Weisungen durch Vorgesetzte bearbeitet wurden. Erst vier Jahre später hat sich der Bundesgerichtshof mit dem neu gefassten § 5 Abs. 1

persönliche und weisungsfreie Fallbearbeitung als Syndikusanwalt zum Nachweis der erforderlichen praktischen Erfahrungen nicht genüge.[65]

Durch die Entscheidung von 2006 revidierte der Bundesgerichtshof seine – von der Literatur insoweit missverstandene – Entscheidung von 2001 dahingehend, dass die Begünstigung der Syndikusanwälte nicht vollumfassend zu verstehen sei, sondern stets eine „erhebliche Zahl nicht unbedeutender Mandate“ in selbstständiger anwaltlicher Tätigkeit für den Nachweis praktischer Erfahrungen erbracht werden müsse. In der Literatur wurde diese Abkehr kritisiert, da es dem Bundesgerichtshof hierdurch nicht gelungen sei, eine widerspruchslose Rechtsprechung zu diesem Thema zu entwickeln.[66] Im Gegenteil führe die aktuelle Rechtsprechung für die Antragsteller nach wie vor zu zahlreichen Unwägbarkeiten.[67] In der Literatur wurde deshalb die Entscheidung von 2001 präferiert.[68]

In jüngster Zeit bekräftigte der Bundesgerichtshof seine Auffassung zur Doppelberufstheorie – trotz heftiger Kritik der Literatur[69] – in einer Entscheidung zum europäischen Rechtsanwalt erneut.[70] Dabei war fraglich, ob die Tätigkeit eines Syndikusanwalts einer Tätigkeit als niedergelassenem europäischen Rechtsanwalt gem. § 11 Abs. 1 S. 1 Gesetz über die Tätigkeit europäischer Rechtsanwälte in Deutschland (EuRAG)[71] i.V.m. § 2 Abs. 1 EuRAG entsprach.[72] Der Bundesgerichtshof verneinte dies unter Zugrundelegung der Doppelberufstheorie.[73]

FAO beschäftigt. Mit Beschluss vom 25.10.2006 erklärte der Bundesgerichtshof, dass er in der Neufassung keine inhaltliche Änderung gegenüber der bisherigen Fassung erblicke, sodass es bei der alten Rechtslage verbleibe und eine persönliche und weisungsfreie Fallbearbeitung als Syndikusanwalt allein zum Nachweis der erforderlichen praktischen Erfahrungen nicht genüge. Vgl. hierzu BGH, Beschl. v. 25.10.2006 – AnwZ (B) 80/05, NJW 2007, 599. Zum weiteren Entwicklungsfortgang der Norm, die sich bis heute jedoch nicht verändert hat, siehe Filges, NZA 2013, 257 (258 ff.) m.w.N.

65 BGH, Beschl. v. 25.10.2006 – AnwZ (B) 80/05, NJW 2007, 599.

66 Dahns, NJW-Spezial 2010, 766 (767).

67 Dahns, NJW-Spezial 2010, 766 (767).

68 Posegga, EWirR 2001, 1137; Filges, NZA 2013, 257 (258).

69 Vgl. insbesondere im Nachgang zur Entscheidung des Bundesgerichtshofes die Kritik von Huff, AnwBl. 2011, 473 (474 ff.) m.w.N.

70 BGH, Beschl. v. 07.02.2011 – AnwZ (B) 20/10, NJW 2011, 1517.

71 Gesetz über die Tätigkeit europäischer Rechtsanwälte in Deutschland (EuRAG) vom 09.03.2000, BGBl. I S. 182, 1349, zuletzt geändert d. Artikel 6 des Gesetzes vom 30.10.2017, BGBl. I S. 3618.

72 BGH, Beschl. v. 07.02.2011 – AnwZ (B) 20/10, NJW 2011, 1517.

73 BGH, Beschl. v. 07.02.2011 – AnwZ (B) 20/10, Rn. 6, NJW 2011, 1517 (1518).

Im Ergebnis geht der Bundesgerichtshof in ständiger Rechtsprechung von der Prämisse aus, dass eine im Angestelltenverhältnis ausgeübte Tätigkeit bei einem nicht-anwaltlichen Arbeitgeber nicht anwaltlicher Natur sein könne. Insbesondere die Entscheidung von 2001 im Hinblick auf den Erwerb von Fachanwaltstiteln verdeutlicht jedoch, dass die Rechtfertigung der Unterscheidung zwischen selbständiger und angestellter Tätigkeit schwieriger wird, je mehr sich die Tätigkeitsprofile ähneln.

II. Die Leitsätze des Bundesverfassungsgerichts

Das Bundesverfassungsgericht hatte sich 1992 mit dem Status des Syndikusanwalts im Rahmen der Versagung einer Anwaltszulassung eines Angestellten bei einem Genossenschaftsverband zu beschäftigen.[74] Streitgegenständlich war, ob es mit dem Anwaltsberuf vereinbar sei, wenn die Angestelltentätigkeit zur rechtlichen Beratung Dritter im Auftrag des berufsrechtlich ungebundenen Arbeitgebers verpflichte, nämlich zum einen der Beratung des Verbandes und zum anderen der einzelnen Mitglieder.[75] Unproblematisch war dabei, dass der Syndikusanwalt tatsächlich im Nebenberuf als Rechtsanwalt tätig war.[76] In seinen Entscheidungsgründen betonte das Gericht ausgehend von Art. 12 Grundgesetz

74 BVerfG, Beschl. v. 04.11.1992 – 1 BvR 79/85, 1 BvR 643/87, 1 BvR 442/89, 1 BvR 238/90, 1 BvR 1258/90, 1 BvR 772/91, 1 BvR 909/91, BVerfGE 87, 287, NJW 1993, 317. Dieser Fall betraf den Beschwerdeführer zu 3. Der Beschwerdeführer war als Angestellter eines Genossenschaftsverbands mit der rechtlichen Beratung des Vorstandes betraut.

75 BVerfG, Beschl. v. 04.11.1992 – 1 BvR 79/85, 1 BvR 643/87, 1 BvR 442/89, 1 BvR 238/90, 1 BvR 1258/90, 1 BvR 772/91, 1 BvR 909/91, BVerfGE 87, 287, NJW 1993, 317.

76 Der Vorstand der Rechtsanwaltskammer machte geltend, dass der Betroffene eine rechtsberatende Tätigkeit im Auftrag eines dem anwaltlichen Standesrecht nicht unterworfenen Arbeitgebers ausübe. Der Bundesgerichtshof als Vorinstanz ging davon aus, dass es dem Beschwerdeführer an der das Berufsbild des Rechtsanwalts prägenden Eigenverantwortlichkeit fehle. Ob tatsächlich Weisungen bei der beratenden Tätigkeit befolgt werden müssten, sei unerheblich; für die Rechtsberatung trage jedenfalls der Genossenschaftsverband die Verantwortung. Solch eine verbandsinterne Beratung unterscheide sich grundlegend von der Tätigkeit eines Syndikusanwalts. Dieser erbringe nämlich seine Beratungsleistung ausschließlich gegenüber seinem Dienstherrn und nicht gegenüber Dritten, BVerfG, Besch. v. 04.11.1992 – 1 BvR 79/85, 1 BvR 643/87, 1 BvR 442/89, 1 BvR 238/90, 1 BvR 1258/90, 1 BvR 772/91, 1 BvR 909/91, BVerfGE 87, 287, NJW 1993, 317.

(GG)[77], dass das traditionelle Berufsbild des Rechtsanwalts bei der Verabschiedung der BRAO im Jahre 1959 noch deutliche Umrisse hatte, inzwischen aber als Folge starker gesellschaftlicher Veränderung einen tiefgreifenden Wandlungsprozess unterlag.[78] Bereits aus § 46 BRAO a.F. folge, dass die Tätigkeit des Syndikusanwalts mit der des Rechtsanwalts vereinbar sei.[79] Eine Versagung sei nach der Gesetzesbegründung nur bei solchen Tätigkeiten nicht zu rechtfertigen, die zu einer Umgehung des Rechtsberatungsgesetzes führen würden.[80] Aus einem Vergleich der Rechtsprechung des Bundesgerichtshofes, wonach die Interessen der Rechtspflege umso stärker betroffen seien, je mehr Rechtsuchende ein Syndikusanwalt in abhängiger Stellung berate, folgerte das Bundesverfassungsgericht einen Verstoß gegen den Verhältnismäßigkeitsgrundsatz, wenn der Zugang zur Rechtsanwaltschaft allein deshalb versagt werde, weil sich die Rechtsberatung eines Syndikusanwalts auch auf Vereins- und Verbandsmitglieder des Arbeitgebers erstrecke.[81] Hätte der Gesetzgeber tatsächlich die Vermischung unterschiedlicher Beratungstätigkeiten verhindern wollen, hätte er nicht bei der Rechtsberatung von Vereins- und Verbandsmitgliedern das einschneidende Mittel einer Berufszugangsschranke für erforderlich ansehen dürfen, obwohl er bei Syndikusanwälten eine Berufsausübungsregelung grundsätzlich genügen lasse.[82]

In der Literatur wurde nach dieser Entscheidung vertreten, dass das Bundesverfassungsgericht den Zusammenhang der gesamten Zweitberufsproblematik mit der Frage der Zulassung der Syndikusanwälte herausgearbeitet und Einschränkungen der Zulassung weitestgehend verboten habe.[83] Obwohl sich

---

77 Grundgesetz für die Bundesrepublik Deutschland vom 23.05.1949, BGBl. III, Gliederungsnummer 100-1, zuletzt geändert d. Artikel 1 des Gesetzes v. 28.03.2019, BGBl. I, S. 404.

78 BVerfG, Beschl. v. 04.11.1992 – 1 BvR 79/85, 1 BvR 643/87, 1 BvR 442/89, 1 BvR 238/90, 1 BvR 1258/90, 1 BvR 772/91, 1 BvR 909/91, BVerfGE 87, 287, NJW 1993, 317 (319) m. w. N.

79 BVerfG, Beschl. v. 04.11.1992 – 1 BvR 79/85, 1 BvR 643/87, 1 BvR 442/89, 1 BvR 238/90, 1 BvR 1258/90, 1 BvR 772/91, 1 BvR 909/91, BVerfGE 87, 287, NJW 1993, 317 (320).

80 BVerfG, Beschl. v. 04.11.1992 – 1 BvR 79/85, 1 BvR 643/87, 1 BvR 442/89, 1 BvR 238/90, 1 BvR 1258/90, 1 BvR 772/91, 1 BvR 909/91, BVerfGE 87, 287, NJW 1993, 317 (320).

81 BVerfG, Beschl. v. 04.11.1992 – 1 BvR 79/85, 1 BvR 643/87, 1 BvR 442/89, 1 BvR 238/90, 1 BvR 1258/90, 1 BvR 772/91, 1 BvR 909/91, BVerfGE 87, 287, NJW 1993, 317 (320).

82 BVerfG, Beschl. v. 04.11.1992 – 1 BvR 79/85, 1 BvR 643/87, 1 BvR 442/89, 1 BvR 238/90, 1 BvR 1258/90, 1 BvR 772/91, 1 BvR 909/91, BVerfGE 87, 287, NJW 1993, 317 (321).

83 Prütting, AnwBl. 2001, 313 (315); Kleine-Cosack, NJW 1993, 1289 (1292); Hamacher, in: Anwälte und ihre Geschichte, S. 913 (927).

das Gericht nicht ausdrücklich zu der Doppelberufstheorie geäußert, sondern allenfalls auf die Gesetzesbegründung verwiesen habe, bewege es sich doch auf deren Grundlage.[84] Denn im Rahmen von § 7 Nr. 8 BRAO müsse der Bewerber behaupten, dass er neben seiner Syndikustätigkeit noch als Rechtsanwalt tätig sei, mithin zwei Berufe ausübe.[85]

Es verwundert daher nicht, dass die Praxis in der Folgezeit von der Anerkennung der Doppelberufstheorie durch das Gericht ausging.[86] Eine konkrete Begründung für die Anwendung der Doppelberufstheorie enthielten die Entscheidungsgründe aber nicht.[87] Es ist jedoch zu berücksichtigen, dass sich das Bundesverfassungsgericht gerade nicht mit der konkreten Anwendung der Doppelberufstheorie zu befassen hatte.[88] Dem Sachverhalt lag vielmehr die Frage zugrunde, ob ein Rechtsanwalt seine Zulassung verliert, weil er im Nebenberuf als Syndikusanwalt rechtsberatend tätig werde.[89] Diese an die Vereinbarkeit von Nebenberufen mit der Tätigkeit eines Rechtsanwalts geknüpfte Frage entspricht nicht der im Rahmen der Doppelberufstheorie aufgeworfenen Frage nach der anwaltlichen Tätigkeit im Angestelltenverhältnis bei einem nicht-anwaltlichen Arbeitgeber.[90]

III. Der Europäische Gerichtshof zum Berufsbild des Syndikusanwalts

Auch der Europäische Gerichtshof musste sich wiederholt mit dem Berufsbild des Syndikusanwalts auseinandersetzen. Er hatte zum einen über die auch in Deutschland aufgeworfene Frage des Legal Privilege[91] und zum anderen über die

84 Prütting, AnwBl. 2001, 313 (315).

85 Kleine-Cosack, NJW 1993, 1289 (1293).

86 So auch Prütting, AnwBl. 2001, 313 (315).

87 So auch Kleine-Cosack, NJW 1993, 1289 (1293). Zu berücksichtigen ist jedoch, dass der Beschwerdeführer im Fall des Bundesverfassungsgericht tatsächlich einen echten Zweitberuf ausübte. Davon sind die hier problematischen Fälle der unechten Ausübung eines Zweitberufs als Rechtsanwalt zum Zwecke der Zulassung zu unterscheiden.

88 So auch Horn, AnwBl. 2011, 755.

89 Hommerich/Prütting, Das Berufsbild des Syndikusanwalts, S. 34; Horn, AnwBl. 2011, 755.

90 So auch Huff, AnwBl. 2011, 473 (474); Roxin, NJW 1995, 17; Munte, AnwBl. 1998, 500; Hartung, in: Römermann/Hartung, BORA/FAO, § 46 BRAO, Rn. 21; Kleine-Cosack, BRAO, § 46, Rn. 5 ff.; Kilger, AnwBl. 1999, 571; Prütting, AnwBl. 2009, 402; Hommerich/Prütting, Das Berufsbild des Syndikusanwalts, S. 34; Horn, AnwBl. 2011, 755.

91 Das Legal Privilege zeichnet die Reichweite der Vertraulichkeit einer Rechtsberatung zwischen Mandant und Rechtsanwalt aus. Die Besonderheit im europäischen Recht

Postulationsfähigkeit von Syndikusanwälten zu entscheiden.[92] Auch wenn das Gericht in beiden Fällen nicht ausdrücklich die Doppelberufstheorie aufgegriffen hat, wendet es diese an, wenn davon ausgegangen wird, dass der Syndikusanwalt keine anwaltliche Tätigkeit im Rahmen seiner Beschäftigung ausüben könne.

In den Entscheidungen zum Legal Privilege führte der Europäische Gerichtshof in Übereinstimmung mit dem europäischen Gericht 1. Instanz (EuG)[93] aus, dass der Rechtsanwalt eine Funktion als Mitgestalter der Rechtspflege besitze.[94] In dieser Funktion müsse er stets in völliger Unabhängigkeit und im vorrangigen Interesse des Mandanten handeln können.[95] Ein Syndikusanwalt könne trotz seiner Zulassung zur Rechtsanwaltschaft und der damit einhergehenden standesrechtlichen Bindungen nicht denselben Grad an Unabhängigkeit genießen wie ein externer Rechtsanwalt.[96] Zwar könnten die Standes- und Berufspflichten die Stellung des Syndikusanwalts im Unternehmen stärken, gleichwohl seien sie aber nicht geeignet, eine Unabhängigkeit zu gewährleisten, die mit der eines externen Rechtsanwalts vergleichbar sei.[97] Der Syndikusanwalt könne deshalb nicht mit einem externen Rechtsanwalt gleichgestellt werden, weil er sich in einem abhängigen Beschäftigungsverhältnis befinde, welches es naturgemäß

---

liegt darin, dass es anders als in nahezu allen Mitgliedsstaaten an einer normativen Grundlage für den Vertrauensschutz fehlt. Vgl. zur Kritik: Hamacher, in: Anwälte und ihre Geschichte, S. 913 (943 ff.); Mann, AnwBl. 2010, 87; Mann/Leisinger, AnwBl. 2010, 776 ff.; Moosmayer, NJW 2010, 3548 ff.; Bürkle, BB 2015, 394 ff.; Baudenbacher/Speitler, NJW 2015, 1211 ff.

92 EuGH, Urt. v. 18.05.1982 – Rs. 155/79; NJW 1983, 503; EuGH, Urt. v. 14.09.2010 – C – 550/07 P, DStRE 2010, 1468; EuGH, Urt. v. 06.09.2012, verb. RS C – 422/11 P u. C – 423/11 P, BeckRS 2012, 81875.

93 Das Gericht wurde nach dem Vertrag von Lissabon in das Gericht der Europäischen Union umgenannt, Art. 19 Vertrag über die Europäische Union (EUV), Fassung aufgrund des am 01.12.2009 in Kraft getretenen Vertrages von Lissabon (Konsolidierte Fassung bekanntgemacht im ABl. EG Nr. C 115 vom 09.05.2008, S. 13) sowie Art. 256 des Vertrag über die Arbeitsweise der Europäischen Union (AEUV), Fassung aufgrund des am 01.12.2009 in Kraft getretenen Vertrages von Lissabon (Konsolidierte Fassung bekanntgemacht im ABl. EG Nr. C 115 vom 09.05.2008, S. 47). Mit Sitz in Luxemburg handelt es sich um ein eigenständiges europäisches Gericht, das dem Europäischen Gerichtshof nachgeordnet ist. Es wurde ursprünglich durch den Beschluss 88/591/EGKS, EWG, Euratom des Rates vom 24.10.1988 zur Entlastung des Europäischen Gerichtshofes geschaffen.

94 EuGH, Urt. v. 18.05.1982-Rs. 155/79; NJW 1983, 503 (504).

95 EuGH, Urt. v. 18.05.1982-Rs. 155/79; NJW 1983, 503 (504).

96 EuGH, Urt. v. 14.09.2010 – C – 550/07 P, Rn. 45, DStRE 2010, 1468 (1471 ff.).

97 EuGH, Urt. v. 14.09.2010 – C – 550/07 P, Rn. 46, DStRE 2010, 1468 (1472).

nicht ermögliche die von seinem Arbeitgeber verfolgten Geschäftsstrategien außer Acht zu lassen, wodurch die Möglichkeit in beruflicher Unabhängigkeit zu handeln nicht gegeben sei.[98] Zudem sei problematisch, dass der Syndikusanwalt mit anderen Aufgaben als ein niedergelassener Rechtsanwalt betraut werde, welche Auswirkungen auf die Geschäftspolitik des Unternehmens haben könnten.[99] Derartige Aufgaben seien in der Lage die Bindung zum Arbeitgeber nur noch zu verstärken.[100] Aufgrund seiner wirtschaftlichen Abhängigkeit und der engen Beziehung zum Arbeitgeber genieße der Syndikusanwalt daher keine berufliche Unabhängigkeit.[101] Erforderlich sei eine völlige Unabhängigkeit, die sich durch eine strukturelle, hierarchische und funktionale Unabhängigkeit auszeichne.[102] Der Europäische Gerichthof sowie das EuG haben diese Auffassung jüngst in weiteren Urteilen zur Postulationsfähigkeit von Syndikusanwälten bekräftigt.[103]

---

98 EuGH, Urt. v. 14.09.2010 - C - 550/07 P, Rn. 47, DStRE 2010, 1468 (1472).

99 EuGH, Urt. v. 14.09.2010 - C - 550/07 P, Rn. 48, DStRE 2010, 1468 (1472).

100 EuGH, Urt. v. 14.09.2010 - C - 550/07 P, Rn. 48, DStRE 2010, 1468 (1472).

101 EuGH, Urt. v. 14.09.2010 - C - 550/07 P, Rn. 49, DStRE 2010, 1468 (1472).

102 EuG, Urt. v. 17.09.2007, verb. RS. T - 125/03 und T - 253/03, Rn. 168, BeckRS 2007, 70724.

103 EuG, Urt. v. 23.05.2011, Rs. T - 226/10, BeckRS 2013, 80976; EuGH, Urt. v. 06.09.2012, verb. RS C - 422/11 P u. C - 423/11 P, BeckRS 2012, 81875. In den Verfahren hatten zwei polnische Syndikusanwälte gemeinsam Klage beim EuG erhoben und diese für den polnischen Präsidenten der Behörde für elektronische Kommunikationsdienste unterschrieben. Das Gericht wies die Klage unter Hinweis auf die fehlende Postulationsfähigkeit unter Bezugnahme auf Art. 19 Abs. 3 der Satzung des EuGH ab. Danach werden die Mitgliedstaaten sowie die Unionsorgane vor dem Gerichtshof durch einen Bevollmächtigten vertreten, der für jede Sache bestellt wird; der Bevollmächtigte kann sich der Hilfe eines Beistands oder eines Anwalts bedienen. Die Parteien müssen sich daher eines Dritten bedienen, der berechtigt ist vor einem Gericht eines Mitgliedsstaates aufzutreten. Aus Sicht des EuG und des EuGH kann ein Syndikusanwalt diese Aufgabe jedoch wahrnehmen. Zwar besteht in Polen die Besonderheit, dass sogenannte „radowci prawni" mit Ausnahme von Familien- und Strafgerichten, als postulationsfähig gelten. Diesen Umstand würdigten die Gerichte jedoch nicht. Sie sind der Auffassung, dass es auf die von der Klägerseite vorgetragenen Argumente, nach denen die Syndikusanwälte nicht dem Präsidenten, sondern der Behörde und damit dem Generaldirektor als einer anderen Organisationseinheit unterstünden, nicht ankomme. Die Behörde habe u.a. die Aufgabe den Präsidenten bei seinen gesetzlichen Aufgaben zu unterstützen. Da die Interessen zwischen der Behörde und dem Präsidenten weitgehend übereinstünden, bestehe trotz formaler Trennung die Gefahr der Beeinträchtigung der Unabhängigkeit der Syndikusanwälte, vgl. EuG, Urt. v. 23.05.2011, Rs. T - 226/10, Rn. 9 ff., BeckRS 2013, 80976; EuGH, Urt. v. 06.09.2012, verb. Rs. C - 422/11 u. C - 423/11, Rn. 25 ff., BeckRS 2012, 81875.

C. Die sozialgerichtliche Rechtsprechung zur Befreiung des Syndikusanwalts von der gesetzlichen Rentenversicherungspflicht

In der sozialgerichtlichen Rechtsprechung demgegenüber fand die Doppelberufstheorie bis zu den Urteilen des Bundessozialgerichts vom 03.04.2014 nur vereinzelt Beachtung.[104] Die Sozialgerichte versuchten eine für das Rentenversicherungsrecht eigenständige Rechtsprechung zu entwickeln, um die divergierenden Regelungen im Berufsrecht der Rechtsanwälte auf der einen und im Rentenversicherungsrecht auf der anderen Seite in Einklang zu bringen.[105] Die insoweit ergangenen Urteile sollen in der gebotenen Kürze dargestellt werden. Sie liefern einen Einblick in die Rechtslage vor der Neuordnung des Rechts der Syndikusanwälte und zeigen die Rechtsunsicherheit der Betroffenen auf.

I. Die Vertreter der sog. Vier-Kriterien-Theorie

Die Sozialgerichte erster und zweiter Instanz übernahmen mehrheitlich die sog. Vier-Kriterien-Theorie, nach der eine Befreiung von der gesetzlichen Rentenversicherungspflicht für Syndikusanwälte grundsätzlich möglich war.[106] Dabei orientierten sie sich an dem von der ABV e.V. i.V.m. der DRV Bund im Jahr 2005 herausgegeben Merkblatt, wonach das Vorliegen einer berufsspezifischen

---

104 Lediglich das LSG NRW hat als einziges zweitinstanzliches Gericht vor den Entscheidungen des BSG die Auffassung vertreten, dass die Doppelberufstheorie auch im Sozialrecht gelten müsse und diese dazu führe, dass eine Befreiung von der gesetzlichen Rentenversicherungspflicht für Syndikusanwälte dem Grunde nach zu versagen ist, LSG NRW, Urt. v. 07.05.2013 - L 18 R 170/12, BeckRS 2013, 73011; LSG NRW, Urt. v. 11.06.2013 - L 18 R 843/11, BeckRS 2014, 65333.

105 Vgl. zur Rechtsprechung vor 2006 insbesondere die Anmerkungen von Wirges, NZS 2006, 19 (19 ff.).

106 SG Duisburg, Urt. v. 19.09.2011 - S 31 KR 526/10, BeckRS 2011, 78621; SG Duisburg, Urt. v. 07.02.2012 - S 37 R 1451/10, BeckRS 66718; SG Köln, Urt. v. 01.12.2011 - S 31 R 696/10, BeckRS 2012, 67428; SG Köln, Urt. v. 30.09.2011 - S 36 R 1106/10, BeckRS 2012, 66566; SG Frankfurt am Main, Gerichtsbescheid v. 28.02.2012 - S 31 R 434/11, SG Würzburg, Beschl. v. 20.08.2013 - S 4 R 1318/11, juris; SG München, Urt. v. 15.04.2011 - S 27 R 1644/10, BeckRS 2011, 79138; SG München, Gerichtsbescheid v. 29.03.2012 - S 31 R 488/11, BeckRS 2012, 70022; SG München; Urt. v. 30.09.2011 - S 12 R 370/11, juris; LSG Hessen, Urt. v. 29.10.2009 - L 8 KR 189/08, BeckRS 2010, 65634; LSG Baden-Württemberg, Urt. v. 23.01.2013- L 2 R 2671/12, BeckRS 2013, 67066.

Tätigkeit von Syndikusanwälten erforderlich war. Diese zeichnete sich durch eine Rechtsberatung, -entscheidung, -gestaltung und -vermittlung aus, die kumulativ vorliegen mussten, wobei die Gewichtung der einzelnen Felder in Abhängigkeit von der Art der ausgeübten Beschäftigung unterschiedlich sein konnte. Konkret enthielt das Merkblatt folgende Charakteristika für die jeweiligen Kriterien:

Die Rechtsberatung umfasste

- die unabhängige Analyse von betriebsrelevanten konkreten Rechtsfragen,
- die selbständige Herausarbeitung und Darstellung von Lösungswegen und Lösungsmöglichkeiten vor dem spezifischen betrieblichen Hintergrund sowie
- das unabhängige Bewerten der Lösungsmöglichkeiten.

Als Rechtsentscheidung war

- das außenwirksame Auftreten als rechtskundiger Entscheidungsträger verbunden mit einer von Arbeitgeberseite umschriebenen eigenen Entscheidungskompetenz definiert. Neben einer von allen Weisungen unabhängigen Alleinentscheidungsbefugnis sollte auch eine wesentliche Teilhabe an Abstimmungs- und Entscheidungsprozessen im Unternehmen ausreichend sein.

Die Rechtsgestaltung demgegenüber umfasste

- das selbständige Führen von Vertrags- und Einigungsverhandlungen mit den verschiedensten Partnern des Arbeitgebers.

Als letztes musste das Merkmal der Rechtsvermittlung durch

- das mündliche Darstellen abstrakter Regelungskomplexe vor größeren Zuhörer-kreisen,
- die schriftliche Aufarbeitung abstrakter Regelungskomplexe sowie
- die Bekanntgabe und Erläuterung von Entscheidungen im Einzelfall vorliegen.[107]

Die Qualität dieses Merkblattes war bei Veröffentlichung umstritten.[108] Einigkeit bestand dahingehend, dass es sich mangels legislatorischen Charakters nicht

107 Abrufbar unter: http://www.vw-ra-hh.de/downloads/hinweis_nichtanwaltliche_arbeitgeber.pdf (zuletzt abgerufen am 30.06.2019).

108 Vgl. Huff, AuA 2011, 392 (393); Plitt/Stütze, NJW 2011, 2556 (2557).

um eine gesetzgeberische Auslegungshilfe handeln konnte.[109] Vielmehr sollte das Merkblatt der DRV Bund bei einer einheitlichen Verwaltungspraxis helfen und so für mehr Rechtssicherheit sorgen.[110] Es wurde überwiegend als norminterpretierende Verwaltungsvorschrift angesehen.[111]

Aus der Vielzahl von Entscheidungen der Sozialgerichte, die sich der Vier-Kriterien-Theorie anschlossen, ist die Entscheidung des Landessozialgerichts Hessen[112] aus dem Jahr 2009 hervorzuheben. Das Gericht hatte als erstes zweitinstanzliches Gericht die Vier-Kriterien-Theorie uneingeschränkt übernommen. Im Einzelnen hat das Gericht ausgeführt, dass die Bundesrechtsanwaltsordnung keine Tätigkeit oder Beschäftigung beschreibe, wegen der eine Mitgliedschaft zur Rechtsanwaltskammer bestehen müsse, sodass die Entscheidung über die Befreiung ausschließlich an den berufsspezifischen anwaltlichen Tätigkeiten gemessen werden könne.[113] Trotzdem blieb das Gericht eine konkrete Herleitung der Vier-Kriterien-Theorie schuldig. Auch der sich aufdrängenden Überlegung, dass die Zulassung zur Anwaltschaft lediglich im Hinblick auf die Tätigkeit als Rechtsanwalt und nicht des Syndikusanwalts erfolgte, mit der Konsequenz, dass die in § 6 Abs. 1 S. 1 Nr. 1 SGB VI geforderten Kausalität nicht vorlag, ging das Gericht nicht nach.

---

109 Plitt/Stütze weisen darauf hin, dass selbst unter Berücksichtigung einer Verwaltungsvorschrift die Auslegung einer Norm den Sozialgerichten obliege, NJW 2011, 2556 (2557).

110 Plitt/Stütze, NJW 2011, 2556 (2557).

111 Vgl. hierzu Plitt/Stütze, NJW 2011, 2556 (2557).

112 LSG Hessen, Urt. v. 29.10.2009 - L 8 KR 189/08; BeckRS 2010, 65634.

113 Im Einzelnen entschied das Gericht, dass die als Rechtsberaterin und Organisatorin arbeitende Klägerin keine berufsspezifische Tätigkeit ausführte. Aufgrund des Dienstvertrages sei die Klägerin verpflichtet, ihre Beratung anhand der von ihrer Arbeitgeberin entwickelten Standards, Methoden und Systemen vorzugehen. Eine unabhängige Analyse sei danach nur schwer für die Klägerin erreichbar. Im Rahmen der Rechtsentscheidung werde eine wesentliche Teilhabe an einem innerbetrieblichen Entscheidungsprozess erwartet. Da unternehmerische Entscheidungen heute nicht mehr von Einzelpersonen getroffen würden, könne für dieses Kriterium nicht die Unabhängigkeit von allen Weisungen gefordert werden. Die von der Klägerin bearbeiteten Texte seien an Kunden weitergeleitet worden, welche die Klägerin nicht als Bearbeiterin auswiesen. Ein nach außen wirksames Auftreten sei nicht erkennbar. Auch sei sie lediglich bei der Vertragsformulierung unterstützend tätig, was gegen eine anwaltliche Tätigkeit spreche, LSG Hessen, Urt. v. 29.10.2009 - L 8 KR 189/08; BeckRS 2010, 65634.

Auch die übrigen Sozialgerichte stellten in ihren Entscheidungen lediglich fest, dass sowohl eine Mitgliedschaft in der Berufskammer als auch im Versorgungswerk bestand, ohne auf die Kausalität näher einzugehen.[114] Unter Anwendung der Vier-Kriterien-Theorie gelangten sie je nach Einzelfallprüfung zu einer Befreiungswirkung.[115] Die Gerichte überprüften im Einzelfall, wie die Angestelltentätigkeit ausgestaltet war und inwieweit diese den vier Kriterien entsprach. Die Beantwortung der Frage nach einer Befreiung von der gesetzlichen Rentenversicherungspflicht verlagerte sich damit von der Rechts- auf eine Tatsachenebene.

II. Die entgegenstehende Rechtsprechung

Daneben standen Einzelfallentscheidungen, die von der übrigen sozialgerichtlichen Rechtsprechung zwar keine Beachtung erhielten, dennoch hier nicht unerwähnt bleiben sollen:

Eine Minderheit[116] vertrat die Auffassung, dass die Vier-Kriterien-Theorie keine Anwendung finden könne, weil sie ungeschriebene Tatbestandsmerkmale voraussetze und somit gegen den in Art. 20 Abs. 3 GG in Verbindung mit § 31 Sozialgesetzbuch Erstes Buch – Allgemeiner Teil – (SGB I)[117] normierten Gesetzesvorbehalt verstoße. Dieser Auffassung folgend, kamen die Gerichte zu einer positiven Befreiungsentscheidung, weil die Kläger in der Regel im Versorgungswerk und der Rechtsanwaltskammer Mitglieder waren. Die Frage, für welche konkrete Tätigkeit eine Pflichtmitgliedschaft bestand, wurde dabei weder aufgeworfen noch beantwortet.

---

114 SG Duisburg, Urt. v. 19.09.2011 – S 31 KR 526/10, BeckRS 2011, 78621; SG Köln, Urt. v. 01.12.2011 – S 31 R 696/10, BeckRS 2012, 67428; SG Frankfurt am Main, Gerichtsbescheid v. 28.02.2012 – S 31 R 434/11, SG Würzburg, Beschl. v. 20.08.2013 – S 4 R 1318/11, juris; SG München, Urt. v. 15.04.2011 – S 27 R 1644/10, BeckRS 2011, 79138; SG München, Gerichtsbescheid v. 29.03.2012 – S 31 R 488/11, BeckRS 2012, 70022; SG München, Urt. v. 28.04.2011 – S 30 R 1451/10, juris.

115 Die prozessuale Einkleidung der Verfahren war unterschiedlicher Natur. Zum einen konnten die Kläger auf Feststellung einer Befreiungswirkung klagen. Zum anderen konnten Sie bei einem ablehnenden Bescheid auf Aufhebung und Verpflichtung zum Erlass eines neuen Bescheides klagen.

116 SG Düsseldorf, Urt. v. 14.11.2011 – S 52 R 1995/11, BeckRS 2012, 66558; SG Gotha, Urt. v. 22.08.2011 – S 19 R 1065/11, BeckRS 2012, 66976; SG Braunschweig, Urt. v. 25.11.2011 – S 51 R 35/10, BeckRS 2012, 66556.

117 Sozialgesetzbuch Erstes Buch – Allgemeiner Teil – (SGB I) vom 11.12.1975, BGBl. I, S. 3015, zuletzt geändert d. Artikel 5 des Gesetzes v. 17.08.2017, BGBl. I, S. 3214.

Das Landessozialgericht Baden-Württemberg[118] lehnte die Anwendung der Vier-Kriterien-Theorie ebenfalls mangels Stütze im Gesetz ab und legte stattdessen § 7 Nr. 8 BRAO als Maßstab zugrunde. Hiernach war die Zulassung zur Rechtsanwaltschaft keine Voraussetzung für die Befreiung. Erforderlich war lediglich, dass die Beschäftigung eines Rechtsanwalts bei einem nicht-anwaltlichen Arbeitgeber keinen Tatbestand erfüllt, der eine Versagung der Zulassung, ihrer Rücknahme oder ihren Widerruf rechtfertigt. Auch diese Auffassung fand in der sozialgerichtlichen Rechtsprechung keinen Zuspruch, da sie sich mit dem Wortlaut von § 6 Abs. 1 S. 1 Nr. 1 SGB VI mangels Zulassung in Widerspruch befindet.

D. Die gesetzgeberische Entscheidung zum Erlass eines Gesetzes zur Neuordnung des Rechts der Syndikusanwälte

Trotz der unterschiedlichen Herangehensweisen bei der Auslegung von § 6 Abs. 1 S. 1 Nr. 1 SGB VI schien die Rechtslage nach den Urteilen des Bundessozialgerichts vom 03.04.2014 dem Grunde nach geklärt. Die sozialgerichtliche Rechtsprechung sprach sich mehrheitlich – im Einklang mit den Entscheidungen des Bundessozialgerichts – gegen eine Befreiung von der gesetzlichen Rentenversicherungspflicht aus.[119] Nur vereinzelt nahmen Gerichte noch eine Befreiungsmöglichkeit an.[120] In der Literatur wurden die Entscheidung des Bundessozialgerichts heftig kritisiert[121] und die Auffassung vertreten, dass eine

118 LSG Baden-Württemberg, Urt. v. 19.02.2013 – L 11 R 2181/11, BeckRS 2013, 66886.

119 Statt vieler: LSG Hessen, Urt. v. 26.03.2015 – L 8 KR 243/12, BeckRS 2015, 9919; LSG Niedersachsen-Bremen, Urt. v. 29.04.2015 – L 2 R 507/14, BeckRS 2015, 69257.

120 Die vereinzelt nach den Urteilen des Bundessozialgerichts ergangenen Entscheidungen versuchten zum Teil durch Zugrundelegung eines anderen Sachverhalts zu einer positiven Befreiungsentscheidung zu gelangen. Vgl. zu dieser Vorgehensweise beispielhaft LSG Baden-Württemberg, Urt. v. 19.02.2013 – L 11 R 2181/11, BeckRS 2013, 66886. Das SG Augsburg hat sich gegen eine generelle Versagung der Befreiungsmöglichkeit ausgesprochen, SG Augsburg, Urt. v. 22.01.2015 – S 17 R 620/14, BeckRS 2015, 65657.

121 Ewer, AnwBl. 2014, 683; Heine, AnwBl. 2014, 690; Heise, AnwBl. 2014, 936; Hellwig, AnwBl. 2015, 2; Horn, AnwBl. 2014, 147; Kilger, AnwBl. 2014, 685; Kilian, AnwBl. 2014, 468; Kleine-Cosack, AnwBl. 2014, 891; Krenzler, BRAK-Mitt., 2014, 128; Merkt, NJW 2014, 2310; Offermann-Burckart, NJW 2014, 2683; Prossliner, AnwBl. 2014, 695; Rolfs/Marcelli, NZA 2014, 574; Schuster, AnwBl. 2014, 700, Singer, BRAK-Mitt. 2014, 282; Thüsing/Fütterer, AnwBl. 2015, 13.

neue gesetzliche Grundlage geschaffen werden müsse, welche die gegenwärtige Rechtslage nach den Urteilen des Bundessozialgerichts beseitige.[122]

I. Die Folgeentscheidungen in der sozialgerichtlichen Rechtsprechung

Im Nachgang zu den Urteilen des Bundessozialgerichts ist insbesondere die Entscheidung des Landessozialgerichts Bayern[123] hervorzuheben, in der das Gericht in einem Fall eines in einer Wirtschaftsprüfungsgesellschaft angestellten und zur Rechtsanwaltschaft zugelassenen Rechtsanwalts die Befreiung von der gesetzlichen Rentenversicherungspflicht angenommen hat. Der Senat führte aus, dass der Kläger wegen seiner Tätigkeit bei der Wirtschaftsprüfungsgesellschaft einer Zulassung bedürfe, weil er in konkreten fremden steuerrechtlichen Angelegenheiten Rechtsdienstleistungen gegenüber fremden Dritten, nämlich den Mandanten seines Arbeitgebers, erbringe. Notwendige Voraussetzung für die Ausübung seiner steuerrechtlichen Tätigkeit sei daher die Zulassung als Rechtsanwalt gemäß § 3 Steuerberatungsgesetz.[124] Der Kläger sei daher nicht als Syndikusanwalt, sondern aufgrund seiner beratenden Tätigkeit anwaltlich beschäftigt und könne demnach von der gesetzlichen Rentenversicherungspflicht befreit werden.

Ausdrücklich gegen eine generelle Versagung der Befreiung von Syndikusanwälten hat sich das Sozialgericht Augsburg ausgesprochen.[125] Es berief sich darauf, dass dabei die wesentliche Unterscheidung außer Acht gelassen werde, ob Inhalt der Tätigkeit die rechtliche Beratung und Vertretung des Unternehmens selbst sei, sodass eine Befreiung nicht möglich sei, oder aber, ob eine anwaltsgleiche, eigenverantwortliche und in der Sache nicht weisungsgebundene Beratung und Vertretung von Mandanten des Unternehmens erfolge. Erforderlich sei eine konkrete Prüfung, ob im Sinne der verwandten Definition des Syndikusanwalts lediglich eine beratende und entscheidende Tätigkeit ausgeübt werde oder ob sie in Gänze anwaltlicher Natur sei. Lediglich in letzterem Fall könne eine Befreiung erteilt werden.

---

122 Statt vieler: Prütting, AnwBl. 2014, 788 (789).

123 LSG Bayern, Urt. v. 12.02.2015 – L 14 R 775/12, BeckRS 2015, 68043. Das Verfahren ist beim BSG anhängig gewesen und auf sonstige Weise erledigt worden. Vgl. die Anmerkung von Huff/Legerlotz, ArbRB 2015, 178 (179).

124 Steuerberatungsgesetz in der Fassung der Bekanntmachung v. 04.11.1975, BGBl. I, S. 2735, zuletzt geändert d. Artikel 8 des Gesetzes v. 30.10.2017, BGBl. I, S. 3618.

125 SG Augsburg, Urt. v. 22.01.2015 – S 17 R 620/14, BeckRS 2015, 65657.

II. Die Auffassung im Schrifttum

Das Schrifttum äußerte sich zu den Entscheidungen des Bundessozialgerichts sehr kritisch.[126] Dem Gericht wurde u.a. vorgeworfen, dass sie das Verhältnis zwischen Berufsrecht und Sozialrecht nicht gerecht würden.[127] Bei der Berücksichtigung der Rechtsprechung des Bundesgerichtshofes würden die Inkonsistenzen und Ungereimtheiten zur Frage der Unabhängigkeit nicht in Betracht gezogen.[128] Damit würde die Ungleichbehandlung zwischen angestellten Juristen bei nicht-anwaltlichen Arbeitgebern und solchen bei anwaltlichen Arbeitgebern sowie selbständigen Rechtsanwälten ohne rechtliche Grundlage weiterhin bestehen bleiben.[129] Auch die Lösung einer berufsrechtlichen Frage durch eine isolierte Wortlautinterpretation einer sozialrechtlichen Norm sei zweifelhaft.[130] Überdies sei auch die in den Entscheidungsgründen herangezogene Stellungnahme des Rechtsausschusses aus den Gesetzesmaterialien nicht überzeugend, weil höchst fraglich sei, ob der Rechtsausschuss bedacht habe, dass er mit einer ablehnenden Entscheidung nicht nur einen Gesetzesvorschlag abgelehnt, sondern vielmehr auch eine Stellungnahme zu einer anerkannte Rechtsauffassung preisgebe.[131] Schließlich weist die Literatur in kritischer Weise auf die Rechtsfolgen für die rund 30.000 – 40.000 Syndikusanwälte hin.[132] Neben der Aufspaltung

---

126 Prütting, AnwBl. 2014, 788; ders., EWiR 2014, 599; Merkt, BB 2015, 8; Legerlotz/Schmidt, ArbRB 2014, 209; Meyer, NZS 2014, 801; ders., NZA 2014, 971 (980 ff.); Kilger, AnwBl 2014, 685; Kilian, AnwBl. 2014, 468; ders., NJW 2014, 1499; Kleine-Cosack, AnwBl. 2014, 891; Dahns, NJW-Spezial 2014, 574; Horn, AnwBl. 2014, 147; Huff, AuA 2014, 300; ders., ZAP 2014, 547; Becker, ZfA, 87; Krenzer, BRAK-Mitt. 2014, 128; Henssler/Dorando, WuB 2015 92; Offermann-Burckart, NJW 2014, 2683; Rolfs/Marcelli, NZA 2014, 574; Rolfs, SGb 2014, 653; Bezani/Klinkhammer, ArbR 2014, 275; Böttcher, AnwBl. BE 2014, 142; Heine, AnwBl. 2014, 690; Singer, BRAK-Mitt 2014, 282; Merkt, NJW 2014, 2310; Henke, AnwBl. 2014, 720; Giesen, NZA 2014, 1297; v. Doetinchem, AnwBl. BE 2014, 412; Thönißen, DB 2014, 2473; Thietz-Bartram, AnwBl. 2014, 791; Voigt, ArbuR 2014, 480; v. Steinau-Steinrück/Burkard-Pötter, NJW-Spezial 2014, 562. A.A.: Ring, NJ 2014, 439.
Vgl. zur Rechtsprechung des LSG NRW die kritischen Anmerkungen von Horn, NZS 2014, 245 und Trebeck, ArbRB 2014, 300.

127 Prütting, AnwBl. 2014, 788 (789).

128 Prütting, AnwBl. 2014, 788 (789).

129 Merkt, BB 2015, 8; Legerlotz/Schmidt, ArbRB 2014, 209.

130 Prütting, AnwBl. 2014, 788 (789).

131 Prütting, AnwBl. 2014, 788 (789).

132 Vor allem: Prütting, AnwBl. 2014, 788 (789); Schuster, AnwBl. 2014, 700; Meyer, NZS 2014, 801; ders., NZA 2014, 971 (980 ff.); Leßmann/Hermann, DB 2014, 2227;

der Rechtsanwälte in angestellt und selbständig Tätige, würde die Anwaltschaft als solche durch Rücknahmen von Zulassungen in ihrer Gesamtheit Einbußen erfahren.

III. Die gesetzgeberische Entscheidung

Obwohl die Frage nach der Befreiung von der gesetzlichen Rentenversicherungspflicht von Syndikusanwälten nach den Urteilen des Bundessozialgerichts grundsätzlich als geklärt angesehen werden konnte, entschied sich der Gesetzgeber vor dem Hintergrund der Rechtsfolgen durch die Urteile des Bundessozialgerichts dazu, das Leitbild des Syndikusanwalts in der Rechtsordnung zu reformieren und zum ursprünglichen Status quo zurückzukehren.[133]

Zu diesem Zweck entwickelte das Bundesjustizministerium bereits am 13.01.2015 ein Eckpunktepapier mit 13 Punkten.[134] Dieses sah vor, dass eine berufsrechtliche Regelung für Syndikusanwälte geschaffen, die Doppelberufstheorie abgeschafft und die Ausübung des Anwaltsberufs als anwaltliche Tätigkeit normiert werden solle.[135] Der Syndikusanwalt wurde definiert als Rechtsanwalt, der den Rechtsanwaltsberuf als Angestellter eines anderen, der nicht Rechtsanwalt, Angehöriger eines sozietätsfähigen Berufes oder eine Berufsausübungsgemeinschaft sei, ausübe. Die Rechtsberatungsbefugnis sollte in diesem Falle auf die Beratung und Vertretung des Arbeitgebers beschränkt sein. Daneben stellte das Eckpunktepapier klar, dass das Vertretungsverbot für Syndikusanwälte in zivil- und arbeitsgerichtlichen Verfahren mit Anwaltszwang sowie generell in Straf- und Bußgeldverfahren aufrechterhalten werden solle. Das Ministerium verfolgte demnach nicht das Ziel einer vollumfänglichen Angleichung der Rechte und Pflichten von Syndikusanwälten und selbständig tätigen Rechtsanwälten.

Hartmann, DStR 2014, 2183; Zimmer/Bauer, BB 2014, 2677; Heise, AnwBl. 2014, 936; Marburger, DöD 2014, 294; Hey, ArbR 2014, 604; Hartung/Hartung/Scharmer, BORA/FAO, Vor §§ 46-46c BRAO, Rn. 23.

133 BT-Drs. 18/5563, S. 1 f.; BT-Drs. 18/6915, S. 1 f.

134 Neuregelung des Rechts der Syndikusanwälte, Eckpunkte, abrufbar unter: http://www.bmjv.de/SharedDocs/Downloads/DE/pdfs/20150113_Eckpunkte_Syndikusanwaelte.pdf?__blob = publicationFile (zuletzt abgerufen am 19.07.2019); vgl. dazu auch die Anmerkungen von Prütting, AnwBl. 2015, 199.

135 So insbesondere Thüsing/Fütterer, NZA 2015, 595 (596) und Prütting, AnwBl. 2015, 199 (200 f.).

Kapitel 2 - Das Gesetz zur Neuordnung des Rechts der Syndikusanwälte

Während in dem vorhergehenden Teil die Rechtslage, die zu den Obiter-Dictum-Urteilen des Bundessozialgerichts geführt hat, und die im Nachgang erfolgten Reaktionen dargestellt wurden, wird im Folgenden das am 01.01.2016 in Kraft getretene Gesetz zur Neuordnung des Rechts der Syndikusanwälte näher untersucht.

A. Das Regelungsziel des Gesetzes

Nachdem das Bundessozialgericht eine Befreiung von der gesetzlichen Rentenversicherungspflicht für Syndikusanwälte abgelehnt hat und die Entscheidung im Nachgang in der Literatur heftig kritisiert wurde, strebte der Gesetzgeber frühzeitig eine Gesetzesänderung an.[136] So sollte das Befreiungsrecht für Syndikusanwälte neu geordnet und in diesem Zuge in §§ 46 ff. BRAO Vorschriften zum Syndikusrechtsanwalt aufgenommen werden. Mit der Verkündung des Gesetzes zur Neuordnung des Rechts der Syndikusanwälte wurden Regelungen geschaffen, die ermöglichen sollen, dass

> „Syndikusanwälte wie bisher - unter bestimmten Voraussetzungen auch rückwirkend - von der Rentenversicherungspflicht befreit werden und in den anwaltlichen Versorgungswerken verbleiben können. Dabei soll in Hinblick auf das Befreiungsrecht von der Rentenversicherungspflicht weitestgehend der bisherige Status quo aufrechterhalten bleiben. Zum anderen sollen bisweilen bestehende Rechtsunsicherheiten [...] vermieden werden."[137]

Damit bringt der Gesetzgeber zum Ausdruck, dass er entgegen den Entscheidungen des Bundessozialgerichts die Anwendung der Doppelberufstheorie ablehnt und an der bisherigen Rechtsprechungspraxis in weiten Teilen festhält.

---

136 Anknüpfend an das Eckpunktepapier folgte am 05.05.2015 bereits ein Referentenentwurf des Bundesministeriums der Justiz und Verbraucherschutz (Aktenzeichen: RB 1 - zu 3170 - R 3 291/2015), am 16.06.2015 ein Gesetzesentwurf der Fraktionen CDU/CSU und SPD (BT-Drs. 18/1502) sowie am 15.07.2015 ein Gesetzesentwurf der Bundesregierung (BT-Drs. 18/5563), bevor das Gesetz zur Neuordnung des Rechts der Syndikusanwälte am 17.12.2015 den Bundestag und am 18.12.2015 den Bundesrat passierte.

137 BT-Drs. 18/5563, S. 2.

Inhaltlich sind die Bestimmungen zuvörderst darauf ausgerichtet, die Rechtsposition von Syndikusanwälten in Gänze neu zu gestalten. Durch das weiterhin konstitutive Antragserfordernis trägt der Gesetzgeber der Entscheidungsautonomie des Einzelnen über die Einordnung in ein konkretes Alterssicherungssystem Rechnung. Berücksichtigung fand zudem ein weitgehender Eigentumsschutz an bereits erworbenen Anwartschaftsrechten an Rentenansprüchen durch das Antragserfordernis in Verbindung mit der in § 231 SGB VI normierten Rückwirkungsvorschrift. Der Gesetzgeber hat eine umfassende Neuregulierung von Rechten und Pflichten des Syndikusanwalts in den Blick genommen.[138] Das Gesetz enthält neben der Definition unter welchen Voraussetzungen ein Syndikusanwalt einer anwaltlichen Tätigkeit nachgeht[139] Regelungen zur Zulassung des Syndikusrechtsanwalts[140] sowie besondere Vorschriften im Rahmen von straf- und zivilrechtlichen Verfahren[141], etwaige Vertretungsverbote[142] und die Übertragung von Anwaltsprivilegien[143]. Überdies hat der Gesetzgeber auch die Parallelproblematik bei Patentanwälten in den Blick genommen.[144]

B. Das Gesetzgebungsverfahren

Entscheidet sich der Gesetzgeber, wie im vorliegenden Fall, zur Normierung einer parlamentarischen Regelung, ist er von Gesetzes wegen an bestimmte formelle Voraussetzungen gebunden. Von diesen soll vorliegend die gesetzgeberische Zuständigkeit näher beleuchtet werden (I.). Darüber hinaus ist bei der Implementierung einer Regelungsmaterie an der Schnittstelle zwischen dem Alterssicherungssystem der freien Berufe und dem Rentenversicherungsrecht beim Erlass eines diese Grenze tangierenden Gesetzes die sog. Friedensgrenze zu berücksichtigen (II.). Schließlich ist im Gesetzgebungsverfahren zu beachten, in welchem Gesetz diese Neuregelungen normiert werden (III.).

---

138 Vgl. hierzu Dietzel/Gauting/Mahlzahn, BRAK-Mitt. 2016, 154 ff.; Offermann-Burckart, AnwBl. 2016, 125 (135); dies., NJW 2016, 113 ff.

139 Vgl. § 46 BRAO.

140 Vgl. §§ 46a, 46b BRAO.

141 Vgl. § 46c BRAO.

142 Vgl. § 46c Abs. 2 BRAO.

143 Vgl. §§ 46c Abs. 1, 46c Abs. 3 BRAO.

144 Vgl. die Änderungen in der Patentanwaltsordnung in §§ 41a-41d, 155a Patentanwaltsordnung. Die Regelungen in der Patentordnung entsprechen denen in der Bundesrechtsanwaltsordnung.

I. Die Zuständigkeit des Bundesgesetzgebers

Das Gesetz zur Neuordnung des Rechts der Syndikusanwälte hat im Kern zu Änderungen in der Bundesrechtsanwaltsordnung geführt. Darüber hinaus wurden die gesetzliche Rentenversicherung, die Finanzgerichtsordnung[145], das Rechtsanwaltsvergütungsgesetz[146], die Patentanwaltsordnung[147] sowie das EuRAG[148] an die parallel vorgenommenen Änderungen in der Bundesrechtsanwaltsordnung angepasst. Die Kompetenz des Bundesgesetzgebers zum Erlass eines Gesetzes über die rechtliche Einordnung von Syndikusanwälten unter Berücksichtigung einer Befreiungsmöglichkeit von der gesetzlichen Rentenversicherungspflicht folgt im Hinblick auf die einzelnen Regelungswirkungen aus unterschiedlichen Normen. So sind für Änderungen über die rechtliche Stellung des Syndikusanwalts in der Rechtsanwaltschaft die Artt. 72 Abs. 1, 74 Abs. 1 Nr. 1 GG maßgeblich. Danach erstreckt sich die konkurrierende Gesetzgebung unter anderem auf den Bereich der Rechtsanwaltschaft. Erfasst sind davon alle Normen, die dem Berufsrecht zugeordnet werden können. Dieser Regelungsbereich unterfällt der sog. Kernkompetenz des Bundes gem. Art. 72 Abs. 1 GG, sodass weitergehende Anforderungen im Sinne einer Erforderlichkeitsprüfung gem. Art. 72 Abs. 2 GG nicht zu erfüllen sind. Unmittelbare Änderungen in der gesetzlichen Rentenversicherung, wie die rückwirkende Befreiungsmöglichkeit für Syndikusrechtsanwälte im neu normierten § 231 Abs. 4b SGB VI, unterfallen demgegenüber der Sozialversicherung und damit gemäß Artt. 72 Abs. 1, 74 Abs. 1 Nr. 12 GG ebenfalls der Kernkompetenz des Bundesgesetzgebers.

Einer ausdrücklichen Zustimmung des Bundesrates nach Art. 84 Abs. 1 GG zu dem Gesetz zur Neuordnung des Rechts der Syndikusanwälte bedurfte es nicht, da länderspezifische Interessen, insbesondere administrativer Art, von den Änderungen nicht betroffen sind und auch die sonstigen, die Zustimmung erfordernden Bestimmungen des Grundgesetzes keine Anwendung finden. Soweit der Bundesgesetzgeber nicht von seinem Recht Gebrauch macht, eigene Regelungen zu erlassen, verbleibt das Recht der Gesetzgebung gemäß Artt. 30,

---

145 Finanzgerichtsordnung (FGO) in der Fassung der Bekanntmachung v. 28.03.2001, BGBl. I, S. 442, 2262, 2002 I, S. 679, zuletzt geändert d. Artikel 5 Absatz 3 des Gesetzes v. 08.10.2017, BGBl. I, S. 3546.

146 Rechtsanwaltsvergütungsgesetz (RVG) vom 05.05.2004, BGBl. I, S. 718, 788, zuletzt geändert d. Artikel 2 Absatz 8 des Gesetzes v. 18.07.2017, BGBl. I, S. 2739.

147 Patentanwaltsordnung v. 07.09.1966, BGBl. I, S. 557, zuletzt geändert d. Artikel 5 des Gesetzes v. 30.10.2017, BGBl. I, S. 3618.

148 Vgl. Fn. 71.

70 GG bei den Ländern. Diese üben staatliche Befugnisse aus und erfüllen die staatlichen Aufgaben, soweit das Grundgesetz keine andere Regelung trifft oder zulässt. Vorliegend hat der Bundesgesetzgeber mit dem Gesetz zur Neuordnung des Rechts der Syndikusanwälte eigene Regelungen erlassen.

Fraglich ist jedoch, wie sich diese Bundesgesetzgebungskompetenz aufgrund der Befreiung von der gesetzlichen Rentenversicherungspflicht und damit der Verschiebung von Mitgliedern zwischen der gesetzlichen Rentenversicherung und den Versorgungswerken verhält:

Neben den unmittelbaren Gesetzesänderungen in der Bundesrechtsanwaltsordnung und der gesetzlichen Rentenversicherung war Ziel des Gesetzes zur Neuordnung des Rechts der Syndikusanwälte allem voran die Ermöglichung der Befreiung dieser von der gesetzlichen Rentenversicherungspflicht und damit die Wiederherstellung des vor den Urteilen des Bundessozialgerichts bestehenden Status quo.[149] Eine Vorschrift, die eine Befreiung dieser Art für Syndikusanwälte normiert, hat der Gesetzgeber weder in die Bundesrechtsanwaltsordnung noch in das Rentenversicherungsrecht implementiert. Erst durch ein Zusammenwirken mehrerer Vorschriften kommt eine Befreiungsmöglichkeit für Syndikusanwälte in Betracht. So gestaltet sich die Prüfung, ob eine Befreiung von der gesetzlichen Rentenversicherungspflicht für Syndikusanwälte erfolgen kann anhand der hierfür im Rentenversicherungsrecht abstrakt und allgemein normierten Vorschrift in § 6 Abs. 1 S. 1a) SGB VI, die, angewandt auf Syndikusanwälte, weder die konkreten Voraussetzungen einer Mitgliedschaft im Versorgungswerk noch der Rechtsanwaltskammer nennt. Es erfolgt somit, nach der gesetzgeberischen Konzeption, inzident ein Verweis auf die Bundesrechtsanwaltsordnung bzw. die landesrechtlichen Regelungen der einzelnen Versorgungswerke und Rechtsanwaltskammern, die ihrerseits normieren, wann eine jeweilige Mitgliedschaft besteht. Liegen die genannten Voraussetzungen der Befreiungsnorm für den Einzelnen vor, ist der Syndikusrechtsanwalt von der gesetzlichen Rentenversicherungspflicht befreit und zahlt damit nur noch Beiträge an das Versorgungswerk. Beiträge an die gesetzliche Rentenversicherung werden demgegenüber nicht mehr abgeführt. Damit wird der Kreis von Mitgliedern in der gesetzlichen Rentenversicherung zugunsten der Versorgungswerke verkleinert. Der Bundesgesetzgeber übt somit seine Kompetenz im Bereich der Versorgungsmitglieder aus und entscheidet mittelbar über die Erweiterung des Mitgliederstammes.

149 BT-Drs. 18/5563, S. 1 f.; BT-Drs. 18/6915, S. 1 f.

Bislang beruhen die berufsständischen Versorgungswerke regelmäßig auf landesrechtlichen Grundlagen[150], welche in erster Linie die Zulässigkeit der Einrichtung regeln.[151] Daneben enthalten die landesrechtlichen Vorschriften Regelungen zur Satzungsermächtigung, der Organisation, der Finanzierung, der Begründung und der Beendigung von Mitgliedschaften.[152] Die Begründung

---

150 Bundesgesetzliche Regelungen zur Errichtung von Versorgungswerken sind die Ausnahme. Zu nennen sind beispielsweise die Zusatzversorgung „Gemeinsame Ausgleichskasse im Seelotsenwesen der Reviere", das auf Grund von § 32 Abs. 1 Nr. 6 des Gesetzes über das Seelotsenwesen v. 13.10.1954, BGBl. II, S. 1035 errichtet wurde.

151 Für das Versorgungswerk der Rechtsanwälte hat der Landesgesetzgeber das Gesetz über die Rechtsanwaltsversorgung (RAVG NW) v. 06.11.1984 erlassen, GVBI. NW Nr. 62 v. 29.11.1984, S. 684. Gem. § 1 RAVG NW soll eine Körperschaft des öffentlichen Rechts mit dem Namen „Versorgungswerk der Rechtsanwälte im Lande Nordrhein-Westfalen" mit dem Sitz in Düsseldorf errichtet werden, dessen Aufgabe die Versorgung seiner Mitglieder ist, wobei die Leistungen ausschließlich aus eigenen Mitteln erbracht werden sollen. Gem. § 11 RAVG NW werden die Angelegenheiten des Versorgungswerks durch die Satzung geregelt, soweit sie nicht gesetzlich bestimmt sind. Hierzu zählen nach § 11 Nr. 3 RAVG NW auch für die Begründung und Beendigung der Mitgliedschaft.

152 Vgl. insoweit für Bayern: Gesetz über das öffentliche Versorgungswesen (VersoG) in der Fassung der Bekanntmachung v. 16.06.2008, Verordnung zur Durchführung des Gesetzes über das öffentliche Versorgungswesen (DVVersoG) v. 20.12.1994; für Baden-Württemberg: Rechtsanwaltsversorgungsgesetz – (RAVG) v. 10.12.1984; für Berlin: Gesetz über die Rechtsanwaltsversorgung in Berlin (RAVG Bln) v. 02.02.1998; GVBl. S. 9, BRV 830-1, geändert d. Artikel I, § 28 d. Gesetzes zur Anpassung des Landesrechts auf Grund der Einführung der eingetragenen Lebenspartnerschaft v.15.10.2001, GVBl., S. 540; für Brandenburg: Gesetz über das Versorgungswerk der Rechtsanwälte in Brandenburg (Brandenburgisches Rechtsanwaltsversorgungsgesetz-BbgRAVG) v. 04.12.1995, GVBl.I/95, Nr. 21, S. 266, geändert d. Artikel 2 des Gesetzes v. 19.12.2002, GVBl.I/02, Nr. 12, S. 189, 190, geändert d. Artikel 7 des Gesetzes v. 13.03.2012, GVBl.I/12, Nr. 16, S. 4); für Bremen: Gesetz über die Rechtsanwaltsversorgung in der Freien Hansestadt Bremen (RAVG) v. 17.09.1997, Gesetzblatt der Freien Hansestadt Bremen v. 30.09.1997, Nr. 43, S. 329; mit Berichtigung, GBl. Nr. 57, S. 577; Hamburg: Gesetzes über das Versorgungswerk der Rechtsanwältinnen und Rechtsanwälte in der Freien und Hansestadt Hamburg (RAVersG), v. 21.11.2000, HmbGVBl., S. 349, BS Hbg 3032-3, zuletzt geändert d. Artikel 10 des Gesetzes zur Neuregelung des Verwaltungsvollstreckungsrechts vom 04.12.2012, HmbGVBl., S. 510; für Hessen: Gesetz über die Hessische Rechtsanwaltsversorgung (Hess. RAVG) v. 16.12.1987; für Mecklenburg-Vorpommern: Gesetz über das Versorgungswerk der Rechtsanwälte in Mecklenburg-Vorpommern (Rechtsanwaltsversorgungsgesetz – RAVG M-V) v. 14.12.1993; GS Meckl.-Vorp. Gl. Nr. 303 – 1; Niedersachen: Gesetz über das Rechtsanwaltsversorgungswerk Niedersachsen (RVNG) vom 14.03.1982,

eines neuen Mitgliederstammes umfasst den Kernbereich der Selbstverwaltung von Versorgungswerken, sodass der Gesetzgeber durch eine Neuregelung des Rechts der Syndikusanwälte mittelbar in einen bislang von den Versorgungswerken in eigener Autonomie durch landesgesetzliche Regelungen gestalteten Regelungsbereich eingreift.

Ob dem Bundesgesetzgeber diese Befugnis zusteht, ist umstritten.[153] Fraglich ist, ob die berufsständische Altersversorgung der verkammerten Berufe unter die Regelungsmaterie der Sozialversicherung gem. Art. 74 Nr. 12 GG fällt.

In der Rechtsprechung ist diese Frage durch das Bundesverfassungsgericht wiederholt ausdrücklich offen gelassen worden.[154] In den zu entscheidenden Fällen konnte stets eine Länderkompetenz angenommen werden, weil

---

Nds. GVBl. S. 65; für Saarland: Gesetz Nr. 1558 über die Rechtsanwaltsversorgung im Saarland v. 14.07.2004, zuletzt geändert d. das Gesetz v. 19.11.2008, Amtsbl., S. 1930; für Sachsen: Sächsisches Rechtsanwaltsversorgungsgesetz v. 16.06.1994, SächsGVBl., S. 1107, zuletzt geändert d. Artikel 2 des Gesetzes v. 14.12.2012, SächsGVBl., S. 748; für Sachsen-Anhalt: Gesetz über das Versorgungswerk der Rechtsanwälte in Sachsen-Anhalt v. 27.07.2005, zuletzt geändert d. das Gesetz v. 20.06.2018, GVBl. LSA, S. 165; für Schleswig-Holstein: Gesetz über die Rechtsanwaltsversorgung in Schleswig-Holstein (Rechtsanwaltsversorgungsgesetz – RAVG) v. 03.09.1994, GVOBl. Schl.-H., S. 159, GS Schl.-H. II, Gl.Nr. 302-1, zuletzt geändert d. Artikel 3 des Gesetzes zur Änderung des Landesjustizverwaltungskostengesetz und weiterer Gesetze v. 15.07.2014, GVOBl. Schl.-H., S. 132; für Thüringen: Thüringer Gesetz über das Versorgungswerk der Rechtsanwälte (ThürRAVG) v. 31.05.1996; für Rheinland-Pfalz, Landesgesetz über die rheinland-pfälzische Rechtsanwaltsversorgung v. 29.01.1985.

153 Butzer, in: Kluth (Hrsg.), Handbuch des Kammerrechts, S. 16, Rn. 24 ff. m.w.N.; Axer, in: Bonner Kommentar zum GG, Art. 74, Rn. 45; Boecken, Die Pflichtaltersversorgung der verkammerten freien Berufe und der Bundesgesetzgeber, S. 253 ff.; m.w.N. auf S. 267, Fn. 103, ders., in: GK-SGB VI, § 6, Rn. 37; Bogs, DVBl. 1964, 1 (6); Hahn, Die öffentlich-rechtliche Alterssicherung der freien Berufe, S. 209 ff., Klattenhoff, DAngVers 1996, 404 (406); Meurer, DAngVers 1994, 301 (302), Papier, AnwBl. 2007, 97 (100); ders., in: FS Ruland, 2007, S. 455 (466 ff.). A. A. Kirchhoff/Kilger, NJW 2005, 101 (101 f.); Kilger, AnwBl. 1998, 424 (425); Jung, in: Cramer/Förster/Ruland, S. 151 (152).

154 BVerfG, Beschl. v. 02.05.1961 – 1 BvR 203/53, BVerfGE 12, 319 (323); BVerfG, Beschl. v. 25.02.1960 – 1 BvR 239/52, BVerfGE 10, 354 (360f.); BVerwG, Urt. v. 25.11.1982 – 5 C 69/79, NJW 1983, 2650 (2650); BVerwG, Beschl. v. 21.02.1994 – 1 B 19/93, NJW 1994, 1888 (1888); BVerfG, Beschl. v. 23.03.2000 – 1 B 15/00, NJW-RR 2001, 785 (786). Ohne näheren Bezug auf den Streit: BayVGH, Ents. v. 08.10.1987 – Vf. 8 – VII/86, NJW 1988, 550 (550); OVG NRW, Urt. v. 03.11.1989 – 5 A 1683/88, NJW 1990, 592 (592); VGH Mannheim, Beschl. v. 27.01.1987 – 9 S 2504/85, NJW 1987, 1350 (1351).

jedenfalls – unabhängig von der rechtlichen Einordnung – der Bundesgesetzgeber bis dato keinen abschließenden Gebrauch von seiner Kompetenz gemacht hatte. Mit dem Gesetz zur Neuordnung des Rechts der Syndikusanwälte hat der Gesetzgeber erstmals in einen derartigen Kernbereich autonomer Entscheidungsgewalt eingegriffen.

In der Literatur hat sich weitestgehend die Auffassung durchgesetzt, dass es sich bei den berufsständischen Versorgungswerken um eine Materie der konkurrierenden Gesetzgebung handle.[155] Die Gegenauffassung betrachtet die berufsständische Versorgungswerke als öffentlich-rechtliche Versicherung „eigener Art", die nicht Art. 74 Nr. 12 GG zuzuordnen und nicht in die residuale Gesetzgebungskompetenz der Länder falle.[156]

Einigkeit besteht darin, dass unter dem Begriff der Sozialversicherung gem. Art. 74 Nr. 12 GG nicht nur klassische Versicherungszweige fallen.[157] Der Begriff ist vielmehr als ein „weit gefasster"[158] und verfassungsrechtlicher Gattungsbegriff zu verstehen, der alles umfasst, was sich der Sache nach als Sozialversicherung darstellt.[159] Deshalb ermöglicht Art. 74 Nr. 12 GG auch die Einbeziehung neuer Lebenssachverhalte in das Gesamtsystem, wenn die neue Sozialleistung in ihren wesentlichen Strukturelementen, insbesondere in der organisatorischen Bewältigung ihrer Durchführung dem Bild entspricht, welches durch die

155 Butzer, in: Kluth (Hrsg.), Handbuch des Kammerrechts, § 16, Rn. 24 ff.; Axer, in: Bonner Kommentar zum GG, Art. 74, Rn. 45; Boecken, Die Pflichtaltersversorgung der verkammerten freien Berufe und der Bundesgesetzgeber, S. 253 ff., m.w.N. auf S. 267, Fn. 103; ders., in: GK-SGB VI, § 6, Rn. 37; Bogs, DVBl. 1964, 1 (6); Hahn, Die öffentlich-rechtliche Alterssicherung der freien Berufe, S. 209 ff., Klattenhoff, DAngVers 1996, 404 (406); Meurer, DAngVers 1994, 301 (302), Papier, AnwBl. 2007, 97 (100); ders., FS für Franz Ruland, 2007, 455 (466 ff.).

156 Kirchhoff/Kilger, NJW 2005, 101 (101 f.); Kilger, AnwBl. 1998, 424 (425); Jung, in: Cramer/Förster/Ruland, S. 151 (152); differenzierend: Salzwedel, in: ABV e.V. (Hrsg.), Verfassungsrechtliche Fragen zur berufsständischen Versorgung freier Berufe und zur Hinterbliebenenreform 1986, S. 323 (S. 340 ff.).

157 vgl. insoweit: Oeter, in: v. Mangoldt/Klein/Starck (Hrsg.), GG, Bd. 2, Art. 74, Rn. 105; Leibholz/Rinck/Hesselberger, GG, Art. 74, Rn. 5.

158 BVerfG, Beschl. v. 08.04.1987 – 2 BvR 909/82, BVerfGE 75, 108 (146 f.); BVerfG, Urt. v. 07.07.1992 – 1 BvL 51/86, BVerfGE 87, 1 (34); BVerfG, Urt. v. 28.05.1993 – 2 BvF 2/90, BVerfGE 88, 203 (313); Pieroth, in: Jarass/Pieroth, GG, Art. 74, Rn. 35; Axer, in: Bonner Kommentar zum GG, Art. 74, Rn. 25 ff.; Schenkel, Sozialversicherung und GG, 2008.

159 Leibholz/Rinck/Hesselberger, GG, Art. 74, Rn. 5; Oeter, in: v. Mangoldt/Klein/Starck (Hrsg.), GG, Bd. 2, Art. 74, Rn. 105.

klassische Sozialversicherung geprägt ist.[160] Kennzeichnend für die Organisation der Sozialversicherung ist die Aufbringung von Mitteln durch selbstständige Anstalten oder Körperschaften des öffentlichen Rechts im Wege der Beitragserhebung.[161] Dabei soll es unschädlich sein, wenn neben Versichertenbeiträgen weitere Einnahmequellen bestehen.[162]

Ausgehend von diesen Maßstäben handelt es sich bei Regelungen betreffend den Mitgliederstamm von Versorgungswerken um Anwendungsfälle von Art. 74 Nr. 12 GG. Versorgungswerke erfüllen alle prägenden Elemente einer Sozialversicherung. Sie haben einen Versicherungscharakter, dienen dem sozialen Ausgleich, werden überwiegend durch die Aufbringung von Mitteln durch Beiträge der Versicherten finanziert und führen ihre Aufgaben als selbständige Anstalten des öffentlichen Rechts durch.[163] Auch ein sozialer Ausgleich findet statt, da bei der Beitragserhebung seitens der Versorgungswerke nicht auf das individuelle Risiko des Versicherten abgestellt wird, sondern Geschlecht, Gesundheitszustand, Geburtsjahr, Eintrittsalter oder Zahl der mitversicherten Familienangehörigen außer Betracht bleiben.[164]

Die Gegenmeinung unter Bezugnahme auf eine „Arbeitnehmerversicherung für Notlagen“[165] oder dem traditionellen Herausfallen von freien Berufen aus dem Kompetenzbereich der Sozialversicherung[166] überzeugt demgegenüber nicht.[167] Der berufsständischen Versorgung kommt eine berufs- und

160 BVerfG, Urt. v. 10.05.1960 – 1 BvR 190/58, BVerfGE 11, 105 (111); BVerfG, Beschl. v. 08.04.1987 – 2 BvR 909/82, BVerfGE 75, 108 (145); BVerfG, Beschl. v. 13.09.2005 – 2 BvF 2/03, BVerfGE 114, 196 (221); Leibholz/Rinck/Hesselberger, GG, Art. 74, Rn. 5.

161 VGH München, Urt. v. 28.01.2015 – 21 BV 14.989, Rn. 25, juris,; zur Zusatzversorgung der Schornsteinfeger, die Gegenstand der Entscheidung war vgl. BVerfG, Beschl. v. 12.01.1983, 2 BvL 23/81, BVerfGE 63, 1, NVwZ 1983, 537 (540) m.w.N.; Leibholz/Rinck/Hesselberger, GG, Art. 74, Rn. 5.

162 BVerfG, Beschl. v. 09.12.2003 – 1 BvR 558/99, BVerfGE 109 (110).

163 So auch Butzer, in: Kluth (Hrsg.), Handbuch des Kammerrechts, § 16, Rn. 25.

164 Butzer, in: Kluth (Hrsg.), Handbuch des Kammerrechts, § 16, Rn. 25.

165 Pestazolla, in: v. Mangoldt/Klein (Hrsg.), GG, Bd. VIII, 3. Aufl., Art. 74, Rn. 830, sowie Kahlert, SGb 12.13, 683 zur Landesgesetzgebungskompetenz.

166 Pestazolla, in: v. Mangoldt/Klein (Hrsg.), GG, Bd. VIII, 3. Aufl., Art. 74, Rn. 830.

167 BVerfG, Urt. v. 10.05.1960 – 1 BvR 190/58, BVerfGE 11, 105 (113); BVerfG, Beschl. v. 08.04.1987 – 2 BvR 909/82, BVerfGE 75, 108 (146); Butzer, Fremdlasten in der Sozialversicherung, S. 302 ff.; ders., in: Kluth (Hrsg.), Handbuch des Kammerrechts, § 16, Rn. 26 ff.; Boecken, Die Pflichtaltersversorgung der verkammerten freien Berufe und der Bundesgesetzgeber, S. 287.

gesellschaftspolitische Aufgabe zu.[168] Sie soll die Versorgung im Alter sicherstellen, den älteren Mitgliedern die Aufgabe ihres Berufes ermöglichen, eine Überalterung der jeweiligen Berufsstände verhindern und damit die Funktionsfähigkeit aufrechterhalten.[169] Die arbeitsmarktpolitische Funktion kann eine Zuordnung zu Art. 74 Nr. 12 GG nicht verhindern, da jedenfalls die aufgezählten Aufgaben denen der Rentenversicherung gleichkommen.[170]

Auch der Umstand, dass freie Berufe traditionsbedingt aus der Sozialversicherung herausgenommen wurden, führt nicht dazu, dass sie nicht trotzdem unter Art. 74 Nr. 12 GG fallen können. Diese Tradition würde sonst dazu führen, dass Art. 72 Abs. 1 GG umgangen würde, der explizit eine landesrechtliche Gesetzgebungskompetenz regelt, solange und soweit der Bundesgesetzgeber nicht selbst Regelungen schafft.[171] Mit der Etablierung von Versorgungswerken würde zudem die Bundesgesetzgebungskompetenz ausgehebelt werden, soweit landesrechtlich Regelungen geschaffen würden.[172] Der Hinweis auf diese Tradition ignoriert zudem, dass es bereits mehrere freie Berufe wie Hebammen, Seelotsen oder Künstler gibt, die über eine Inanspruchnahme der Kompetenz aus Art. 74 Nr. 12 GG in die Sozialversicherung einbezogen werden.[173] Im Ergebnis liegt daher eine konkurrierende Gesetzgebungskompetenz gem. Art. 74 Abs. 12 GG vor, von der der Gesetzgeber in rechtmäßiger Weise Gebrauch gemacht hat.

II. Die Wahrung der Friedensgrenze

Bei der Implementierung eines Gesetzes zur Regelung der Befreiungsmöglichkeiten von Syndikusanwälten von der gesetzlichen Rentenversicherungspflicht muss der Gesetzgeber überdies die Grenze zwischen der Alterssicherung der freien Berufe auf der einen und der gesetzlichen Rentenversicherung auf der anderen Seite berücksichtigen.

---

168 BVerfG, Beschl. v. 25.02.1960 – 1 BvR 239/52, BVerfGE 10, 354 (369 f.); BVerfG, Beschl. v. 02.05.1961 – 1 BvR 203/53, BVerfGE 12, 319 (324); Kilger, AnwBl. 1998, 424 (425); Jung, in: Cramer/Förster/Ruland, S. 151 (152 f.).

169 So auch Butzer, in: Kluth (Hrsg.), Handbuch des Kammerrechts, § 16, Rn. 27.

170 Butzer, in: Kluth (Hrsg.), Handbuch des Kammerrechts, § 16, Rn. 27.

171 So auch überzeugend: Butzer, in: Kluth (Hrsg.), Handbuch des Kammerrechts, § 16, Rn. 27; Boecken, Die Pflichtaltersversorgung der verkammerten freien Berufe und der Bundesgesetzgeber, S. 287.

172 Vgl. Butzer, in: Kluth (Hrsg.), Handbuch des Kammerrechts, § 16, Rn. 27; Boecken, Die Pflichtaltersversorgung der verkammerten freien Berufe und der Bundesgesetzgeber, S. 287.

173 So auch Butzer, in: Kluth (Hrsg.), Handbuch des Kammerrechts, § 16, Rn. 27.

Angestellte von freien Berufen sind in erster Linie in der gesetzlichen Rentenversicherung kraft ihrer abhängigen Beschäftigung pflichtversichert gemäß § 1 Nr. 1 SGB VI. Zugleich können sie Mitglieder von Versorgungswerken sein und im Falle einer Befreiungserteilung unter Ausschluss der Doppelbelastung ausschließlich diesem angehören. Es obliegt gem. § 6 Abs. 1 S. 1 Nr. 1 SGB VI der Rentenversicherung, über die Befreiungsmöglichkeit zu entscheiden.[174] Die hierdurch vorgenommene Grenzziehung zwischen Mitgliedern der Versorgungswerke auf der einen und Versicherten der gesetzlichen Rentenversicherung auf der anderen Seite wird als „Friedensgrenze" bezeichnet.[175] Bevor auf diese eingegangen wird, soll zum besseren Verständnis der Grenzziehung zwischen der gesetzlichen Rentenversicherung auf der einen und den Versorgungswerken auf der anderen Seite zunächst ein kurzer Einblick in die geschichtliche Entwicklung von Versorgungswerken (1.) und daran anknüpfend ihre Vorteile gegenüber der gesetzlichen Rentenversicherung dargestellt werden (2.). Gerade im Hinblick auf die Vorteile wird ersichtlich, warum regelmäßig versucht wurde, die Grenzziehung für Angestellte freier Berufe zugunsten der Versorgungswerke und zulasten der Rentenversicherung zu verschieben. Zudem soll zur Notwendigkeit der Friedensgrenze Stellung genommen (3.) und im Rahmen eines Exkurses die Frage aufgeworfen werden, ob die Auflösung der Friedensgrenze aus rechtlicher Sicht möglich wäre (4.).

1. *Die historische Etablierung von Versorgungswerken*

Bevor Angehörige verkammerter Berufe die Notwendigkeit einer eigenen Versicherung gegen die Fälle des Alters, der Erwerbsminderung und des Todes verspürten, bestand für die klassische Arbeitnehmerschaft, durch das Gesetz betreffend die Invaliditäts- und Altersversicherung vom 22.06.1889, bereits seit Jahrzehnten eine gesetzlich verankerte Alterssicherung.[176] Die freien Berufe

174 Nach dem Gesetz zur Neuordnung des Rechts der Syndikusanwälte, ist weiterhin die Rentenversicherung für die originäre Befreiungsentscheidung zuständig. Aufgrund der inkorporierten Zulassungsnormen ist der Schwerpunkt der Prüfung auf die Berufskammern verlagert worden. Sofern eine Zulassung beantragt wird, prüfen die Berufskammern das Vorliegen der hierfür notwendigen Voraussetzungen und erteilen die Zulassung zur Rechtsanwaltschaft (Syndikusrechtsanwalt). Für die Rentenversicherung besteht in diesem Verfahrensabschnitt eine Rechtschutzmöglichkeit gem. § 112a BRAO, da sie vor einer Zulassungsentscheidung von der Berufskammer über das Ergebnis der Zulassungsentscheidung informiert werden muss.

175 Kesan/Witt, NZS 2013, 612.

176 Deutsches Reichsgesetzblatt Band 1889, Nr. 13, S. 97 – 144.

demgegenüber waren für diese Versicherung wegen ihres damals noch sehr niedrigen Leistungsniveaus sowie wegen der Unwahrscheinlichkeit des Eintritts eines Versicherungsfalls uninteressant[177] und wurden vom Gesetzgeber mangels Schutzbedürftigkeit ausgeschlossen.[178] Ihre Alterssicherung gewährleisteten sie bis zum Ersten Weltkrieg eigenverantwortlich.[179] In der Regel waren sie Teil des (Groß-) Bürgertums und konnten darauf vertrauen, dass sie während ihrer Berufstätigkeit bis zum Eintritt in das Rentenalter genügend Grundbesitz und Kapital aufgebaut haben, um auf keine zusätzliche Alterssicherung angewiesen zu sein.[180] Insbesondere im Zeitalter der Industrialisierung war eine Versicherung wegen Alters für freie Berufe wegen der bedeutenden Verdienstchancen, der großen Stabilität des Geldwertes und der geringen Zahl von Berufsangehörigen nicht erforderlich.[181] Mit dem Ende des Ersten Weltkrieges änderte sich diese begünstigende Situation infolge der kriegsbedingten Inflation, da die Berufsangehörigen erstmals ihr Vermögen als Sparer und private Lebensversicherer verloren.[182] Neue Verdienstchancen waren nur im eingeschränkten Maß gegeben, weil sich der Konkurrenzdruck durch die wachsende Zahl an Berufsangehörigen verschärfte und so die Situation der freien Berufe nachteilig verändert wurde.[183] Aufgrund dessen wurde der Druck auf die staatliche Sozialpolitik immer größer, sodass erstmals 1923 auf Wunsch der bayrischen Ärzte, Zahnärzte und Tierärzte die erste kollektive Zwangsversorgung gegründet wurde.[184] 1925 folgte die

177 Butzer, in: Kluth (Hrsg.), Handbuch des Kammerrechts, § 16, Rn. 5.

178 Ruland, NJW 1982, 1847 (1848).

179 Butzer, in: Kluth (Hrsg.), Handbuch des Kammerrechts, § 16, Rn. 5; Boecken, in: v. Maydell/Ruland/Becker (Hrsg.), Sozialrechtshandbuch, § 22, Rn. 5; Papier, in: FS für Ruland zum 65. Geburtstag, S. 455 (456).

180 Butzer, in: Kluth (Hrsg.), Handbuch des Kammerrechts, § 16, Rn. 5; Boecken, in: v. Maydell/Ruland/Becker (Hrsg.), Sozialrechtshandbuch, § 22, Rn. 5; Papier, in: FS Ruland, S. 455 (456).

181 Boecken, in: v. Maydell/Ruland/Becker (Hrsg.), Sozialrechtshandbuch, § 22, Rn. 5; Papier, in: FS Ruland, S. 455 (456); Butzer, in: Kluth (Hrsg.), Handbuch des Kammerrechts, § 16, Rn. 5.

182 Boecken, in: v. Maydell/Ruland/Becker (Hrsg.), Sozialrechtshandbuch, § 22, Rn. 6; Boecken, Die Pflichtaltersversorgung der verkammerten freien Berufe und der Bundesgesetzgeber, S. 40 ff; Papier, in: FS Ruland, S. 455 (456); Butzer, in: Kluth (Hrsg.), Handbuch des Kammerrechts, § 16, Rn. 5.

183 Butzer, in: Kluth (Hrsg.), Handbuch des Kammerrechts, § 16, Rn. 5; Papier, in: FS Ruland, S. 455 (456).

184 Papier, in: FS Ruland, S. 455 (456 f.); Butzer, in: Kluth (Hrsg.) Handbuch des Kammerrechts, § 16, Rn. 5.

Bayrische Apothekerversorgung.[185] Aber erst mit der Rentenreform von 1957 durch Konrad Adenauer wurde der Anstoß zu einer flächendeckenden Gründung berufsständisch organisierter Altersvorsorgesysteme für verkammerte Berufe gegeben.[186] Der damalige Gesetzgeber jedoch verweigerte den Selbständigen und Mitgliedern der freien Berufe die Möglichkeit der Selbstversicherung in der gesetzlichen Rentenversicherung und verwies diese auf eine eigenständige Versorgung als Hilfe zur Selbsthilfe.[187] Im Vordergrund stand für ihn eine Alterssicherung für „wirklich unselbständige Arbeitnehmer".[188] Gekennzeichnet wurde dies neben der Verweigerung zur Aufnahme von Selbständigen und Angehörigen freier Berufe in die gesetzliche Rentenversicherung durch die Einräumung einer Befreiungsmöglichkeit von der Versicherungspflicht im § 7 Abs. 2 Angestelltengesetz (AVG)[189] für angestellt tätige Berufsangehörige. Diese erste Befreiungsmöglichkeit wurde aus Kreisen der angestellten Ärzteschaft gefordert, weil im seinerzeitigen Rentenreformgesetz, anders als heute, eine Versicherungspflichtgrenze in Höhe von 750 DM/monatlich bestimmt worden war.[190] Eine Weiterversicherung in der gesetzlichen Rentenversicherung bei Überschreitung dieser Einkommensgrenze war nur möglich bei einer bereits bestehenden fünfjährigen Versicherung.[191] Die Gefahr fehlender Altersversorgung bestand daher in erster Linie für jüngere angestellt tätige Freiberufler, sofern nicht die Möglichkeit der Versicherung im Versorgungswerk gewährleistet wurde.[192] Während daher in der Zeit von 1960[193] eine Welle von Gründungen von Versorgungswerken zu

185 Papier, in: FS Ruland, S. 455 (457).

186 Boecker, in: v. Maydell/Ruland/Becker (Hrsg.), Sozialrechtshandbuch, § 22, Rn. 8; Papier, in: FS Ruland, S. 455 (457).

187 Butzer, in: Kluth (Hrsg.), Handbuch des Kammerrechts, § 16, Rn. 6.

188 So auch der BT-Abgeordnete Schüttler [CDU], BT-PlPr 2. WP 1953/Bd. 34/184. Sitzung v. 16.01.1957, S. 10202 (A).

189 Angestelltenversicherungsgesetz vom 20.12.1911, RGBl. S. 989.

190 Butzer, in: Kluth (Hrsg.), Handbuch des Kammerrechts, § 16, Rn. 7.

191 Butzer, in: Kluth (Hrsg.), Handbuch des Kammerrechts, § 16, Rn. 7.

192 Kannegießer, In eigener Verantwortung, S. 41 (50); Butzer, in: Kluth (Hrsg.), Handbuch des Kammerrechts, § 16, Rn. 7.

193 Hintergrund hierfür war Unterschiedliches: Neben der politischen Grundsatzentscheidung von 1957 entschied das BVerfG, dass Grundrechte einer gesetzlich angeordneten Zugehörigkeit der Berufstandsangehörigen zu einem Versorgungswerk nicht entgegenstünden und damit die öffentlich-rechtliche Zwangsmitgliedschaft mit dem Grundgesetz vereinbar sei, vgl. BVerfG, Beschl. v. 25.02.1960 – 1 BvR 239/52, BVerfGE 10, 354 ff. Hinzu kam noch das Scheitern eines Gesetzesentwurfs über die Alters- und Hinterbliebenenversicherung der rechts- und wirtschaftsberatenden freien Berufe aus dem Jahre 1959, der von einer Kommission der Bundesrechtsanwaltskammer (BRAK)

beobachten war, erfolgte die Gründung der Versorgungswerke für Rechtsanwälte erst mit dem Beginn der 80er Jahre[194], da erst ab diesem Zeitpunkt ein größeres Sicherungsbedürfnis bestand und eine Versicherung in der gesetzlichen Rentenversicherung, die stark unter der Wirtschaftskrise der vergangenen Jahre litt, verhindert werden sollte.[195] Mit der Wiedervereinigung wurden in nahezu allen neuen Bundesländern Versorgungswerke der freien Berufe errichtet.[196]

2. *Die wesentlichen Strukturelemente von Versorgungswerken*

Mit der Etablierung von Versorgungswerken in nahezu allen Bundesländern musste eine Regelung des personellen Anwendungsbereichs zu einem Versorgungswerk geschaffen werden. Während die gesetzliche Rentenversicherung in erster Linie eine Beschäftigung für die Pflichtmitgliedschaft voraussetzt, bestehen die Versorgungswerke auf der zwingenden Voraussetzung der Mitgliedschaft zu einer Kammer eines freien Berufes und korrespondieren insoweit mit der Befreiungsnorm gem. § 6 Abs. 1 S. 1 Nr. 1 SGB VI. Für Syndikusanwälte ist die Mitgliedschaft in einer Rechtsanwaltskammer des zuständigen Bundeslandes daher zwingende Voraussetzung für die Befreiung von der gesetzlichen Rentenversicherungspflicht.[197] Liegen diese Voraussetzungen vor, sind die Mitglieder z.B. gem. § 30 Abs. 1 der Satzung NRW verpflichtet, einen monatlichen Beitrag zu zahlen (Regelpflichtbeitrag), wobei auch ein Mindestbeitrag anerkannt ist, § 30 Abs. 3 der Satzung NRW. Darüber hinaus besteht die Möglichkeit der freiwilligen Beitragszahlung gem. § 32 der Satzung NRW bei einer freiwilligen

---

und des Deutschen Anwaltsvereins (DAV) ausgearbeitet wurde. Vgl. AnwBl. 1959, 16 ff.; Butzer, in: Kluth (Hrsg.), Handbuch des Kammerrechts, § 16, Fn. 18.

194 So etwa in Niedersachsen 1983, Bayern 1984, Baden-Württemberg, Nordrhein-Westfalen, Rheinland-Pfalz und Schleswig-Holstein 1985, Hessen 1988, Berlin und Bremen 1989, vgl. Boecken, in: v. Maydell/Ruland/Becker (Hrsg.), Sozialrechtshandbuch, § 22, Rn. 8.

195 Papier, in: FS Ruland, S. 455 (457).

196 Papier, in: FS Ruland, S. 455 (457).

197 So ist beispielsweise gem. § 10 Nr. 2 der Satzung des Versorgungswerks der Rechtsanwälte in Nordrhein-Westfalen (Satzung NRW) Pflichtmitglied,
„1. wer am 30. November 1984 Mitglied einer Rechtsanwaltskammer im Lande Nordrhein-Westfalen war und zu diesem Zeitpunkt das 45. Lebensjahr noch nicht vollendet hatte oder
„2. wer nach dem 30. November 1984 Mitglied einer Rechtsanwaltskammer im Lande Nordrhein-Westfalen wird und das 45. Lebensjahr noch nicht vollendet hat […].“

Mitgliedschaft. Sofern darüber hinaus auch die weiteren Voraussetzungen der jeweiligen Leistung gegeben sind, besteht gem. § 15 der Satzung NRW ein Anspruch auf eine lebenslange Altersrente (§§ 17, 19 der Satzung NRW), eine Berufsunfähigkeitsrente (§ 18 der Satzung NRW), eine Hinterbliebenenrente (§§ 21–24 der Satzung NRW), Sterbegeld (§ 26 der Satzung NRW) oder eine Kapitalabfindung für den Fall der Wiederheirat des verwitweten Ehegatten (§ 28 der Satzung NRW).[198]

Der konkrete Unterschied zwischen Versorgungswerken auf der einen und der gesetzlichen Rentenversicherung auf der anderen Seite besteht in ihrer Zielrichtung. Während die gesetzliche Rentenversicherung auf die soziale Schutzbedürftigkeit abzielt, steht bei den Versorgungswerken historisch bedingt das berufliche Interesse und die Ermöglichung den Beruf im Alter aufgeben zu können im Vordergrund.[199] Die Versorgungswerke sind darauf angewiesen zu gewährleisten, dass ein vollleistungsfähiger Berufsstand erhalten bleibt und die Berufsaufnahme durch Nachwuchs zeitgerecht erfolgt.[200]

Überdies bilden die Mitglieder der Versorgungswerke jeweils eine homogene Gruppe. Diese ermöglicht es, Beiträge und Leistungen an die Bedürfnisse der konkreten Gruppe anzupassen.[201] So besteht zum Beispiel die Möglichkeit, dass Berufsanfänger nur einen ermäßigten Beitrag zahlen.[202] Die Versorgungswerke können ihren Mitgliedern überdies auch bis zur Grenze von § 5 Abs. 1 Nr. 8 KStG[203] die Möglichkeit einer Höherversicherung bieten, um dem Ziel der Lebensstandardsicherung näher zu kommen.[204]

Ein weiteres wesentliches sich von der gesetzlichen Rentenversicherung unterscheidendes Strukturelement von Versorgungswerken ist ihre Finanzierung. In der gesetzlichen Rentenversicherung erfolgt die Absicherung im Alter durch einen Generationenvertrag (gem. § 153 SGB VI als Umlageverfahren

198 Eine weitere Leistung umfasst nach dem Katalog von § 15 der Satzung NRW die Übertragung oder Erstattung von Beiträgen gem. § 34 der Satzung NRW.

199 Butzer, in: Kluth (Hrsg.), Handbuch des Kammerrechts, § 16, Rn. 20; Papier, in: FS Ruland, S. 455 (463).

200 Papier, FS Ruland, S. 455 (463).

201 Butzer, in: Kluth (Hrsg.), Handbuch des Kammerrechts, § 16, Rn. 20; Papier, in: FS Ruland, S. 455 (463).

202 Vgl. § 12 Abs. 4 der Satzung des Versorgungswerks der Rechtsanwälte in Baden-Württemberg.

203 Körperschaftsteuergesetz in der Fassung der Bekanntmachung vom 15.10.2002, BGBl. I, S. 4144, zuletzt geändert d. Artikel 2 des Gesetzes vom 25.03.2019, BGBl. I, S. 357.

204 Papier, in: FS Ruland, S. 455 (463).

bezeichnet), nach dem die Beiträge der gegenwärtigen Beitragszahler unmittelbar an die Anspruchsberechtigten weitergeleitet werden.[205] Die Versicherten erlangen auf Grund ihrer Beitragsleistung Anwartschaften, die bei Eintritt des Versicherungsfalls in einen Zahlungsanspruch erstarken.[206] Die Absicherung beruht daher nicht auf einer Bildung von Vermögen, sondern auf der Kontinuität der Versicherung, wodurch Rentenleistungen am aktuellen Lohnniveau ausgerichtet, Inflationstendenzen abgefangen werden und Lohnerhöhungen zu Rentenerhöhungen führen sollen.[207] Das Umlageverfahren erfordert allerdings kontinuierliche Beiträge der erwerbstätigen Generationen, die einerseits eine Beschäftigung und andererseits Nachwuchs voraussetzen.[208] Die Höhe der Renten ist zudem dynamisch, sodass sie davon abhängig ist, wie sich während des Versicherungslebens das Durchschnittsentgelt des Versicherten zum zeitabschnittsgleichen Durchschnittsentgelt aller Versicherten verhält.[209] Nach dem Umlageverfahren werden die Ausgaben eines Kalenderjahres durch die Einnahmen des gleichen Kalenderjahres und, soweit erforderlich, durch Entnahmen aus der Nachhaltigkeitsrücklage gedeckt.[210] Die Einnahmen der allgemeinen Rentenversicherung erfolgen durch Beiträge der Versicherten und Zuschüsse des Bundes, § 153 Abs. 2 S. 1 SGB VI. Die Beiträge werden gemäß § 168 SGB VI grundsätzlich jeweils zur Hälfte von Arbeitgeber und Arbeitnehmer entrichtet, wobei der derzeitige Beitragssatz seit dem 01.01.2018 bei 18,6% liegt.[211] Die Zuschüsse des Bundes lagen für das Jahr 2017 bei 67,8 Milliarden Euro.[212] Durch

---

205 Ruland, in: v. Maydell/Ruland/Becker (Hrsg.), Sozialrechtshandbuch, § 17, Rn. 169; vgl. zum Umlageverfahren allgemein KassKomm/Wehrhan, § 153 SGB VI, Rn. 3; Kreikebohm/Kreikebohm, SGB VI, § 153 Rn. 3 ff.; Knorr, in: Schlegel/Voelzke (Hrsg.), jurisPK-SGB VI, § 153 SGB VI, Rn. 10 ff.; Sieslack in: Hauck/Noftz (Hrsg.), SGB, 2016, § 153 SGB VI, Rn. 8 ff.; Waltermann, Sozialrecht, Rn. 373; v. Koppenfels-Spies, Sozialrecht, Rn. 597.

206 Ruland, in: v. Maydell/Ruland/Becker (Hrsg.), Sozialrechtshandbuch, § 17, Rn. 170; Waltermann, Sozialrecht, Rn. 373.

207 Ruland, in: v. Maydell/Ruland/Becker (Hrsg.), Sozialrechtshandbuch, § 17, Rn. 170; Waltermann, Sozialrecht, Rn. 373.

208 Waltermann, Sozialrecht, Rn. 373.

209 Waltermann, Sozialrecht, Rn. 373.

210 Ruland, in: v. Maydell/Ruland/Becker (Hrsg.), Sozialrechtshandbuch, § 17, Rn. 169.

211 Im Jahr 2015 und 2016 lag der Beitragssatz noch bei 18,7 %, vgl. www.deutsche-rentenversicherung.de (zuletzt abgerufen am 30.06.2019).

212 Dies entsprich 74%, vgl. insoweit http://www.sozialpolitik-aktuell.de/tl_files/sozialpolitik-aktuell/_Politikfelder/Alter-Rente/Datensammlung/PDF-Dateien/abbVIII35.pdf (zuletzt abgerufen am 30.01.2019).

das Umlageverfahren wird lediglich die Nachhaltigkeitsrücklage (Betriebsmittel und Rücklagen) am Finanzmarkt angelegt, wobei die Einlagearten gem. § 83 SGB VI beschränkt sind.[213] Aufgrund dieser Besonderheiten erfolgt die Rechtsaufsicht aus Sicherheitsgründen durch die Bundesversicherungsanstalt (BVA).

Die Finanzierung von Versorgungswerken erfolgt demgegenüber nach einem kapitaldeckenden Finanzierungsverfahren.[214] Bei diesem sparen Versicherte mit ihren Beiträgen regelmäßig ein individuelles Vermögen an, welches am Geldmarkt angelegt und im Alter mit den Erträgen wieder an den Versicherten ausgezahlt wird. Dem Grunde nach muss dabei Gleichheit zwischen den Versorgungsbeiträgen für einen Anfangsbestand an Beitragsverpflichteten bei Errichtung des Versorgungswerks (samt dem Zugang junger Berufstandsangehöriger) sowie dem schon angesammelten Vermögen (samt rechnungsmäßiger Verzinsung und den nach biometrischen Maßzahlen zu erwartenden Renten) bestehen.[215] Die Versorgungswerke können sich dabei für die Finanzierung zweier Methoden bedienen: Zum einen können sie das modifizierte Anwartschaftsdeckungsverfahren[216] und zum anderem das derzeit am häufigsten verwandte offene Deckungsplanverfahren anwenden.[217] Dieses beinhaltet sowohl Elemente des Umlageverfahrens als auch Elemente des reinen Anwartschaftsdeckungsverfahrens.[218] Anders

---

213 Kesan/Witt, NZS 2013, 612 (616). So hat das Bundessozialgericht (BSG, Urt. v. 18. 07. 2006 – B 1 A 2/05 R, BeckRS 2006, 43674) beispielsweise im Jahr 2006 entschieden, dass Rentenversicherungsträger nicht in Aktien investieren dürfen. Auch sind Anlagen nur bei Instituten möglich, die einem der Einlagensicherungssysteme angehören. Die weiteren strengen Anforderung an die Einlagesicherung erfolgt durch die §§ 216, 217 SGB VI, sowie durch die in § 80 SBG IV normierten Grundsätze der Sicherheit und Liquidität.

214 http://www.abv.de/finanzierung.html (zuletzt abgerufen am 30.06.2019).

215 http://www.abv.de/finanzierung.html.

216 Dieses beruht aufgrund der Nähe zum Anwartschaftsdeckungsverfahren auf dem Grundsatz der individuellen Äquivalenz von Beiträgen und Leistungen und bildet für jeden Versicherten Rückstellungen. Die Beiträge erfolgen anders als ihm Rahmen der privaten Lebensversicherung weder durch eine Gesundheitsprüfung noch risikospezifisch. Die Berechnung der Altersrente erfolgt allerdings nach der Verweildauer der Beiträge im Versorgungswerk. Vgl. hierzu insbesondere: Papier, in: FS Ruland, S. 455 (462).

217 Vgl. § 1 Abs. 3 der Satzung NRW.

218 Dieses wird bei privaten Lebensversicherungen verwendet und orientiert sich an dem Äquivalenzprinzip zwischen Beitrag und Leistung. Danach werden Leistungen und Beiträge so aufeinander abgestimmt, dass der einzelne Versicherte die für die Versorgung notwendige Rückstellung quasi selbst bildet und auf den Zugang neuer Mitglieder daher nicht angewiesen ist. Es erfolgt zur Einstufung der Höhe der Prämie

als beim reinen Anwartschaftsdeckungsverfahren, bei dem eine Äquivalenz zwischen Leistung und Beitrag erforderlich ist, wird beim offenen Deckungsplanverfahren der kontinuierliche Neuzugang zum Versorgungswerk stets in die Äquivalenzbeziehung mit eingerechnet.[219] Der einzelne Leistungsanspruch wird also nicht dem einzelnen Beitragszahler zugeordnet, sondern der Gesamtheit der Leistungsempfänger und Beitragszahler.[220] Bei dieser Finanzierungsform ermöglichen die als Umlage verwandten Anteile der Beiträge eine dynamische Versorgung mit Inflationsschutz.[221] Zudem sind sie mit geringem Verwaltungs- und Kostenaufwand verbunden, wobei sie einen kontinuierlichen Zuwachs der Mitglieder bedingen.[222] Durch die übrigen Beiträge, die kapitalbildend angelegt werden, werden die Zinserträge nutzbar gemacht.[223] Zudem wird der Abhängigkeit von demografischen Schwankungen entgegengewirkt.[224] Diese Erträge aus dem Kapital können den Leistungen daher zugeführt werden und ggf. zu einer erheblichen Erhöhung führen.[225] Im Gegensatz zur gesetzlichen Rentenversicherung erhalten die Versorgungswerke zudem keine staatlichen Zuschüsse, sondern müssen sich durch die Beiträge der Versicherten finanzieren.[226]

Ein weiterer Unterschied zur gesetzlichen Rentenversicherung beruht darauf, dass die Versorgungswerke weitgehend autonom handeln können. Sie stellen Körperschaften des öffentlichen Rechts mit Selbstautonomie dar. Während die Selbstverwaltungsbefugnisse in der gesetzlichen Rentenversicherung nur schwach ausgebildet sind und hauptsächlich Bereiche der Selbstorganisation und Teile des Finanzwesens[227] erfassen, können die Versorgungswerke über Regelungen der Mitgliedschaft, des Finanzierungsverfahrens sowie der Beiträge und Leistungen eigenständig entscheiden.[228] Diese unterschiedlich ausgestaltete Selbstautonomie rechtfertigt sich u.a. daraus, dass im Versorgungswerk eine homogene Gruppe zusammengefasst wird, sodass ein Interessensausgleich

---

dabei grundsätzlich eine vorausgegangene Gesundheitsprüfung und eine Risikoeinstufung. Vgl. dazu: http://www.abv.de/finanzierung.html.

219 Boecken, in: v. Maydell/Ruland/Becker (Hrsg.), Sozialrechtshandbuch, § 22, Rn. 83.

220 Kilger, AnwBl. 2011, 901 (902).

221 Papier, in: FS Ruland, S. 455 (462).

222 Papier, in: FS Ruland, S. 455 (462).

223 Papier, in: FS Ruland, S. 455 (462).

224 Papier, in: FS Ruland, S. 455 (462).

225 Kilger, Die Anwälten-Der Anwalt, 177 (182).

226 Butzer, in: Kluth (Hrsg.), Handbuch des Kammerrechts, § 16, Rn. 73.

227 BVerfG, Beschl. v. 09.04.1975 – 2 BvR 879/73, BVerfGE 39, 302 (313).

228 Papier, FS Ruland, S. 455 (463).

leichter fällt. Die freiheits- und gleichheitssichernde Funktion des Parlaments ist mangels staatlicher Zuschüsse, anders als in der gesetzlichen Rentenversicherung, nicht erforderlich.[229]

3. Die Notwendigkeit der Grenzziehung zwischen Versorgungswerken und der gesetzlichen Rentenversicherung

Die unterschiedlichen Strukturelemente beider Versorgungssysteme verdeutlichen, dass insbesondere die in der gesetzlichen Rentenversicherung gegenwärtig durch den Demographiewandel bedingten Probleme[230] die Versorgungswerke nicht in gleicher Weise treffen, deren Angehörige oftmals deutlich höhere Einkommen und dadurch bedingt auch höhere Renten erlangen.[231] Die Vorteile eines derart homogen organisierten Versorgungssystems wollten sich auch weitere Berufe zu eigen machen, wodurch die Notwendigkeit einer Grenzziehung zwischen der gesetzlichen Rentenversicherung und den Versorgungswerken und damit die Schaffung einer Friedensgrenze, erforderlich wurde. Als in Nordrhein-Westfalen und Bayern zum 01.01.1995 Versorgungseinrichtungen für Bauingenieure errichtet wurden, die einer Berufsgruppe angehörten, deren Angehörige regelmäßig Beschäftigte waren und nicht in den Kreis der freiberuflich Tätigen fielen, geschweige denn zu den klassischen verkammerten Berufen zählten, erkannte der Gesetzgeber einen Handlungsbedarf.[232] Verschärft wurde die Problematik dadurch, dass die Pflichtmitgliedschaft in den neuen Ingenieurversorgungen über eine freiwillige Mitgliedschaft in der Berufskammer erworben werden konnte und damit einer Vielzahl von bislang in der gesetzlichen Rentenversicherung Pflichtversicherten die Möglichkeit der Versicherung im Versorgungswerk auf Landesebene ermöglicht wurde.[233] Vor diesem Hintergrund wurde mit dem Gesetz zur Änderung des Sechsten Buches Sozialgesetzbuch und anderer Gesetze[234] § 6 Abs. 1 S. 1 Nr. 1 SGB VI u.a. durch die Normierung von Buchstabe a) zum 01.01.1996 ergänzt.[235] Danach sollte den Angehörigen

229 Papier, FS Ruland, S. 455 (465).

230 Vgl. hierzu insbesondere Cirsovius, SGb 2011, 1 (1 ff.); Rische/Thiede, NZS 2013, 601 (601 ff.).

231 vgl. zu Koordinierungsregeln insbesondere Ruland, NZS 2015, 81 (87 ff.).

232 BT-Drs. 13/2590, S. 18; Mann, NJW 1996, 1315 (1316).

233 Mann, NJW 1996, 1315 (1316); Kramer, DAngVers 1996, 154 (154 ff.).

234 Gesetz zur Änderung des Sechsten Buches Sozialgesetzbuch und anderer Gesetze vom 15.12.1995, BGBl. I S. 1824.

235 Gem. § 6 Abs. 1 S. 1 Nr. 1 a) SGB VI wird eine Befreiung auch heute nur ermöglicht, wenn am jeweiligen Ort der Beschäftigung oder selbstständigen Tätigkeit für ihre

der freien Berufe ein Recht zur Befreiung von der Versicherungspflicht künftig nur noch dann zustehen, wenn für die jeweilige Berufsgruppe bereits vor dem 01.01.1995 eine gesetzliche Verpflichtung zur Mitgliedschaft in einer berufsständischen Kammer bestand.[236] Da für die Berufsgruppe der Bauingenieure lediglich eine freiwillige Mitgliedschaft geregelt wurde, konnte die Befreiung für sie keine Wirkung mehr entfalten.[237] Die Erstreckung der Versorgungswerke auf neue Berufsgruppen, wie Bauingenieure, und die erweiterte Einbeziehung von Personengruppen stellte letztlich die Friedensgrenze zwischen der gesetzlichen Rentenversicherung und den Versorgungswerken in Frage.[238] Der Gesetzgeber wollte dabei die Versicherungsmöglichkeit in Versorgungswerken nur solchen Personen eröffnen, die traditionell bedingt nicht bereits in der gesetzlichen Rentenversicherung pflichtversichert[239] und demnach Angehörige der Berufsgruppen waren, die regelmäßig freiberuflich tätig waren.[240] Soweit der Bundesgesetzgeber zum 01.01.1996 diese Friedensgrenze zog, war er hierzu – wie bereits ausgeführt – gem. Art. 74 Abs. 12 GG ermächtigt. Aus diesem Grund obliegt ihm (auch weiterhin) die Entscheidung, welche Berufsgruppen der gesetzlichen Rentenversicherung unterfallen und welche sich anderweitig versichern können. Demnach muss insbesondere auch im Hinblick auf die Berufsgruppe der Rechtsanwälte, denen eine Befreiung von der gesetzlichen Rentenversicherungspflicht gem. § 6 Abs. 1 S. 1 Nr. 1 SGB VI dem Grunde nach ermöglicht wird, der Bundesgesetzgeber darüber entscheiden wie weit diese Friedensgrenze zu ziehen ist. Bis ins Jahr 2005 wurden angestellte Rechtsanwälte unabhängig davon, ob sie bei anwaltlichen oder bei nicht-anwaltlichen Arbeitgebern beschäftigt waren regelmäßig von der gesetzlichen Rentenversicherung befreit. Eine Grenzziehung, wie sie das Bundessozialgericht mit den Urteilen zur Versagung der Befreiungsmöglichkeit für Syndikusanwälte von der gesetzlichen Rentenversicherungspflicht, vorgenommen hat, hätte bei fehlender Gesetzesänderung zu einer Verschiebung der Mitgliedschaft von Syndikusanwälten im Bereich der Alterssicherung geführt. In diesem Sinne ist eine Grenzziehung nach den

---

Berufsgruppe bereits vor dem 01.01.1995 eine gesetzliche Verpflichtung zum Mitgliedschaft in einer berufsständischen Kammer bestand.

236 BT-Drs. 13/2590, S. 18.

237 Vgl. zur kritischen Auseinandersetzung und verfassungsrechtlichen Prüfung der Neuregelung von § 6 Abs. 1 S. 1 Nr. 1a) SGB VI insbesondere Papier, in: FS für Zacher, S. 689.

238 BT-Drs. 13/2590, S. 18.

239 BT-Drs. 13/2590, S. 18.

240 BT-Drs. 13/2590, S. 18.

Urteilen des Bundessozialgerichts erst erforderlich geworden. Sie ist mit dem Wissen des Gesetzgebers in der Praxis durchgeführt worden und war als Status quo durch einen legislativen Akt wiederherzustellen.

4. *Exkurs: Die Etablierung eines gemeinen Alterssicherungssystems*

Vor diesem Hintergrund ist die Frage gerechtfertigt, ob die aus der Vergangenheit resultierende und in der Gegenwart bestehende Aufteilung der Alterssicherung in mindestens zwei Versicherungssysteme heute noch zweckmäßig erscheint.[241] Eine Abschaffung der Befreiungsnorm beträfe die Angestellten freier Berufe. Gleichzeitig wären hiervon auch Selbständige, die sich gegenwärtig leidglich freiwillig in der gesetzlichen Rentenversicherung gegen den Versicherungsfall Alter, Erwerbsunfähigkeit oder Tod absichern können, betroffen.

Zunächst soll der Frage nachgegangen werden, ob eine Abschaffung der Befreiungsnorm erstrebenswert ist.[242] Bereits frühzeitig wurde nach Öffnung der gesetzlichen Rentenversicherung für Angehörige der freien Berufe für die Abschaffung der Befreiung plädiert, um den bereits genannten Problemen in der gesetzlichen Rentenversicherung entgegenzuwirken.[243] Eine mögliche Maßnahme bestand darin die bereits anderweitig versicherten Kammermitglieder in den Kreis der versicherungspflichtigen Arbeitnehmer zu integrieren.[244] Die Gegenauffassung wollte sich demgegenüber gegen die zwangsweise Einbeziehung der freien Berufe in die gesetzliche Rentenversicherung wehren.[245] Die Existenz von berufsständischen Versorgungswerken sollte deshalb das

---

241 So auch die Frage bei Mann, NJW 1996, 1315 (1316), der die Abschaffung der Versorgungswerke kritisch sieht.

242 So auch Mann, NJW 1996, 1315 (1318). Zur Frage, ob der Gesetzgeber legitimiert wäre, Versorgungswerke aufzulösen, vgl. Lerche/Pestalozza, in: ABV e.V. (Hrsg.), Verfassungsrechtliche Fragen zur berufsständischen Versorgung der Freien Berufe und zur Hinterbliebenenrentenreform 1986, S. 213 ff., Boecken, Die Pflichtaltersversorgung der verkammerten freien Berufe und der Bundesgesetzgeber, S. 253 ff.; Salzwedel, ABV e.V. (Hrsg.), Verfassungsrechtliche Fragen zur berufsständischen Versorgung der Freien Berufe und zur Hinterbliebenenrentenreform, S. 323 (334 ff.), m.w.N., Hahn, Die öffentlich-rechtliche Alterssicherung der freien Berufe, S. 209 ff., Butzer, Fremdlasten in der Sozialversicherung, S. 117.

243 Ehrenberg/Fuchs, Sozialstaat und Freiheit, S. 59; Teihle, DVBl. 1971, 393, Mann, NJW 1996, 1315 (1316).

244 So auch Ruland, NJW 1982, 1847 (1848).

245 Kannegießer, In eigener Verantwortung, S. 28 ff.; Plagemann, VersWirtsch 1982, 170 (175), Ruland NJW 1982, 1847 (1848).

Sicherungsbedürfnis so abdecken, dass dem Gesetzgeber der sozialpolitische Vorwand genommen wird, diese in die gesetzliche Rentenversicherung zu integrieren.[246] So wurde gegen eine Einbeziehung insbesondere hervorgebracht, dass die Finanzlage sich nicht wesentlich ändern würde.[247] Überdies wurde ausgeführt, dass das Finanzvolumen durch die zusätzlichen Beitragseinnahmen, bedingt durch die Unterschiede in den Größenordnungen beider Institutionen, nur langsam ansteigen würde und damit eine deutlich höhere Belastung der Rentenversicherung aufgrund der dynamischen Anwartschaften zu verzeichnen sei.[248] Auch seien Angehörige verkammerter Berufe nach gegenwärtigen Maßstäben keine homogene Gruppe mehr. Es herrsche eine deutliche Einkommensunterscheidung bei schwankendem und teils stagnierendem bzw. sinkendem Einkommen.[249] Schließlich sei zu berücksichtigen, dass die Gruppe der Angehörigen freier Berufe viel längere Ausbildungs- und Weiterbildungszeiten hätte und damit erst relativ spät zu Gutverdienern würde, wodurch sich die Beitragsjahre verringerten.[250]

Diesen Argumenten kann jedoch entgegengehalten werden, dass sich gerade aufgrund der deutlich höheren Einkommen die Finanzlage durch steigende Beiträge durchaus zugunsten der Rentenversicherung verändern würde. Das regelmäßige Eintrittsalter in den verkammerten Berufen liegt im Durchschnitt zwar bei Anfang bis Mitte 30. Dafür liegt das Gehalt in der Regel überdurchschnittlich hoch, was sich auch auf den zu zahlenden Beitrag zur Rentenversicherung auswirken würde. Zu berücksichtigen ist bei einem Zusammenlegen der Rentenversicherung, dass letztlich auch ein langsames Ansteigen des Volumens in der gesetzlichen Rentenversicherung diese entlasten würde. Durch die Einbeziehung von freien Berufen würde überdies der Alterslastquotient[251] sinken. Hierdurch und durch die Vergrößerung der Mitgliederzahl würde die Last vermehrt auf die Erwerbstätigen fallen, die durch ihre Beiträge das Finanzvolumen in der ersten Zeit stabilisieren.

---

246 Ruland, NJW 1982, 1847 (1848).

247 Kannegießer, In eigener Verantwortung, S. 29.

248 Kannegießer, In eigener Verantwortung, S. 29.

249 Kannegießer, In eigener Verantwortung, S. 29.

250 Kannegießer, In eigener Verantwortung, S. 30.

251 Als Alterslastquotient wird der Quotient aus der Anzahl der Personen im Rentenalter zu den Personen im erwerbsfähigen Alter bezeichnet, vgl. hierzu Feichtinger, in: Külp/Hass (Hrsg.), Soziale Probleme der modernen Industriegesellschaft, S. 393 (417). Dieser wird regelmäßig durch die Anzahl der Personen im Rentenalter zu 100 Personen im erwerbsfähigen Alter ermittelt.

Auch verfassungsrechtliche Gründe gegen eine Abschaffung der Befreiungsnorm und der damit einhergehenden Einbeziehung freier Berufe in die gesetzliche Rentenversicherungspflicht sind nicht ersichtlich.[252] So ist von einer Abschaffung der Befreiungsnorm zwar Art. 14 GG betroffen.[253] Der Gesetzgeber wird daher eine äquivalente Übertragung der bereits erworbenen Anwartschaftsrechte in die gesetzliche Rentenversicherung zu berücksichtigen haben, da jeder Abschlag des Anwartschaftsrechts oder einer Rente grundsätzlich einen Eingriff in das Eigentum darstellt.[254] Mit guten Argumenten ist in der Literatur jedoch bezweifelt worden, dass der Schutz der Renten und Anwartschaften nach Art. 14 GG[255] über einen abstrakten Anspruch auf Sicherheit durch Rentenzahlung hinaus auch eine verfassungsrechtliche Garantie über die Höhe der Alterssicherung beinhaltet[256], sodass mangels Finalität gegebenenfalls lediglich von einem mittelbaren Grundrechtseingriff auszugehen wäre.[257] Im Einzelfall wird auch der Verhältnismäßigkeitsgrundsatz eine maßgebliche Rolle spielen. Besondere Anforderungen werden aus verfassungsrechtlicher Sicht dabei dem Erforderlichkeits- und dem Angemessenheitsgebot zukommen. So darf es kein milderes gleich geeignetes Mittel geben, welches den Zweck (dem Wohl der Allgemeinheit zur Etablierung eines haltbaren Alterssicherungssystems) erreichen kann. Der Gesetzgeber müsste danach darlegen, dass die Einbeziehung anderer Gruppen als der bereits eigenständig versorgten freien Berufe oder die Aufspaltung in weitere Berufsgruppen nicht im selben Umfang in Betracht kommt.[258] Sofern die Anwartschaftsrechte den Betroffenen erhalten bleiben, dürfte ein Grundrechtsverstoß nicht vorliegen.

---

252 Vgl. zur verfassungsrechtlichen Kritik bei Abschaffung der Befreiungsnorm insbesondere Mann, NJW 1996, 1315 (1318).

253 Mann, NJW 1996, 1315 (1318).

254 Vgl. Mann, NJW 1996, 1315 (1318).

255 Vgl. allgemein zu Rentenansprüchen und – anwartschaften als Eigentum i.S.d. Art. 14 GG Adam, Eigentumsschutz in der gesetzlichen Rentenversicherung, S. 61 ff.

256 Depenheuer, AöR, 120, 416 ff.

257 Bejahend: Boecken, Die Pflichtaltersversorgung der verkammerten freien Berufe und der Bundesgesetzgeber, S. 342 ff.

258 Die Aufspaltung innerhalb der gesetzlichen Rentenversicherung könnte ebenfalls über kurz oder lang zu ökonomischen Herausforderungen führen. Zwar bestünde die Möglichkeit pflegende, handwerkliche, sachbearbeitende u.a. Tätigkeiten zu trennen. Damit würde die Last der Jüngeren jedoch zulasten der Älteren ein noch größeres Gefälle darstellen.

Für die selbständig Tätigen hat der Gesetzgeber sich durch Inkrafttreten der Künstlersozialversicherung bereits für die Einbeziehung entschieden.[259] Gleiches könnte für alle bislang noch nicht zwingend sozialversicherungspflichtigen Personengruppen, die klassischerweise selbständig tätig sind, gelten. Eine hiergegen gerichtete Verfassungsbeschwerde dürfte keine Aussicht auf Erfolg haben. Das Verfassungsrecht bietet Schutz vor einer Einbeziehung nur dann, wenn sie willkürlich erfolgen würde.[260] Weder für die freien Berufe, noch für neu einbezogene Berufsgruppen würde dies der Fall sein. Zu berücksichtigen ist, dass dem Gesetzgeber im Rahmen der Geeignetheit grundsätzlich eine Einschätzungsprärogative zusteht, die sich auch bei der Frage des milderen Mittels auswirkt.[261] Gerade in sozialpolitischen Bereichen ist es dem Gesetzgeber regelmäßig nicht möglich sämtliche Folgen seines Handelns frühzeitig abzuschätzen.

Insgesamt zeigt sich, dass konkrete verfassungsrechtliche Bedenken gegen eine Abschaffung der Befreiungsnorm nicht vorgetragen werden können. Es besteht weder eine grundrechtlich geschützte Bestandskraft von Versorgungswerken noch können sich diese auf einen etwaigen Vertrauensschutz berufen.[262] Vielmehr können ausschließlich die einzelnen Betroffenen eine verfassungsrechtliche Überprüfung anstreben. Der Gesetzgeber wird jedoch im Hinblick auf die verfassungsrechtlich gewährleistete Eigentumsfreiheit im besonderen Maße auf die Verhältnismäßigkeit des Eingriffs bedacht sein müssen.

---

259 Künstlersozialversicherungsgesetz vom 27.07.1981, BGBl. I, S. 705, zuletzt geändert d. Artikel 153 des Gesetzes v. 29.03.2017, BGBl. I, S. 626.

260 BVerfG, Beschl. v. 25.02.1960 – 1 BvR 239/52, BVerfGE 10, 354 (368); BVerfG, Beschl. v. 26.11.1964 – 1 BvL 14/62, BVerfGE 18, 257 (267); BVerfG, Beschl. v. 14.10.1970 – 1 BvR 307/68, BVerfGE 29, 221 (225); BVerfG, Beschl. v. 09.02.1977 – 1 BvL 11/74, BVerfGE 44, 70 (89 f.).

261 Ausführlich hierzu Cremer, Freiheitsgrundrechte, S. 303 ff.

262 Problematisch ist, ob Versorgungswerke auch im eigenen Namen Verfassungsbeschwerde erheben könnten. Sie sind als öffentlich-rechtliche Vereinigungen Verpflichtete und nicht Träger der Grundrechte, sodass gem. Art. 19 Abs. 3 GG grundsätzlich keine Beschwerdebefugnis vorliegt. Anderes kann jedoch gelten, wenn eine öffentliche Einrichtung allein in ihrer Funktion als Vertreter der wirtschaftlichen Interessen ihrer Mitglieder betroffen ist, BVerfG, Beschl. v. 14.04.1987 – 1 BvR 775/84, BVerfGE 75, 192 (197); BVerfG, Beschl. v. 14.05.1985 – 1 BvR 449/82, BVerfGE 70, 1 (35). Hiervon ist im Fall der Auflösung der Befreiungsnorm mangels Mitgliederzuwachses oder vollständigem Auflösen der Versorgungswerke auszugehen.

III. Die Einordnung einer Regelungsmaterie im Gefüge des Berufs- und Sozialrechts

Liegt eine Bundesgesetzgebungskompetenz vor, schließt sich die Frage nach der systematischen Einordnung einer Neuregelung an. In einem ersten Schritt sollen daher die aus rechtsdogmatischer Sicht in Frage kommenden Möglichkeiten vorgestellt und ihre Vor- und Nachteile erläutert werden (1.), bevor in einem zweiten Schritt konkrete aus der Literatur stammende Formulierungsvorschläge dargestellt und analysiert werden (2.).

1. Die Einordnung einer Neuregelung für Syndikusanwälte aus rechtsdogmatischer Sicht

Beabsichtigt der Gesetzgeber eine Regelung zu normieren, mit der Syndikusanwälte von der gesetzlichen Rentenversicherungspflicht befreit werden können, betrifft diese Neuregelung die Schnittstelle zweier – nach dem Bundessozialgericht – bislang nicht aufeinander abgestimmter Regelungsbereiche. Während das Rentenversicherungssystem eine Befreiungsnorm enthält, die insbesondere eine Mitgliedschaft in einer berufsständischen Kammer und einem Versorgungswerk voraussetzt, regelt die Bundesrechtsanwaltsordnung unter welchen Voraussetzungen eine Zulassung zur Rechtsanwaltschaft notwendig ist, die wiederum Voraussetzung für die Mitgliedschaft in der Berufskammer und im Versorgungswerk ist. Die Frage nach der Einordnung einer Neuregelung knüpft daher an die Schnittstelle zwischen dem Rentenversicherungsrecht, welches eine Befreiungsmöglichkeit dem Grunde nach normiert, und dem jeweiligen Berufsrecht, welches die von der Befreiungsnorm normierten Tatbestandsmerkmale konkret regelt, an. Es gibt mehrere Möglichkeiten an dieser Schnittstelle rechtsdogmatisch anzusetzen: So kommt eine Änderung in der Bundesrechtsanwaltsordnung oder der gesetzlichen Rentenversicherung in Betracht.

Der Gesetzgeber hat sich dafür entschieden die Bundesrechtsanwaltsordnung zu ändern und lediglich in § 231 Abs. 4b SGB VI sowie 286f SGB VI eine ergänzende Anpassung für das Sozialversicherungsrecht vorgenommen. Bevor sich unter Berücksichtigung von § 6 Abs. 1 S. 1 Nr. 1 SGB VI die Vor- und Nachteile der Änderungen im Berufsrecht, wie es der Gesetzgeber vorgenommen hat, aufgezeigt werden, sollen die Möglichkeiten aufgegriffen werden, derer sich der Gesetzgeber nicht bediente und ihre jeweiligen Vor- und Nachteile aufgezeigt werden.

a) Die Regelung einer Befreiungsnorm in der jeweiligen Berufsordnung

Ein Ansatz hätte darin bestanden, die Befreiungsnorm im Rentenversicherungsrecht gänzlich abzuschaffen und diese statt dessen in den jeweiligen Berufsordnungen, wie der Bundesrechtsanwaltsordnung, zu regeln. Zwar würde die Abschaffung der Befreiungsnorm im Sozialversicherungsrecht unter Etablierung einer derartigen Norm im Berufsrecht dazu führen, dass für den konkreten Berufsstand keine Zweifel an der Befreiung von der gesetzlichen Rentenversicherungspflicht mehr vorlägen. Allerdings wäre eine derartige Regelung aus systematischen Erwägungen schwierig. Das systematische Verhältnis zwischen der Pflichtversicherung als Regelfall und der Bereifung als Ausnahmeregelung würde nicht mehr in einem Zusammenhang stehen, weil es nicht (mehr) in einem Gesetz und damit einem Regelungszusammenhang normiert wäre. Die Ausnahme zur Regel würde vielmehr in fachfremden Gesetzen zu finden sein, deren Regelungswerk eigentlich einen anderen Sinn und Zweck als die Befreiung von der gesetzlichen Rentenversicherungspflicht verfolgt. Zu berücksichtigen ist daneben, dass die Befreiungsnorm nicht ausschließlich für Syndikusanwälte gilt, sondern für sämtliche verkammerte Berufsgruppen und unter Beibehaltung des Status quo, eine Befreiungsnorm auch in den übrigen Berufsordnungen zur Folge hätte. Auch sprechen formelle Gründe gegen die Abschaffung der Norm im Rentenversicherungsrecht. Denn die Rentenversicherungsträger sind für die Rentenversicherung als Rechtsmaterie zuständig. Die Verlagerung der Prüfung auf die Ebene der Berufskammern würde zum Verlust einer Überprüfungsinstanz führen. Die Berufskammern demgegenüber sind lediglich für das Berufsrecht zuständig. Eine Änderung der Zuständigkeit hätte zur Folge, dass der sensible Bereich der Rentenversorgung und der Verlagerung der Friedensgrenze im Zuständigkeitsbereich der jeweiligen Berufsgruppe läge.[263]

b) Eine rentenversicherungsrechtliche Lösung

Eine weitere Überlegung, die der Gesetzgeber nicht in Betracht gezogen hat, gleichwohl aber kurz erläutert werden soll, besteht in der gänzlichen Abschaffung einer Verweisung in die Bundesrechtsanwaltsordnung und die weiteren Berufsordnungen. Ein solches rentenversicherungsrechtliches Verständnis

263 Hier soll nicht unerwähnt bleiben, dass im Rahmen der gesetzgeberischen Möglichkeiten eine entsprechende gesetzliche Ergänzung der Zuständigkeit in Betracht gezogen werden könnte, wodurch die Zuständigkeit beim Rentenversicherungsträger verbleiben könnte. Dies würde jedoch an den bereits genannten Gegenargumenten nichts ändern.

würde, ohne Änderung des Wortlauts der Vorschrift, dazu führen, dass der Rentenversicherungsträger die Voraussetzung der Pflichtmitgliedschaft im Versorgungswerk und der Rechtsanwaltskammer nicht feststellt und damit eine eingehendere Prüfung unterbleiben würde. Der bloße Nachweis einer Mitgliedschaft im Versorgungswerk und der Rechtsanwaltskammer sowie einer abhängigen Beschäftigung wäre damit ausreichend, um die Befreiung erwirken zu können.[264]

Für dieses dogmatische Verständnis der Befreiungsnorm spricht insbesondere ihre Systematik. Das gesamte Rentenversicherungsrecht stellt auf die konkret ausgeübte Tätigkeit ab. So stünde diese Option auch im Einklang mit § 7 des Vierten Buches Sozialgesetzbuch – Gemeinsame Vorschriften für die Sozialversicherung – (SGB IV)[265] und den weiteren Sozialversicherungszweigen, wenn sie als Anknüpfungspunkt einer jeden Versicherungspflicht die abhängige Beschäftigung wählen. Für das Tatbestandsmerkmal „Beschäftigung [...], wegen der", wie es § 6 Abs. 1 Nr. 1 SGB VI normiert, würde es daher insbesondere auf die konkrete Art der Tätigkeit ankommen, die einer solchen entsprechen muss, die der zugrundeliegenden Berufsgruppe entspricht. Maßgeblich wäre damit nicht mehr die Zulassung als solche, sondern ausschließlich die berufsspezifische Tätigkeit. Eine konkrete Überprüfung aus welchen Gründen die Zulassung erteilt wurde wäre obsolet. Wäre die Beschäftigung dienstvertraglich vereinbart, wäre der Befreiungstatbestand damit gegeben.

Gegen eine solche Herleitung kann allerdings angeführt werden, dass eine rentenversicherungsrechtliche Lesart den Umstand außer Acht lässt, dass die Befreiungsnorm gerade an der Schnittstelle aller berufsrechtlichen Versorgungseinrichtungen anknüpft. Gerade diese erfordert es eine Abgrenzung zu den Versicherungssystemen zu ziehen. § 6 Abs. 1 S. 1 Nr. 1 SGB VI berührt nicht nur die Befreiungsanträge von Syndikusanwälten, sondern auch von Ärzten, Zahnärzten, Architekten, Steuerberaten und allen anderen Kammerberufen. Die Norm

---

264 Hierbei ist nicht erforderlich, dass sich der Nachweis der Mitgliedschaft im Versorgungswerk und der Rechtsanwaltskammer auf die konkrete Tätigkeit bezieht, sondern auf irgendeine Tätigkeit. Bereits in der Vergangenheit wurde die Befreiung von der gesetzlichen Rentenversicherungspflicht gewährt, ohne zu überprüfen, ob die Kausalität zwischen der Tätigkeit und der Mitgliedschaft im Versorgungswerk bzw. der Rechtsanwaltskammer gegeben ist. Es bestünde damit wieder die Ausgangslage, die u.a. zu den Urteilen des BSG vom 03.04.2014 geführt hat.

265 Das Vierte Buch Sozialgesetzbuch – Gemeinsame Vorschriften für die Sozialversicherung – in der Fassung der Bekanntmachung v. 12.11.2009, BGBl. I, S. 3710, 3973; 2011 I, S. 363, zuletzt geändert d. Artikel 7 des Gesetzes v. 06.05.2019, BGBl. I, S. 646.

ist deshalb so weit formuliert, weil sie vielfache Sachverhalte erfassen muss. Eine rein rentenversicherungsrechtliche Sichtweise würde daher entgegen des expliziten Wortlauts die berufsrechtlichen Besonderheiten völlig außer Acht lassen.[266] Die Diskrepanz im Rahmen der Zulassung wäre hiernach nicht gelöst. Ein derartiges Verständnis stünde nicht in Übereinstimmung mit der Gesetzeskonzeption und würde dadurch weitergehende Rechtsunsicherheit verursachen.

c) Die Generalverweisung in die Bundesrechtsanwaltsordnung

Der Gesetzgeber hat sich dafür entschieden, eine Änderung im SGB VI lediglich im Hinblick auf die Rückwirkung von Befreiungen von der gesetzlichen Rentenversicherungspflicht vorzunehmen, im Übrigen die einzelnen Voraussetzungen im Berufsrecht der Rechtsanwälte zu regeln. Dabei hat er die Befreiungsnorm gänzlich unangetastet gelassen. Es erfolgte eine Verschiebung der Zuständigkeit von den Rentenversicherungsträgern zu den Berufskammern. Für die Auslegung der Voraussetzungen der Befreiungsnorm sind damit einzig die berufsrechtlichen Regelungen in der Bundesrechtsanwaltsordnung maßgebend.

Für die vom Gesetzgeber vorgenommene Verweisung spricht, dass § 6 Abs. 1 S. 1 SGB VI Voraussetzungen enthält, die durch das jeweils einschlägige Berufsrecht geregelt werden und nur von diesem geregelt werden können. So bestimmt ausschließlich das Berufsrecht der Rechtsanwälte unter welchen Voraussetzungen eine Zulassung zur Rechtsanwaltschaft besteht, die eine zwingende Voraussetzung der Mitgliedschaft einer Berufskammer ist. Das Rentenversicherungsrecht enthält keinerlei rechtliche Ermächtigungsgrundlage für die Regelung von berufsrechtlichen Normen, die in der Regel von den einschlägigen Berufskammern in Selbstverwaltungsorganisation durch Berufsordnungen festgelegt werden. Für Rechtsanwälte hat sich der Gesetzgeber durch die Bundesrechtsanwaltsordnung entschlossen, das Berufsrecht in weiten Teilen selbst zu regeln und den Rechtsanwaltskammern die Regelung eines nur marginalen Teils ermöglicht. Für die Zulassung zur Rechtsanwaltschaft bestimmt daher § 4 BRAO die Voraussetzungen. Umgekehrt bestimmen die Satzungen der jeweiligen Versorgungswerke, dass eine Pflichtmitgliedschaft nur dann besteht, wenn eine Zulassung zur Rechtsanwaltschaft erteilt wurde. Somit müsste die BRAO im Einklang mit der Befreiungsnorm regeln, wann die kausale Verknüpfung zwischen der Zulassung zur Rechtsanwaltschaft und der konkreten Tätigkeit gegeben ist.

---

266 BSG, Urt. v. 03.04.2014 – B 5 RE 3/14 R, Rn. 27, juris.

Zu berücksichtigen ist bei dieser vom Gesetzgeber gewählten Vorgehensweise, dass die Voraussetzungen von § 6 Abs. 1 S. 1 Nr. 1 SGB VI nicht zu inhaltsleeren Tatbestandsmerkmalen werden dürfen. Die Befreiungsvorschrift ist bereits seit ihrem Inkrafttreten darauf angelegt, dass sie Voraussetzungen normiert, die ihrerseits durch andere Regelwerke näher definiert werden. Diese Ausstrahlungswirkung ist vom damaligen Gesetzgeber gewollt gewesen, da die konkrete Befreiung von der gesetzlichen Rentenversicherung regelmäßig nur dann eingreifen soll, wenn es sich um Angehörige eines klassischen freien Berufsstands handelt, die regelmäßig einer bestimmten Zulassung vor Tätigkeitsaufnahme bedürfen und gleichzeitig aufgrund ihrer Angestelltentätigkeit in der gesetzlichen Rentenversicherung pflichtversichert sind. Um die Voraussetzungen von § 6 Abs. 1 S. 1 Nr. 1 SGB VI nicht inhaltslosen werden zu lassen, bedarf es stets einer konkreten Prüfung dieser Voraussetzungen durch die zuständige Prüfstelle, nämlich des jeweils zuständigen Rentenversicherungsträgers.

2. Vorschläge in der Literatur

Ausgehend von diesen Möglichkeiten wurden in der Literatur bereits frühzeitig Vorschläge formuliert, wie eine Neuregelung des Befreiungsrechts für Syndikusanwälte ausgestaltet werden könnte. Dabei haben sich zwei Lösungswege entwickelt: eine Änderung in der Bundesrechtsanwaltsordnung und eine Änderung in der gesetzlichen Rentenversicherung.[267]

a) Änderungen in der Bundesrechtsanwaltsordnung

In erster Linie wurde eine Änderung von § 46 BRAO angedacht. So schlug der Bundesverband der Unternehmensjuristen (BUJ) beispielsweise folgende Formulierung für § 46 Abs. 1 BRAO vor:

> „Der Rechtsanwalt, der seinen Beruf in einem ständigen Dienst- oder ähnlichem Beschäftigungsverhältnis ausübt, steht dem freiberuflich tätigen gleich, wenn er Berater und Vertreter in den Rechtsangelegenheiten seines Dienstherrn ist oder wenn sein Dienstherr Rechtsanwalt ist.“[268]

Ziel dieser Formulierung war die Gleichstellung des Syndikusanwalts mit Rechtsanwälten und die Anerkennung als vollwertiges Mitglied der Rechtsanwaltschaft. Mit der gewählten Formulierung wurde festgestellt, dass auch angestellte Rechtsanwälte in einem abhängigen Beschäftigungsverhältnis zu einem

---

267 Vgl. hierzu auch die Anmerkungen von Steinmeyer, NZS 2015, 281 (285 ff.).

268 Klarstellungsbeschluss vom 09.05.2012.

nicht-anwaltlichen Arbeitgeber tätig werden können. Interessant war der Verzicht auf ein Vertretungsverbot.[269]

Die Schwachstellen dieses Formulierungsvorschlages bestehen in der Orientierung an den Begriffen „Berater“ und „Vertreter“, die § 3 Abs. 1 BRAO entnommen wurden. Diese unbestimmten Begriffe werden in der BRAO nicht näher definiert. Unter Berücksichtigung einer tätigkeitsbezogenen Herangehensweise von § 6 Abs. 1 S. 1 SGB VI stellt eine klarstellende Definition, ausgehend von den bereits aufgezeigten divergierenden Entscheidungen in der Rechtsprechung, ein wesentliches Kriterium dar, um Rechtssicherheit zu gewährleisten. Ein weiterer Kritikpunkt dieses Formulierungsvorschlags betrifft die in § 6 Abs. 1 S. 1 Nr. 1 SGB VI angelegte Kausalität zwischen der ausgeübten Tätigkeit auf der einen und der Mitgliedschaft im Versorgungswerk sowie einer Rechtsanwaltskammer auf der anderen Seite. Die Vorschrift lässt die Zulassungsproblematik von Syndikusanwälten außer Betracht und führt daher nicht zwingend zu einer Aufgabe der Doppelberufstheorie.

Der Deutsche Anwaltverein (DAV) demgegenüber hat, nachdem die Versorgungswerke aufgrund einer Resolution vom 22.10.2010 an die Bundesrechtsanwaltskammer (BRAK) und den DAV appellierten, eine weitergehende Gesetzesänderung vorgeschlagen.[270] Danach sollte § 46 Abs. 1 BRAO geändert und ein Abs. 4 neu hinzugefügt werden:

> (1) „Der Rechtsanwalt, der seinen Beruf in einem ständigen Dienst- oder ähnlichem Beschäftigungsverhältnis ausübt, darf für seinen Dienstherrn vor Gerichten und Schiedsgerichten nicht in seiner Eigenschaft als Rechtsanwalt tätig werden. [...]“
> (4) „Wer in einem ständigen Dienst- oder ähnlichen Beschäftigungsverhältnis nach Abs. 1 steht, übt in ihm seinen anwaltlichen Beruf dann aus, wenn er Berater und Vertreter in den Rechtsangelegenheiten seiner Dienstherrn oder wenn sein Dienstherr Rechtsanwalt ist.“

Mit diesem Vorschlag wurde klargestellt, dass eine anwaltliche Tätigkeit in einem Beschäftigungsverhältnis möglich ist. Neben den bereits oben dargestellten Schwierigkeiten bei fehlender Definition einer beratenden und vertretenden Tätigkeit wäre die Vorschrift wahrscheinlich zu einer Befreiungsmöglichkeit für sämtliche im Unternehmen tätige Juristen geworden.[271] Rechtsberatung und

---

269 In der Literatur ist heftig umstritten, ob das in § 46 Abs. 1 BRAO a.F. normierte Vertretungsgebot verfassungsgemäß ist. Siehe hierzu insbesondere Lewens, Die Rechtsstellung des Syndikusanwalts im Straf- und Kartellverfahren, S. 78 ff.; Merk, AnwBl. 2014, 278.

270 Entsprechend der Stellungnahme 42/12 des DAV v. 04.05.2012, abrufbar unter: http://anwaltverein.de /downloads/Stellungnahmen-11/SN-42-12.pdf.

271 So auch Thüsing/Fütterer, AnwBl. 2015, 13 (14).

Vertretung können insbesondere in tatsächlicher Hinsicht auch solche Juristen ausüben, die z.B. in einer Personalabteilung arbeiten oder solche, die nicht über die Zulassungsvoraussetzungen zur Anwaltskammer verfügen.[272] Eine Befreiungsmöglichkeit für sämtliche Juristen unabhängig von der anwaltlichen Tätigkeit widerspricht jedoch dem Grundverständnis des Altersversorgungssystems der Versorgungswerke. Schließlich ist fraglich, ob die Implementierung einer Definition des Syndikusanwalts zwingend zu einer Änderung von § 46 BRAO, der sich im Dritten Teil der BRAO befindet, führen muss. Eine Vorschrift die, wie vorgeschlagen, eine Definition normiert, wäre aus systematischen Erwägungen dem ersten Teil der BRAO zuzuordnen.[273]

b) Änderungen in der gesetzlichen Rentenversicherung

Die BRAK bevorzugte demgegenüber eine Änderung von § 6 Abs. 1 SGB VI dahingehend, dass § 6 Abs. 1 S. 3 SGB VI mit folgendem Wortlaut[274] neu eingefügt werden sollte:

> „Eine Mitgliedschaft in einer berufsständischen Kammer erfolgt auch dann wegen der Beschäftigung im Sinne des Satzes 1, wenn sie dienstvertraglich vereinbart wurde."

Eine Neuregelung wie sie die BRAK vorgeschlagen hat, hätte im Rahmen von § 6 Abs. 1 S. 1 SGB VI dazu geführt, dass das Befreiungsrecht für sämtliche verkammerten Berufe neu ausgestaltet worden wäre. Den Anknüpfungspunkt dieses Formulierungsvorschlags bildet das Tatbestandsmerkmal der Kausalität. Problematisch an diesem Vorschlag ist die Außerachtlassung der Regelungen in der BRAO sowie den Satzungen der Rechtsanwaltskammern und Versorgungswerke. Es wäre ein Widerspruch zwischen der BRAO und der gesetzlichen Rentenversicherung entstanden, weil erstere die Zulassung zur Rechtsanwaltschaft

272 So auch Thüsing/Fütterer, AnwBl. 2015, 13 (14).

273 So auch Offermann-Burckart, AnwBl. 2012, 778 (786).

274 Am 16.09.2005 soll es einen Brief des damaligen Präsidenten der Bundesrechtsanwaltskammer (BRAK) gegeben haben, in welchem mitgeteilt wurde, dass die 105. Hauptversammlung der BRAK den Beschluss gefasst habe, dass die Tätigkeit des Syndikusanwalts bei einem Nichtanwalt unter den Voraussetzungen der vier Kriterien „anwaltlicher Natur" sei. So nachzulesen bei Kilger, AnwBl. 2014, M 157. Erst nahezu 10 Jahre später beschloss die Hauptversammlung der BRAK am 02.12.2014 einen Gesetzesvorschlag zur Befreiung von Syndikusanwälten von der gesetzlichen Rentenversicherung zu unterbreiten. Vgl. die Beschlussfassung unter: http://www.brak.de/w/files/05_zur_rechtspolitik/national/141204_gesetzgebungsvorschlag_syndikus_endf.pdf (zuletzt abgerufen am 30.06.2019).

erfordert, welche die Letztgenannte gerade im Wege arbeitsrechtlicher Vereinbarungen umgangen wäre.

3. Zwischenergebnis

Der Gesetzgeber hatte im Rahmen des Gesetzgebungsverfahrens bei der Einordnung einer Regelungsmaterie, die primär das Ziel der Erhaltung des Status quo im Rahmen der Befreiung von der gesetzlichen Rentenversicherungspflicht für Syndikusanwälte hatte, mehrere Optionen. Von den drei aufgezeigten Möglichkeiten stellt die Beibehaltung der Befreiungsnorm in der gesetzlichen Rentenversicherung unter Neuregelung des Berufsrechts für Syndikusanwälte als Teil der Rechtsanwaltschaft die in systematischer Hinsicht überzeugendste Lösung dar. Die Nachteile einer ausschließlich rentenrechtlichen oder berufsrechtlichen Lösung überwiegen demgegenüber, da sie weitaus mehr Änderungsbedarf hervorrufen und zum Teil weniger Rechtssicherheit schaffen.

IV. Ergebnis

Der Bundesgesetzgeber hat die Gesetzgebungskompetenz für den Erlass eines Gesetzes mit dem die Friedensgrenze zwischen dem Alterssicherungssystem der freien Berufe und der gesetzlichen Rentenversicherung neu geregelt wird. Dabei ist im Rahmen des Gesetzgebungsprozesses insbesondere auf die Interessen beider Institutionen zu achten gewesen. Insbesondere die Verschiebung der Friedensgrenze zwischen der gesetzlichen Rentenversicherung und den Versorgungswerken bedurfte einer rechtlichen Überprüfung im Gesetzgebungsverfahren. Da der Gesetzgeber jedoch den Status quo der Befreiungsmöglichkeit von Syndikusanwälten wiederherstellen wollte, nachdem das Bundessozialgericht die Befreiungsmöglichkeit versagt hat, wurde der Lösungsweg des Gesetzgebers in der Literatur und von den Betroffenen im Ergebnis begrüßt.

C. Die Voraussetzungen der Befreiung von Syndikusanwälten von der gesetzlichen Rentenversicherungspflicht

Die nachfolgenden Ausführungen widmen sich der Auslegung der einzelnen Tatbestandsmerkmale der Befreiungsnorm gem. § 6 Abs. 1 S. 1 Nr. 1 SGB VI unter Berücksichtigung der Neuerungen durch das Gesetz zur Neuordnung des Rechts der Syndikusanwälte. Die Untersuchung beleuchtet die durch die Gesetzesnovelle implementierten besonderen Vorgaben in der Bundesrechtsanwaltsordnung im Detail und unter Berücksichtigung der einfachgesetzlichen und verfassungsrechtlichen Vorgaben am konkreten Tatbestandsmerkmal. Die

Anknüpfungspunkte bilden daher die Pflichtmitgliedschaft in einer Rechtsanwaltskammer, bei der insbesondere die Zulassung zur Rechtsanwaltschaft näher untersucht wird (I.), die Pflichtmitgliedschaft in einem Versorgungswerk (II.) sowie das Tatbestandsmerkmal der Kausalität (III.).[275]

I. Die Pflichtmitgliedschaft in der Rechtsanwaltskammer

Der Gesetzgeber hat im Rahmen der Gesetzesnovellierung in §§ 46 ff. BRAO Neuregelungen implementiert. Zu nennen ist zunächst die neu eingefügte Vorschrift in § 46 Abs. 2 S. 2 BRAO zur Zulassung als Rechtsanwalt (Syndikusrechtsanwalt)[276], deren einzelne Voraussetzungen in § 46a Abs. 1 BRAO näher geregelt werden. Nach § 46a Abs. 1 Nr. 1 BRAO ist die Zulassung zur Rechtsanwaltschaft als Syndikusrechtsanwalt auf Antrag zu erteilen, wenn die allgemeinen Zulassungsvoraussetzungen zum Beruf des Rechtsanwalts gemäß § 4 erfüllt sind. Als zweites normiert § 46a Abs. 1 Nr. 2 BRAO, dass kein Zulassungsversagungsgrund nach § 7 BRAO bestehen darf. Schließlich erfordert die Zulassung als Rechtsanwalt (Syndikusrechtsanwalt) gemäß § 46a Abs. 1 Nr. 3 BRAO die Ausübung einer Tätigkeit, die den Anforderungen des § 46 Abs. 2 bis 5 BRAO entspricht. Dabei handelt es sich um für die Zulassung konstitutive Tatbestandsmerkmale.[277]

Im Rahmen der folgenden Untersuchung wird der Frage nachgegangen, inwieweit die Neuregelungen mit den Regelungen in der Bundesrechtsanwaltsordnung und verfassungsrechtlichen Vorgaben im Einklang stehen. Da die Erfüllung der allgemeinen Zulassungsvoraussetzungen gem. § 46a Abs. 1 Nr. 1 BRAO i.V.m. § 4 BRAO weder in der Literatur noch in der Rechtsprechung Schwierigkeiten aufwies[278], soll an deren Stelle die grundlegende Frage der verfassungsrechtlichen Rechtmäßigkeit der Implementierung einer Zulassung für Syndikusanwälte treten (1.). In einem zweiten Schritt soll untersucht werden, ob die für Rechtsanwälte geltenden Zulassungsversagungsgründe im selben Maße für Syndikusrechtsanwälte gelten wie für selbständige Rechtsanwälte (2.), bevor

---

275 Die dargestellte Reihenfolge der nachfolgenden Prüfung orientiert sich nicht an der gesetzlichen Fassung.

276 § 46 Abs. 2 S. 2 BRAO bestimmt, dass der Syndikusrechtsanwalt zur Ausübung seiner Tätigkeit nach Satz 1 der Zulassung zur Rechtsanwaltschaft nach § 46a bedarf.

277 BT-Drs. 18/5563, S. 33 ff.; Offermann-Burckart, in: Kilger/Offermann-Burckart/Schafhausen/Schuster (Hrsg.), Das neue Syndikusrecht, § 2, Rn. 5.

278 Vollständigkeitshalber sei an dieser Stelle die Auffassung des LSG Baden-Württemberg, Urt. v. 23.01.2013 – L 2 R 2671/12, BeckRS 2013, 67066, genannt, das als einziges Gericht für eine Befreiung nicht einmal eine Zulassung zur Anwaltschaft bzw. die Ablegung eines zweiten Staatsexamen forderte.

in einem letzten Schritt die zur anwaltlichen Tätigkeit näher erforderlichen Merkmale nach den genannten Maßstäben untersucht werden (3.).

1. Die Verfassungsmäßigkeit der Implementierung einer Zulassungsnorm für Syndikusanwälte

Erstmals mit dem Gesetz zur Neuordnung des Rechts der Syndikusanwälte hat der Gesetzgeber eine Zulassungsregel für diese normiert. Bis zu diesem Zeitpunkt konnten Juristen als Syndikusanwälte bei einem nicht-anwaltlichen Arbeitgeber dem Grunde nach, ohne die Anforderungen der Bundesrechtsanwaltsordnung zu erfüllen und ohne zugleich Rechtsanwälte zu sein, tätig werden. Obwohl die Ausübung der Tätigkeit eines Syndikusanwalts nicht an die Zulassung zur Rechtsanwaltschaft geknüpft war, beantragten dennoch viele der bei nicht-anwaltlichen Arbeitgebern angestellten Syndikusanwälte mit Aufnahme der Tätigkeit die Zulassung zur Rechtsanwaltschaft.[279] Oftmals erfolgte die Zulassung aufgrund der Angabe eines Nebenberufs, in dem die rechtsanwaltliche Tätigkeit ausgeübt werden sollte.[280] Inwieweit die betroffenen Syndikusanwälte im Nebenberuf als Rechtsanwälte tatsächlich tätig waren, kann statistisch nicht nachgehalten werden.[281] Es dürfte jedoch nicht auszuschließen sein, dass gelegentlich Sinn und Zweck der Zulassung die Möglichkeit der Befreiung von der gesetzlichen Rentenversicherungspflicht war.

Im Folgenden soll zunächst der Frage nachgegangen werden, ob die Implementierung einer Zulassungsnorm verfassungsrechtlichen Maßstäben genügt (a). Sodann soll sich der Frage zugewandt werden, ob aus der Normierung einer Zulassungsregelung zugleich eine Verpflichtung zur Zulassung bei Vorliegen der zulassungserheblichen Voraussetzungen resultiert (b).

---

279 Die Zulassung zur Rechtsanwaltschaft erfolgte mit Aufnahme der Tätigkeit als Syndikusanwalt in der Regel dann, wenn der Betroffene zuvor noch nicht Mitglied der Rechtsanwaltskammer war.

280 Vgl. hierzu z.B. den Bericht der RAK München. Danach sollen ca. 30 % ihre rechtsanwaltliche Tätigkeit im Nebenberuf ausüben, http://www.rak-muenchen.de/fileadmin/downloads/01-Zulassung/03-Anwalt%20im%20 Nebenberuf/rechtsanwalt%20mit%20zweitberuf.pdf (zuletzt abgerufen am 15.05.2019).

281 Angaben basierten auf einer freiwilligen Studie, in der zugelassene Syndikusanwälte befragt wurden, in welchem Umfang sie im Nebenberuf als Rechtsanwälte tätig werden.

a) *Die Zulassung zur Rechtsanwaltschaft für Syndikusanwälte unter Berücksichtigung verfassungsrechtlicher Vorgaben*

Als Prüfungsmaßstab kommt zunächst die durch Art. 12 GG garantierte Berufsfreiheit in Betracht. Wird durch die Zulassung als Syndikusrechtsanwalt die Ausübung oder das Ergreifen der Tätigkeit als Syndikusanwalts eingeschränkt, dürfte sich die Rechtmäßigkeit der Implementierung einer derartigen Norm an Art. 12 GG zu messen haben. Ausweislich der Tatsache, dass durch die Befreiung von der gesetzlichen Rentenversicherungspflicht eine Zuordnung zu einer öffentlichen-rechtlichen Versorgungseinrichtung in Abkehr der gesetzlichen Rentenversicherung erfolgt, ist ferner der Eigentumsschutz nach Art. 14 GG einschlägig, wenn der Betroffene bereits Rentenanwartschaften in der gesetzlichen Rentenversicherung erlangt hat. Schließlich ist Art. 2 Abs. 1 GG als Auffanggrundrecht zu berücksichtigen.

aa) Die Zulassung zum Syndikusrechtsanwalt unter Berücksichtigung von Art. 12 GG

Dem mit dem Grundgesetz verkörperten Freiheitsgedanken sowie der grundrechtlichen Gewährleistung der Berufswahl und der Berufsausübung entspricht es, Entscheidungen sowohl im Hinblick auf die Auswahl als auch die Art und Weise der Ausübung eines Berufs frei von staatlichen Vorgaben treffen zu dürfen. Staatliche Eingriffe können zum Schutz der Rechtsordnung oder einer geordneten Rechtspflege ausnahmsweise dann im Einklang mit der Berufsfreiheit stehen, wenn sie diesen Schutzgütern dienen. Grundlegende Voraussetzung für die Frage der verfassungsrechtlichen Rechtfertigung einer solchen Maßnahme bildet zunächst der Eingriff in einen von Art. 12 GG geschützten Beruf.

(1) Die Tätigkeit des Syndikusrechtsanwalts als geschütztes Rechtsgut von Art. 12 GG

Die in Art. 12 Abs. 1 GG verkörperte Berufsfreiheit sichert die Entscheidung des Bürgers jede Tätigkeit, für die er sich geeignet glaubt, als Beruf ergreifen und zur Grundlage seiner Lebensführung machen zu dürfen.[282] Als Beruf ist jede Tätigkeit einzustufen, die auf Dauer angelegt ist und in ideeller wie in materieller Hinsicht der Schaffung sowie Erhaltung einer Lebensgrundlage dient, die sich nicht in einem einmaligen Erwerbsakt erschöpft.[283] Geschützt wird zunächst der

---

282 BVerfG, Beschl. v. 16.03.1971 – 1 BvR 52/66, 1 BvR 665/66, 1 BvR 667/66, 1 BvR 754/66; BVerfGE 30, 292 (334); Jarass, in: Jarass/Pieroth, GG, Art. 12, Rn. 1.

283 BVerfG, Urt. v. 17.02.1998 – 1 BvF 1/91, BVerfGE 97, 228 (253); BVerfG, Beschl. v. 26.06.2002 – 1 BvR 558/91, BVerfGE 105, 252 (265); BVerfG, Urt. v. 28.03.2006 – 1 BvR 1054/01, BVerfGE 115, 276 (300), BVerfG, Beschl. v. 08.06.2010 – 1 BvR 2011/07,

Beruf als solches sowie die Ausübung mehrerer Berufe nebeneinander.[284] Zur geschützten Tätigkeit zählt sowohl die Entscheidung überhaupt einen Beruf zu ergreifen bzw. – in negativer Form – keinen Beruf auszuüben, als auch zu entscheiden wie der konkrete Beruf ausgeübt wird.[285] Dabei bietet Art. 12 Abs. 1 GG nach h.M. einen umfassenden Schutz und bildet ein einheitliches Grundrecht der Berufswahl und der Berufsausübung.[286] Schließlich beginnt mit der Berufswahl regelmäßig die Berufsausübung, die wiederum in der Berufswahl allzeit bestätigt wird.[287]

Vom Schutzbereich umfasst sind neben dem Beruf als solchem auch Spezialisierungen im Rahmen der Berufsausübung eines bestehenden Berufes.[288] Die Differenzierung zwischen einer Berufsmodalität und einem Beruf wird bei den Einschränkungsmöglichkeiten bedeutsam.[289] Das Bundesverfassungsgericht hat nur vereinzelt Grundsätze aufgestellt, nach denen zu beurteilen ist, ob es sich bei der zu überprüfenden Tätigkeit noch um die Ausübung eines bereits existierenden Berufs oder schon um einen eigenständigen Beruf handelt. Grundsätzlich ist der Schutz der Berufsfreiheit nicht auf traditionell oder gesetzlich fixierte Berufsbilder beschränkt, sondern erfasst auch solche, die aufgrund der fortschreitenden technischen, sozialen oder wirtschaftlichen Entwicklung neu entstanden sind.[290] Die Befugnis des Gesetzgebers ist dabei nicht darauf beschränkt

---

BVerfGE 126, 112 (136); BVerfG, Beschl. v. 07.03.2017 – 1 BvR 1314/12, BVerfGE 145, 20 (70), Mann, in: Sachs, GG, § 12, Rn. 45 ff.; Jarass, in: Jarass/Pieroth, GG, Art. 12, Rn. 5; BeckOK Grundgesetz/Ruffert GG Art. 12 Rn. 1, 40 ff.; Manssen, in: v. Mangoldt/Klein/Starck (Hrsg.), GG, Bd. 1, Art. 12, Rn. 38.

284 Hömig/Wolff, GG, Art. 12, Rn. 7; Maunz/Düring/Scholz, GG, Band II, Art. 12, Rn. 291 f.; Jarass, in: Jarass/Pieroth, GG, Art. 12, Rn. 6.

285 Maunz/Dürig/Scholz, GG, Band II, Art. 12 Rn. 7 ff.

286 St. Rspr. seit BVerfG, Urt. v. 11.06.1958 – 1 BvR 596/56, BVerfGE 7, 377 (400 ff.); Mann, in: Sachs, GG, Art. 12 Rn. 15; Hömig/Wolff, GG, Art. 12, Rn. 1; Manssen, in: v. Mangoldt/Klein/Starck (Hrsg.), GG, Bd. I, Art. 12, Rn. 1.

287 Mann, in: Sachs, GG, Art. 12, Rn. 14; Manssen, in: v. Mangoldt/Klein/Starck (Hrsg.), GG, Bd. 1, Art. 12, Rn. 2.

288 Manssen, in: v. Mangoldt/Klein/Starck (Hrsg.), GG, Bd. 1, Art. 12, Rn. 45, der davon spricht untypische bzw. neuartige Betätigungen ergreifen und zum Inhalt seines Berufs machen zu können.

289 Manssen, in: v. Mangoldt/Klein/Starck (Hrsg.), GG, Bd. 1, Art. 12, Rn. 45. Ob es sich um einen Beruf oder lediglich um einen Teil einer umfassenden Tätigkeit handelt, ist nach Manssen auf der Schutzbereichsebene gleichgültig.

290 BVerfG, Beschl. v. 29.10.1997 – 1 BvR 780/87, BVerfGE 97, 12 (25, 34); BVerfG, Beschl. v. 03.07.2007 – 1 BvR 2186/06, BVerfGE 119, 59 (78); BVerfG, Beschl. v. 12.01.2016 – 1 BvR 3102/13, NJW 2016, 930 (931), juris, Rn. 36.

bestehende Berufsbilder lediglich klarstellend voneinander abzugrenzen.[291] Indem der Gesetzgeber bestimmte wirtschafts-, berufs- und gesellschaftspolitische Zielvorstellungen und Leitbilder durchsetzt und damit in den Rang wichtiger Gemeinschaftsinteressen erhebt[292] geschieht die Fixierung des Berufsbildes[293] gestaltend, also durch Änderung und Ausrichtung überkommener Berufsbilder.[294] Regelmäßig liegt ein eigener Beruf und keine bloße Berufsmodalität vor, wenn eine spezielle Berufsausbildung vorgesehen ist.[295] So hat das Bundesverfassungsgericht die Tätigkeit von Insolvenzverwaltern als eigenständigen Beruf klassifiziert[296] und ausgeführt, dass dieser nicht nur eine bloße Nebentätigkeit der Berufsausübung von Rechtsanwälten, Steuerberatern, Betriebswirten und Wirtschaftsprüfern darstelle.[297] Der Beruf werde in immer größerem Umfang von spezialisierten Berufsträgern ausgeübt[298], die typischerweise nicht nur über

291 Zur Abgrenzung der Berufe der Rechtsanwälte und der Rechtsbeistände vgl. BVerfG, Beschl. v. 25.02.1976 – 1 BvR 8/74, BVerfGE 41, 378 (396).

292 BVerfG, Beschl. v. 17.07.1961 – 1 BvL 44/55, BVerfGE 13, 97 (107).

293 Zur Fixierung von Berufsbildern durch das Bundesverfassungsgericht vergleiche BVerfG, Beschl. v. 07.01.1959 – 1 BvR 100/57, BVerfGE 9, 73 (78 ff.) – apothekenpflichtige Waren; BVerfG, Beschl. v. 17.07.1961 – 1 BvL 44/55, BVerfGE 13, 97 (106 ff.) – Handwerksordnung; BVerfG, Urt. v. 13.02.1964 – 1 BvL 17/61, BVerfGE 17, 232 (241 ff.) – Apotheken-Mehrbetrieb; BVerfG, Beschl. v. 15.02.1967 – 1 BvR 569/62, BVerfGE 21, 173 (180 ff.) – Steuerbevollmächtigte (Inkompatibilität mit gewerblicher Tätigkeit); BVerfG, Beschl. v. 25.02.1969 – 1 BvR 224/67, BVerfGE 25, 236 (247 ff.) – Zahnärzte; BVerfG, Beschl. v. 28.07.1971 – 1 BvR 40/69, BVerfGE 32, 1 (22 f.) – Vorexaminierte; BVerfG, Beschl. v. 01.02.1973 – 1 BvR 426/72, BVerfGE 34, 252 (256) – Vereinheitlichung der steuerberatenden Berufe; BVerfG, Beschl. v. 14.10.1975 – 1 BvL 35/70, BVerfGE 40, 196 (218 f.) – Güterfernverkehr; BVerfG, Beschl. v. 18.06.1980 – 1 BvR 697/77, BVerfGE 54, 301 (314) – Buchführungsprivileg I; BVerfG, Beschl. v. 18.11.1980 – 1 BvR 228/73, BVerfGE 55, 185 (198) – prüfungsfreier Zugang zum Beruf des Steuerberaters; BVerfG, Beschl. v. 27.01.1982 – 1 BvR 807/80, BVerfGE 59, 302 (315 f.); BVerfG, Beschl. v. 05.05.1987 – 1 BvR 724/81, 1 BvR 1000/81, 1 BvR 1015/81, 1 BvL 16/82, 1 BvL 5/84, BVerfGE 75, 246 (265), Rn. 55, juris.

294 BVerfG, Beschl. v. 05.05.1987 – 1 BvR 724/81, 1 BvR 1000/81, 1 BvR 1015/81, 1 BvL 16/82, 1 BvL 5/84 –, BVerfGE 75, 246 (265 ff.) Rn. 55, juris.

295 BVerfG, Beschl. v. 03.07. 2007 – 1 BvR 2186/06, BVerfGE 119, 59 (78f.).

296 BVerfG, Beschl. v. 12.01.2016 – 1 BvR 3102/13, NJW 2016, 930 (931), juris, Rn. 36; zustimmend etwa Wieland, EWiR 2005, 437; Deckenbrock/Fleckner, ZIP 2005, 2290 (2296); Lissner, DZWIR 2013, 159.

297 BVerfG, Beschl. v. 12.01.2016 – 1 BvR 3102/13, juris; NJW 2016, 930; BVerfGE 141, 121.

298 BVerfG, Beschl. v. 12.01.2016 – 1 BvR 3102/13, Rn. 36, juris; BVerfGE 141, 121 (131).

eine qualifizierende Zusatzausbildung und einschlägige Berufserfahrung verfügen, sondern häufig auch entsprechend ausgestattete Büros mit besonders geschulter Mitarbeiterschaft bereit hielten.[299] Die Tätigkeit lasse sich nur mit einem spezialisierten größeren Mitarbeiterstab und der nötigen technischen Ausstattung sachgerecht bewältigen.[300]

(a) Die geschichtliche Entwicklung des Syndikusanwalts

Um die Frage nach der Eröffnung des Schutzbereichs der Tätigkeit des Syndikusanwalts beantworten zu können, bedarf es zunächst der Darstellung der geschichtlichen Entwicklung seiner Figur. Dabei soll neben der tatsächlichen Etablierung von in Unternehmen angestellten Juristen ebenso der rechtliche Weg zu ihrer Anerkennung aufgezeigt werden, der einen Anhaltspunkt für die Frage nach der Tätigkeit des Syndikusanwalts bietet.

Als Ausgangspunkt der Entstehung der Figur des Syndikusanwalts[301] kann das Zeitalter der Industrialisierung bezeichnet werden. Durch die wirtschaftliche Expansion der Unternehmen in Deutschland entstand neben einer Vielzahl neuer Banken, Versicherungen und Verbände in den einzelnen schon bestehenden und wachsenden Unternehmen eine zunehmend differenziertere Arbeitsweise. Das Wirtschaftsleben wurde vielseitiger und spezieller, wodurch ein erhöhter rechtlicher Handlungsbedarf resultierte, der durch den Gesetzgeber zunehmend zur Verrechtlichung führte. Das steigende Bedürfnis nach einer eigenen Rechtsberatung im eigenen Unternehmen durch die immer weitergehende Spezialisierung der eigenen Abteilungen und die dadurch abnehmende Bereitschaft der Beauftragung externer Rechtsanwälte, führte zur ersten Etablierung von Rechtsabteilungen in Unternehmen.[302] Die sich immer weiter spezialisierenden Unternehmen brauchten ihrerseits Rechtsberater, die kostengünstig im eigenen Unternehmen konsultiert und zugleich zeitsparender mit spezifischen Fragestellungen betraut werden konnten.

---

299 BVerfG, Beschl. v. 12.01.2016 – 1 BvR 3102/13, Rn. 36, juris; BVerfGE 141, 121 (131).

300 BVerfG, Beschl. v. 12.01.2016 – 1 BvR 3102/13, Rn. 36, juris; BVerfGE 141, 121 (131).

301 Vgl. allgemein zur Geschichte des Syndikusanwalts: Börztler, in: Ehrengabe Heusinger, S. 119 (121 f.); Skouris, BB 1975, 1230 (1231); Kolvenbach, JZ 1979, 458 (459); Neumann, AnwBl. 1987, 404 (405); Ostler, Die deutschen Rechtsanwälte, S. 194 f., 350 f.; Hassemer, wistra 1986, 1 (5 f.), Henssler, in: Henssler/Prütting (Hrsg.), Kommentar zur BRAO, 4. Aufl., § 46, Rn. 2 ff.

302 Henssler, in: Henssler/Prütting (Hrsg.), Kommentar zur BRAO, 4. Aufl., § 46, Rn. 2; Beusch/Decker, in: FS Stiefel, S. 17 (20); Börtzler, in: Ehrengabe Heusinger, S. 119 (121), Brandi, in: GS Cüppers, S. 13 (45); Kolvenbach, JZ 1979, 458.

Mit dem Inkrafttreten der Rechtsanwaltsordnung (RAO)[303] vom 01.07.1878, als dem ersten einheitlichen Regelwerk für das anwaltliche Berufsrecht, erfuhr die Entwicklung des Rechtsanwalts vom „vormals beamteten Richtergehilfen zum unabhängigen Rechtsanwalt“[304] erstmals eine gesetzliche Normierung. Den Begriff des Syndikusanwalts enthielt die RAO zwar nicht. Als erste gesetzliche Vorschrift enthielt aber § 5 Ziffer 4 RAO die Versagungsmöglichkeit zur anwaltlichen Zulassung, wenn der Antragssteller einer mit dem Beruf oder der Würde des Rechtsanwalts nicht zu vereinbarenden Beschäftigung nachging. Eine generelle Absage an den Syndikusanwalt wurde hierin vom damaligen Ehrengerichtshof in verschiedenen Entscheidungen aber nicht bestätigt.[305] Vielmehr wurden im Einzelfall zu beachtende Vereinbarkeitsmerkmale entwickelt.[306] Der Erste Weltkrieg veränderte diese Situation nicht. Die Vereinbarkeit der Syndikustätigkeit mit dem Rechtsanwaltsberuf wurde durch das Gesetz zur Änderung der Rechtsanwaltsordnung vom 20.12.1934[307] bestätigt.[308] Nach dem neu eingefügten § 31 Abs. 2 RAO[309] wurde Rechtsanwälten, die in einem ständigen Dienst- oder ähnlichem Geschäftsverhältnis standen, jedoch versagt, ihre Auftraggeber als Prozessbevollmächtigte in bürgerlichen Streitverfahren, einschließlich Strafsachen und verwaltungsgerichtlichen Verfahren, zu vertreten. Damit ging die Anerkennung der Berufsform einher, deren Angehörige zugleich in ihrer Berufsausübung eingeschränkt wurden.[310] In der amtlichen Begründung zu § 31 Abs. 2 RAO heißt es, dass der Gesetzgeber eine Gefahr darin sah, dass Syndikusanwälte aufgrund ihres Dienstvertrages in einem gewissen Abhängigkeitsverhältnis zu

303 Rechtsanwaltsordnung v. 01.07.1878, Deutsches Reichsgesetzblatt Bd. 1878, Nr. 23, S. 177; vgl. zur Geschichte insbesondere: Börtzler, in: Ehrengabe Heusinger, S. 119 (121 ff.); Bissel, Die Rechtsstellung des Syndikusanwalts und die anwaltliche Unabhängigkeit, S. 22 ff.

304 Hein, Die Rechtsstellung des Syndikusanwalts im Strafverfahren, S. 3.

305 Zur ausführlichen Aufarbeitung der Entscheidungen des Ehrengerichtshofs vgl. Brandi, in: GS Cüppers, S. 13 (48 ff.).

306 Skouris, BB 75, 1230 (1231); Henssler, in: Henssler/Prütting (Hrsg.), Kommentar zur BRAO, 4. Aufl., § 46, Rn. 2.

307 RGBl. I, S. 1258.

308 BT-Drs. III/120, S. 77; Pfeiffer, in: FS Oppenhoff, S. 249 (250); Hamacher, in: Anwälte und ihre Geschichte, S. 913 (923 ff.).

309 Seit dem 01.02.1937: § 32 Abs. 2 RAO durch die Reichs-Rechtsanwaltsordnung vom 21.02.1936, RGBl. 1936, S. 107 ff.

310 So auch: Henssler, in: Prütting/Henssler (Hrsg.), Kommentar zur BRAO, 4. Aufl., § 46, Rn. 2; Lewens, Die Rechtsstellung des Syndikusanwalts in Straf- und Kartellverfahren, S. 10.

ihrem Dienstherrn stehen könnten.[311] In der Präambel der RAO spricht der Gesetzgeber zudem von einem „jedes Bedürfnis übersteigenden Zustrom zur Anwaltschaft" und deren wirtschaftlicher Not, durch die ersichtlich wird, dass der Gesetzgeber für eine Einschränkung weitere Motive hatte, die aus der kriegsbedingten Inflation nach dem Ersten Weltkrieg resultierten.[312] Denn die bis dahin günstige Situation der freien Rechtsanwälte verschlechterte sich zunehmend mit einem steigenden Konkurrenzdruck durch den Anstieg an Berufsangehörigen und dem Wegfall von Verdienstmöglichkeiten.[313] Für die Tätigkeit in einem Unternehmen kam aus Sicht der Anwaltschaft daher hinzu, dass diese eine feste und kalkulierbare Einnahmequelle hatten.[314]

Nach dem Zweiten Weltkrieg wurde insbesondere die Frage nach der Nebentätigkeit des Rechtsanwalts als Syndikusanwalt in den vier Besatzungszonen eigenständig geregelt.[315] In der französischen Besatzungszone blieb es bei dem ursprünglichen Rechtszustand von 1878 und damit der Geltung der Rechtsanwaltsordnung.[316] In der amerikanischen Besatzungszone hielt man es für unvereinbar, wenn der Rechtsanwalt einer weiteren Beschäftigung nachging.[317] „Jede Anstellung oder Tätigkeit, welche hauptberuflich ist oder seine Arbeitskraft überwiegend in Anspruch nimmt", sollte danach mit dem Beruf des Rechtsanwalts unvereinbar sein, sodass eine Tätigkeit als Syndikusanwalt nicht mehr möglich war.[318] Nur in der britischen Besatzungszone beließ man es bei der Anerkennung des Syndikusanwalts durch das Bestehen der vorher geltenden Gesetzeslage.[319] Ergänzend wurde für die Ausübung des Anwaltsberufs die Anerkennung des Syndikusanwalts mit dem Bekenntnis zur freien Anwaltschaft verbunden.[320] Mit der Geltung der zum 01.01.1959 in Kraft getretenen Bundesrechtsanwaltsordnung[321], deren Grundkonstrukt die Rechtslage in der britischen

311 Amtliche Begründung, DJ 1935, S. 6.

312 So auch Henssler, in: Henssler/Prütting (Hrsg.), Kommentar zur BRAO, 4. Aufl., § 46, Rn. 2; Lewens, Die Rechtsstellung des Syndikusanwalts in Straf- und Kartellverfahren, S. 10 f.; Skouris, BB 1975, 1230 (1231); Kleine-Cosack, ZIP 1991, 1337 (1341).

313 Papier, in: FS Ruland, S. 455 (456).

314 Pfeiffer, in: FS Oppenhoff, S. 249 (250.).

315 Hein, Die Rechtsstellung des Syndikusanwalts im Strafverfahren, S. 10.

316 Börtzler, Ehrengabe Heusinger, S. 119 (122), Brandi, in: GS Cüppers, S. 13 (47); Henssler, in: Henssler/Prütting (Hrsg.), Kommentar zur BRAO, 4. Aufl., § 46, Rn. 3.

317 Börtzler, in: Ehrengabe Heusinger, S. 119 (122).

318 Börtzler, in: Ehrengabe Heusinger, S. 119 (122); Brandi, in: GS Cüppers, S. 13 (47).

319 Henssler, in: Henssler/Prütting (Hrsg.), Kommentar zur BRAO, 4. Aufl., § 46, Rn. 3.

320 Brandi, in: GS Cüppers, S. 13 (46 f.).

321 vgl. Fn. 20.

Besatzungszone[322] darstellte, fand der Syndikusanwalt seine Etablierung in der Rechtsanwaltschaft, die bis heute besteht.[323]

(b) Die Eröffnung des Schutzbereichs

Ausgehend von der geschichtlichen Entwicklung und der im Rahmen des Schutzbereichs von Art. 12 GG dargelegten Maßstäbe stellt sich die Tätigkeit des Syndikusrechtsanwalts nicht als eigenständiger Beruf dar, sondern lediglich als eine Form der Berufsausübung, die dem Beruf des Rechtsanwalts entsprungen ist.[324] So üben Syndikusanwälte, wie die geschichtliche Entwicklung gezeigt hat, regelmäßig keine nebeneinander bestehenden Berufe aus, sondern sind ausschließlich für ihren Arbeitgeber in Vollzeit tätig.[325] Sie erhalten weder eine spezialisierte Berufsausübung, noch zeichnen sie sich durch einen besonders spezialisierten oder geschulten Mitarbeiterstab aus. Letzteres wird schließlich durch das Fehlen einer Verbandsvertretung bestätigt. Als Vertreter für die Gruppe der Syndikusrechtsanwälte sind auch nach den Urteilen des Bundessozialgerichts vom 03.04.2014 ausschließlich einzelne Rechtsanwaltsverbände aufgetreten.[326] Eine eigene Initiative bildete sich nicht. Zwar spezialisieren sich Syndikusanwälte in ihren Beschäftigungsverhältnissen je nach Unternehmen in ihrer Tätigkeit, sie unterscheiden sich jedoch zu Beginn ihrer Tätigkeit nicht von zugelassen und bei anwaltlichen Arbeitgebern angestellten Rechtsanwälten. Auch aus der gesonderten Zulassung des Syndikusrechtsanwalts folgt keine andere Beurteilung.[327] Diese trägt nach gesetzgeberischem Verständnis lediglich dem Umstand Rechnung, dass die Tätigkeit des Rechtsanwalts sich auf die Tätigkeit des Syndikusrechtsanwalts beschränken könne.[328] Denn der Syndikusrechtsanwalt wird nach

322 BT-Drs. III/120, S. 77, Entwurf zu § 46 BRAO, der die Regelung ursprünglich für § 58 BRAO vorsah.

323 BT-Drs. III/120, S. 77.

324 BT-Drs. 18/5201, S. 18; Koch, DNotZ 2018, 84 (89); Possega, DStR 2018, 1372.

325 Vgl. zur Aufgabe der Doppelberufstheorie BT-Drs. 18/5563, S. 1 f.; Koch, DNotZ 2018, 84 (89).

326 Lediglich der Bundesverband der Unternehmensjuristen (BUJ) tritt für sämtliche in Unternehmen tätigen Juristen in Erscheinung. Er versteht sich als die eigenständige berufsständische Vereinigung für Juristen in Rechtsabteilungen von Unternehmen sowie Institutionen, Verbänden und Körperschaften. Damit unterscheidet der Verband jedoch nicht zwischen der einfachen sachbearbeitenden Tätigkeit eines Juristen und einer am anwaltlichen Beruf des Rechtsanwalts orientierten Tätigkeit. Speziell für letzten Berufsvertreter hat sich eine konkrete Vertretung bislang nicht etablieren können.

327 BT-Drs. 18/5563, S. 37; BT-Drs. 18/5201, S. 31.

328 BT-Drs. 18/5563, S. 37.

gesetzgeberischer Konstruktion zur Rechtsanwaltschaft zugelassen, und stellt eine Form der Berufsausübung des einheitlichen Rechtsanwaltsberufs dar.[329] Diesem Verständnis entspricht es auch, wenn der Syndikusrechtsanwalt zusätzlich die klassische Zulassung zur Rechtsanwaltschaft unter verminderten Voraussetzungen erlangen kann. Auch die Anwendung der Versagungsgründe in § 7 BRAO, die für die Zulassung zur Rechtsanwaltschaft und gemäß § 46a Abs. 1 Nr. 2 BRAO ebenfalls für Syndikusrechtsanwälte gelten, sprechen dafür, dass die Syndikustätigkeit eine Spezialisierung der Berufsausübung und damit ein bloßer Teilbereich des rechtsanwaltlichen Berufes ist, mithin der Schutzbereich eröffnet ist.

(2) Eingriff in die Berufsfreiheit

Durch die Implementierung einer Zulassungsvorschrift liegt ein Eingriff in die Berufsfreiheit jedoch nicht vor. Ein Grundrechtseingriff im klassischen Sinne erfordert eine unmittelbare, finale, rechtsförmige und imperative Maßnahme.[330] Auch wenn der Eingriff lediglich mittelbare Auswirkungen hat, setzt er im Rahmen von Art. 12 GG stets eine berufsregelnde Tendenz voraus. Diese ist bei der Zulassungsregelung für Syndikusrechtsanwälte nicht gegeben.

Das Bundesverfassungsgericht besteht bei der Einstufung eines Eingriffs auf die Differenzierung zwischen einem eigenständigen Beruf und einer bloßen Berufsmodalität, weil sich die Eingriffsintensität und die anschließende verfassungsrechtliche Rechtfertigung an der sogenannten Drei-Stufen-Theorie orientieren.[331] Zu prüfen ist in einem ersten Schritt auf welcher Stufe ein Eingriff erfolgt. Das Bundesverfassungsgericht unterscheidet dabei zwischen Berufsausübungs- (1. Stufe) sowie subjektiven (2. Stufe) und objektiven (3. Stufe) Berufswahlbeschränkungen.[332] Die Eingriffsintensität steigt je Stufe von einer geringen Beeinträchtigung über ein mittleres Beeinträchtigungsniveau bis hin zu einer starken Beeinträchtigung auf der letzten Stufe, die regelmäßig die Fortsetzung

---

329 BT-Drs. 18/5201, S. 31; Koch, DNotZ 2018, 84 (89); Prossega, DStR 2018, 1372; Kleine-Cosack, AnwBl. 2016, 101; Offermann-Burckart, NJW 2016, 113.

330 BVerfG, Beschl. v. 26.06.2002 – 1 BvR 670/91, BVerfGE 105, 279 (300): „(…) wird unter einem Grundrechtseingriff im Allgemeinen ein rechtsförmiger Vorgang verstanden, der unmittelbar und gezielt (final) durch ein vom Staat verfügtes, erforderlichenfalls zwangsweise durchzusetzendes Ge- oder Verbot, also imperativ, zu einer Verkürzung grundrechtlicher Freiheiten führt".

331 statt vieler: BVerfG, Urt. v. 11.06.1958 – 1 BvR 596/56, BVerfGE 7, 377.

332 BeckOK Grundgesetz/Ruffert, GG Art. 12 GG, Rn. 93; Hömig/Wolff, GG, Art. 12 Rn. 14; Manssen, in: v. Mangoldt/Klein/Starck (Hrsg.), GG, Bd. I, Art. 12 GG, Rn. 139 ff.; Jarass, in: Jarass/Pieroth, Art. 12, Rn. 33.

einer konkreten Beschäftigung betrifft.[333] Einschränkungen bei Berufsmodalitäten können mangels eigenständigem Berufsbild lediglich Berufsausübungsbeschränkungen darstellen.[334]

Ein Eingriff in die Berufsausübungsfreiheit durch das Erfordernis der Zulassung zum Rechtsanwalt (Syndikusrechtsanwalt) ist nicht gegeben. Im Unterschied zur konstitutiv wirkenden Zulassung eines Rechtsanwalts, ist der Syndikusanwalt auch ohne Zulassung nicht daran gehindert seine Tätigkeit im Unternehmen für seinen Arbeitgeber auszuüben. Die von dem Syndikusanwalt für seinen nicht-anwaltlichen Arbeitgeber ausgeübte Rechtsberatung stellt auch keinen Verstoß gegen das Rechtsdienstleistungsgesetz (RDG) dar.[335] Nach § 2 Abs. 1 RDG stellt eine Rechtsdienstleistung jede Tätigkeit in konkreten fremden Angelegenheiten dar, sobald sie eine rechtliche Prüfung des Einzelfalls erfordert. Sie erfolgt gem. § 3 RDG als selbständige Erbringung außergerichtlicher Rechtsdienstleistungen nur in dem Umfang, in dem sie durch dieses Gesetz oder durch bzw. aufgrund anderer Gesetze erlaubt wird. Obwohl der Syndikusanwalt im Unternehmen Rechtsrat gegenüber seinem Arbeitgeber erteilt, liegt ein Verstoß gegen das Rechtsdienstleistungsgesetz jedoch mangels selbständiger Tätigkeit nicht vor.[336]

bb) Die Zulassung zum Syndikusrechtsanwalt unter Berücksichtigung von Art. 14 GG

Ein Eingriff in den Schutzbereich von Art. 14 GG scheidet ebenfalls aus. Gemäß Art. 14 Abs. 1 GG sind das Eigentum und das Erbrecht gewährleistet, wobei der Gesetzgeber im Wege von Inhalts- und Schrankenbestimmungen durch eigene Regelungen die normative Zuordnung von Gütern und Rechten bestimmt.[337] Unter den Schutzbereich der Eigentumsgarantie fallen alle vermögenswerten Rechtspositionen, die nach Art eines Ausschließlichkeitsrechts dem Rechtsträger als privatnützig zugeordnet sind, auf nicht unerheblichen Eigenleistungen des Versicherten beruhen und seiner Existenzsicherung dienen.[338] Hierzu

333 Jarass, in: Jarass/Pieroth, GG, Art. 12, Rn. 33 ff.

334 Jarass, in: Jarass/Pieroth, GG, Art. 12, Rn. 39, für bestimmte Tätigkeiten, die vom Gesetzgeber zu einem bestimmten Berufsbild zusammengefasst worden sein, einen Eingriff in die Berufswahl sieht.

335 Vgl. Fn. 35.

336 So auch Henssler/Deckenbrock, NJW 2016, 1345 (1348 f.).

337 BeckOK Grundgesetz/Axer, GG, Art. 14 Rn. 13.

338 BVerfG, Beschl. v. 18.02.1998 – 1 BvR 1318/86, BVerfGE 97, 271 (284); BVerfG, Urt. v. 16.07.1985 – 1 BvL 5/80, BVerfGE 69, 272 (300 ff.); BVerfG, Beschl. v. 12.02.1986 – 1 BvL 39/83, BVerfGE 72, 9 (18 ff.); kritisch: Schenke, in: FS

gehören sowohl Rentenansprüche der gesetzlichen Rentenversicherungen[339] als auch ihre Anwartschaftsrechte.[340] Diese werden primär in ihrem Bestand und sekundär in ihrer Nutzung geschützt, sofern sie in gewichtigem Umfang „auf nicht unerheblichen Eigenleistungen beruhen".[341] Dem Eigentümer obliegt damit die Freiheit, sein Eigentum zu behalten, es zu verwenden, zu verbrauchen oder zu veräußern.[342] Ein Eingriff kann ausschließlich aufgrund einer einschränkenden Inhalts- und Schrankenbestimmung erfolgen.

Die Zulassung zur Rechtsanwaltschaft für Syndikusanwälte stellt keinen Eingriff in den Schutzbereich von Art. 14 GG dar. Aufgrund des Selbstbestimmungsrechts bei der Antragstellung zum Rechtsanwalt (Syndikusrechtsanwalt) stellt die Zulassungsregelung weder eine Inhalts- noch eine Schrankenbestimmung dar. Die betroffenen Syndikusanwälte sind aufgrund ihres Beschäftigungsverhältnisses zunächst in der gesetzlichen Rentenversicherung pflichtversichert. Erfolgt keine Befreiung besteht weiterhin eine Pflichtversicherung in der gesetzlichen Rentenversicherung. Im Fall einer Befreiung kommt es regelmäßig zu einer Erweiterung des Eigentumsschutzes und der Erhöhung von Anwartschaftsrechten. Die bereits erworbenen Anwartschaftsrechte werden dabei entweder in das Versorgungswerk überführt oder dienen bei Erreichung der Versicherungszeit als Ansprüche gegen die gesetzliche Rentenversicherung, fallen jedoch nicht ersatzlos weg.

Lorenz, 2004, S. 715; Adam, Eigentumsschutz in der gesetzlichen Rentenversicherung, S. 60. Zum Teil wird vertreten, dass neben der eigenen Leistung auch das eigene Opfer ein Kriterium sein muss, so Düring, in: FS Apelt, 1985, S. 13, 24 ff., oder ein einschränkendes Kriterium in Gänze abgelehnt, so Schmidt-De Caluwe, JA 1992, 129.

339 BVerfG, Beschl. v. 01.07.1981 – 1 BvR 874/77, BVerfGE 58, 81 (109); BVerfG, Beschl. v. 30.09.1987 – 2 BvR 933/82, BVerfGE 76, 256 (293).

340 BVerfG, Beschl. v. 24.10.1996 – 2 BvR 1851/94, BVerfGE 95, 96 (160); BVerfG, Urt. v. 28.04.1999 – 1 BvL 32/95, BVerfGE 100 (32); BVerfG, Beschl. v. 27.02.2007 – 1 BvL 10/00, BVerfGE 117, 272 (292); BVerfG, Beschl. v. 11.11.2008 – 1 BvL 3/05, BVerfGE 122, 151 (180), vgl. auch Adam, Eigentumsschutz in der gesetzlichen Rentenversicherung, S. 61 ff.

341 BVerfG, Beschl. v. 13.05.1986 – 1 BvR 99, 461/85, BVerfGE 72, 175 (195), BVerfG Urt. v. 16.07.1985 – 1 BvL 5/80, 1 BvR 1023/83, 1052/83 und 1227/84, BVerfGE, 69, 272 (300); Jarass, in: Jarass/Pieroth, GG, Art. 14, Rn. 10 ff.

342 Jarass, in: Jarass/Pieroth, GG, Art. 14, Rn. 16.

cc) Die Zulassung zum Syndikusrechtsanwalt unter Berücksichtigung von Art. 2 Abs. 1 GG

Auch ein Eingriff in die allgemeine Handlungsfreiheit gem. Art. 2 Abs. 1 GG kommt nicht in Betracht. Zwar gewährt die allgemeine Handlungsfreiheit einen allgemeinen Schutz jeglicher Freiheitsbetätigung.[343] Die Zulassung zur Rechtsanwaltschaft für Syndikusanwälte ist als Antragsverfahren ausgestaltet und stellt für sich genommen eine begünstigende Situation dar. Einen Nachteil durch die Zulassungsmöglichkeit erleiden Syndikusanwälte mithin nicht, sodass ein Eingriffscharakter nicht zu erkennen ist.

b) Die Verpflichtung zur Zulassung

Im Rahmen der Zulassung zur Rechtsanwaltschaft für Syndikusrechtsanwälte hat ein Teil der Literatur die Auffassung vertreten, dass eine Befreiung verpflichtend zu beantragen sei, wenn sämtliche Voraussetzungen der Befreiungsnorm erfüllt werden.[344] Zur Begründung verweist diese Auffassung auf den Wortlaut und den gesetzgeberischen Willen bei der Schaffung von § 46 Abs. 2 S. 2 BRAO. So sei dem Wortlaut dieser Norm eine zwingende Zulassung zu entnehmen, wenn der Syndikusanwalt danach zur Ausübung seiner Tätigkeit der Zulassung zur Rechtsanwaltschaft nach § 46a BRAO bedürfe.[345] Überdies folge aus der Gesetzesbegründung, dass die Tätigkeit des Syndikusanwalts zukünftig zulassungspflichtig sei[346] und der angestellte Unternehmensjurist, der fachlich abhängig sei, kein Syndikusrechtsanwalt sein könne.[347] Zum Teil wird sogar gefolgert, dass bei fehlender Zulassung zur Rechtsanwaltschaft als Syndikusrechtsanwalt, aber gleichzeitigem Vorliegen aller Voraussetzungen einer anwaltlichen Tätigkeit, die

---

343 BVerfG, Urt. v. 16.01.1957 – 1 BvR 253/56, BVerfGE 6, 32 (36 ff.); auch BVerfG, Beschl. v. 14.01.1987 – 1 BvR 1052/79, BVerfGE 74, 129 (151); BVerfG, Beschl. v. 06.06.1989 – 1 BvR 727/84, BVerfGE 80, 124 (152).

344 Kury, BRAK-Magazin 2016, 3; Wolf, in: Stellungnahme zum Gesetzesentwurf Entwurf eines Gesetzes zur Neuordnung des Rechts der Syndikusrechtsanwälte BT-Drs. 18/5201, S. 6 f.; Löwe, BRAK-Magazin 2016, 7 ff.; zum Beispiel der Hanseatischen Rechtsanwaltskammer vgl. ein Merkblatt (abrufbar unter: http://www.rechtsanwaltskammerhamburg.de/-Mitglieder-Zulassung-Syndikusrechtanwälte, S. 8, zuletzt abgerufen am 30.04.2019); unentschlossen Huff, ZAP 2016, 235 (244), der danach differenzieren will, ob die anwaltliche Tätigkeit bereits ausgeübt oder neu aufgenommen wurde.

345 Vgl. Offermann-Burckart, AnwBl. 2016, 125 (134).

346 BT-Drs. 18/5201, S. 2, 23.

347 BT-Drs. 18/5201, S. 19.

Ausübung der Tätigkeit ohne Befugnis erfolge und der Betroffene somit rechtswidrig handle.[348]

aa) Der unzulässige Schutz der Arbeitgeber

Vorausgesetzt, der Gesetzgeber habe eine derartige Implementierung bedacht und gewollt[349], stieße diese indes auf nicht unerhebliche verfassungsrechtliche Bedenken. Dies insbesondere vor dem Hintergrund, dass die Verpflichtung zur Zulassung einen Eingriff in die Freiheitsbetätigung der Betroffenen darstellen dürfte. Gleichzeitig könnte die Verpflichtung zur Zulassung zur Rechtsanwaltschaft ad absurdum geführt werden, wenn der Betroffene im Einverständnis mit seinem Arbeitgeber im Arbeitsvertrag gerade keine anwaltliche Tätigkeit aufnehmen soll, tatsächlich eine solche jedoch ausübt. Diese Konstruktion erinnert an die bis zur Neuregelung der Bundesrechtsanwaltsordnung geltende Rechtslage, die sich mangels konkret definierter anwaltlicher Tätigkeit ebenfalls als widersinnig erwies, weil die betroffenen Juristen sich als Rechtsanwälte zuließen, ohne tatsächlich als Rechtsanwälte im Nebenberuf tätig zu sein.[350] Der bloße Schein der rechtsanwaltlichen Tätigkeit würde ausschließlich zum Zweck der Befreiungsmöglichkeit von der gesetzlichen Rentenversicherungspflicht herangezogen.

Es wäre bereits fraglich, ob mit dieser Regelung ein legitimer Zweck verfolgt würde. Im Hinblick auf Art. 12 GG konkretisiert das Bundesverfassungsgericht den Verhältnismäßigkeitsgrundsatz durch Berücksichtigung einer Drei-Stufen-Theorie, die je nach Eingriffsintensität unterschiedlich hohe Anforderungen an den Zweck, dem der Eingriff dient, stellt. Greift die Regelung lediglich in die Berufsausübung, mithin in die erste Stufe ein, kann eine Rechtfertigung bei „Gesichtspunkten der Zweckmäßigkeit“ gegeben sein, wobei es zum einen um die Allgemeinheit, der Gefahren oder Schäden drohen können, und zum anderen um den Berufsstand gehen kann, der gesichert und gefördert werden

348 Kury, BRAK-Magazin 2016, S. 3.

349 Vgl. zu der Gegenauffassung, Offermann-Burckart, AnwBl. 2016, 474 (481); dies., AnwBl. 2016, 125 (134); Henssler/Deckenbrock, NJW 2016, 1345 (1346 ff.).

350 Vgl. hierzu die Ausführungen von Kleine-Cosack, AnwBl. 2012, 947 (948); ders., in: § 43a Rn. 65 ff. m.w.N.; ders., AnwBl. 2011, 467 (469). Kleine-Cosack bezeichnet die Doppelberufstheorie als „Mogelpackung“, weil der Bewerber entgegen dem „Lügenverbot“ für Rechtsanwälte bei der Zulassung behaupten müsse, sich als niedergelassener Rechtsanwalt in eigener Kanzlei zu betätigen, was in der Regel nicht der Fall sei, Kleine-Cosack, AnwBl. 2012, 947 (948).

soll.[351] Liegt demgegenüber ein Eingriff in die Berufswahl vor, kommt eine subjektive oder eine objektive Einschränkung in Betracht. Eine subjektive Zulassungsschranke knüpft die Wahl eines Berufes an persönliche Eigenschaften und Fähigkeiten, Kenntnisse und Erfahrungen, erworbene Abschlüsse und erbrachte Leistungen an.[352] Eingriffe sind nur gerechtfertigt, wenn die Ausübung des Berufes ohne Erfüllung der Voraussetzungen „unmöglich oder unsachgemäß wäre" oder wenn sie Gefahren oder Schäden für die Allgemeinheit mit sich bringen würde.[353] Die objektive Zulassungsschranke verlangt für die Wahl des Berufes demgegenüber die Erfüllung von dem Einfluss des Berufswilligen entzogenen und von seiner Qualifikation, unabhängigen Kriterien.[354] Aufgrund der intensiven Einwirkung ist eine derartige Regelung nur dann gerechtfertigt, wenn sie „zur Abwehr nachweisbarer oder höchstwahrscheinlicher schwerer Gefahren für ein überragend wichtiges Gemeinschaftsgut" notwendig wäre.[355]

In der verpflichtenden Zulassung zur Rechtsanwaltschaft für Syndikusanwälte würde mangels Berufsbildfixierung zwar lediglich eine Berufsausübungsregelung liegen. Diese dürfte jedoch in verfassungsrechtlicher Sicht nicht zu rechtfertigen sein. Der Gesetzgeber knüpft die Zulassung sowohl an subjektive Elemente, wie die Befähigung zum Richteramt in § 4 BRAO, als auch an die Ausübung einer konkreten Tätigkeit an, die dem Einfluss des Syndikusanwalts entzogen ist.[356] Die konkrete Ausgestaltung der Tätigkeit als anwaltlich obliegt

351 BVerfG, Beschl. v. 11.02.1992 – 1 BvR 1531/90, BVerfGE 85, 248 (259); BVerfG, Urt. v. 13.12.2000 – 1 BvR 335/97, BVerfGE 103, 1 (10); BVerfG, Urt. v. 10.06.2009 – 1 BvR 706/08, BVerfGE 123, 186 (238); Jarass, in: Jarass/Pieroth, GG, Art. 12, Rn. 45 ff.

352 BVerfG, Urt. v. 11.06.1958 – 1 BvR 596/56, BVerfGE 7, 377 (407); Jarass, in: Jarass/Pieroth, GG, Art. 12, Rn. 35.

353 Statt vieler: Jarass, in: Jarass/Pieroth, GG, Art. 12, Rn. 35, 46.

354 Statt vieler: Jarass, in: Jarass/Pieroth, GG, Art. 12, Rn. 36, 49.

355 BVerfG, Beschl. v. 19.07.2000 – 1 BvR 539/96, BVerfGE 102, 197 (215).

356 Vgl. zum Zusammentreffen von subjektiven und objektiven Berufswahlregelungen insbesondere BVerfG, Beschl. v. 04.11.1992 – 1 BvR 79/85, 1 BvR 643/87, 1 BvR 442/89, 1 BvR 238/90, 1 BvR 1258/90, 1 BvR 772/91, 1 BvR 909/91; BVerfGE 87, 287 (317). Aufgrund der Fixierung von Berufsbildern werden jeweils bestimmte Betätigungen als typisch festgehalten und andere als untypisch klassifiziert. Dies wirkt für diejenigen, die gemäß dem fixierten Berufsbild tätig sind und tätig sein wollen als bloße Ausübungsregelung. Für diejenigen, die sich aus den als typisch festgehaltenen und den als atypisch ausgeschlossenen Betätigungen einen Beruf eigenständig zusammenstellen wollen, wirkt die Regelung jedoch als Berufswahlregelung, so auch Pieroth/Schlink, Grundrechte, Rn. 836.

in erster Linie dem Arbeitgeber, der gem. § 106 S. 1 GewO[357] den Inhalt der Arbeitsleistung bestimmt.[358] Würde eine Verpflichtung zur Zulassung zwingend erforderlich sein, würde dies im Umkehrschluss bedeuten, dass eine anwaltliche Tätigkeit mangels Zulassung nicht ausgeübt werden dürfte.

Fraglich ist insbesondere, worin der Zweck einer solchen Regelung liegt. Dieser könnte bei der lediglich im Angestelltenverhältnis wirkenden Zulassung zur Rechtsanwaltschaft für Syndikusrechtsanwälte lediglich in der Sicherung der Rechtsordnung sowie der geordneten Rechtspflege gegenüber dem Arbeitgeber bestehen. Allerdings ist auch insoweit die Allgemeinheit – anders als die allgemein aus § 4 BRAO resultierende Zulassung zur Rechtsanwaltschaft – nicht betroffen. Schließlich entfaltet die Zulassungsregelung für Syndikusrechtsanwälte lediglich gegenüber ihren Arbeitgebern, der Rentenversicherungsträger bzw. dem Versorgungswerk und ihnen selbst Wirkung. Dieser Zweck erfüllt die Anforderungen von vernünftigen Erwägungen des Gemeinwohls nicht. Denn anders als bei Rechtsanwälten, die gegenüber der Allgemeinheit und damit einem unüberschaubaren Kreis, tätig werden, erfolgt die anwaltliche Tätigkeit von Syndikusrechtsanwälten nach ihrer Zulassung gegenüber einem stets begrenzten und benennbaren Kreis von Auftraggebern. In der Regel beschränkt sich dieser auf einen Arbeitgeber. Richtig ist, dass die Ausübung einer anwaltlichen Tätigkeit mangels Zulassung mit entsprechenden Konsequenzen unmöglich gemacht würde, nicht jedoch die Ausübung der Tätigkeit ohne eine anwaltliche Tätigkeit als Unternehmensjurist.

Soweit durch die Zulassung lediglich die Befreiung von der gesetzlichen Rentenversicherungspflicht ermöglicht werden soll, stellt dies weder einen legitimen Zweck im Hinblick auf die Allgemeinheit noch auf den Berufsstand, der gesichert und gefördert werden soll, dar. Denn weder ist die Allgemeinheit – wie beschrieben – von der Befreiung tangiert noch ist der Berufsstand des angestellten Juristen im Unternehmen bedroht, wenn die Tätigkeit grundsätzlich weiter ausgeübt werden kann.

---

357 Gewerbeordnung in der Fassung der Bekanntmachung v. 22.02.1999, BGBl. I S. 202, zuletzt geändert durch Artikel 1 d. Gesetzes v. 17.10.2017, BGBl. I, S. 3562.

358 Der Arbeitgeber entscheidet über die konkrete Ausgestaltung der Art und Weise der Tätigkeit und hält diesen ggf. im Rahmen des Arbeitsvertrages schriftlich fest. Das arbeitsrechtliche Direktionsrecht ist dabei gemäß § 106 S. 1 GewO „nach billigem Ermessen“ auszuüben. Einschränkungen des Direktionsrecht ergeben sich aus diesem unbestimmten Rechtsbegriff sowie den Gesetzen (§ 134 BGB) sowie den guten Sitten (§ 138 BGB).

Die Einführung einer solchen Regelung wäre damit verfassungsrechtlich nicht zu rechtfertigen, da ein legitimer Zweck nicht verfolgt wird. Daher war auch die zuständige Abteilungsleiterin im Bundesjustizministerium und Mitverantwortliche des Gesetzes zur Neuordnung des Rechts der Syndikusanwälte Graf-Schlicker in einer Informationsveranstaltung der Bundesvereinigung der Deutschen Arbeitgeber-Verbände (BDA) über die Interpretationsansätze zur Zulassungspflicht von Syndikusrechtsanwälten verwundert.[359] Sie betonte, dass der Formulierung in § 46 Abs. 2 S. 2 BRAO lediglich eine klarstellende Funktion zukomme. Mit der Normierung von § 46 Abs. 2 S. 2 BRAO sollten lediglich die Pflicht zur Kammermitgliedschaft und damit die sozialrechtlichen Erfordernisse verdeutlicht werden.[360]

bb) Die Unverhältnismäßigkeit einer Zulassungsverpflichtung

Aber selbst wenn man ein Interesse der Allgemeinheit als Schranke heranzöge, ließe sich auch vor dem Hintergrund von Art. 2 Abs. 1 GG eine derartige Regelung und die damit einhergehende Einschränkung nicht rechtfertigen. Die Belastung durch die Regelung müsste zur verfassungsmäßigen Ordnung gehören, d.h. formell und materiell mit der Verfassung in Einklang stehen und insbesondere dem Verhältnismäßigkeitsgrundsatz genügen. Insoweit bestehen jedoch Bedenken. Obgleich ein legitimer Zweck in dem Schutz des Auftraggebers an der Sicherung einer ordnungsgemäßen Rechtspflege durch die Zulassung zur Rechtsanwaltschaft gesehen werden könnte, bestünden an der Erforderlichkeit einer solchen Regelung sowie ihre Angemessenheit im engeren Sinne erhebliche Bedenken.

Speziell mit Blick auf die Angemessenheit wäre eine verpflichtende Zulassungsbeschränkung mit verfassungsrechtlichen Bedenken konfrontiert. Denn zum einen ist der Schutz des Arbeitgebers auf diese Einzelpersonen beschränkt. Zum anderen muss berücksichtigt werden, dass die Verpflichtung zur Zulassung im Widerspruch zum Antragserfordernis steht. Inwieweit es gerechtfertigt

---

359 Henke, AnwBl. 2016, M 106; Diller, ArbRAktuell, 2019, 38, der in Rahmen einer Zusammenfassung des Urteils des BAG, Urt. v. 24.10.2018 – 10 AZR 69/18, die Auffassung vertritt, dass die berufsrechtliche Frage, ob ein Unternehmensjurist, der tatsächlich die Anforderungen der §§ 46 ff. BRAO erfüllt, sich zwingend als Syndikusanwalt zulassen muss oder dies eine lediglich freiwillige Option sei, erledigt habe. Das Bundesarbeitsgericht hat in seiner Entscheidung die Klage eines Unternehmensjuristen auf die erforderliche Handlung die Voraussetzungen für eine Zulassung als Syndikusrechtsanwalts zu schaffen, abgewiesen.

360 Henke, AnwBl. 2016, M 106.

ist, eine Antragstellung erzwingen zu können, wenn die Tatbestandsvoraussetzungen für eine anwaltliche Tätigkeit vorliegen lässt sich nicht erkennen. Denn anders als dies bei der allgemeinen Zulassung zur Rechtsanwaltschaft der Fall ist, ist die abhängige Rechtsberatung von fremden Interessen gem. § 3 RDG nicht verboten.[361] Unterläge mangels Antragstellung die Ausübung einer bestimmten Tätigkeit einem konkreten Verbot, ließe sich die Antragstellung aus der Natur der Sache begründen. Andernfalls erscheint der bloße Zwang zur Antragstellung in einem unverhältnismäßigen Verhältnis zur Zweckerreichung zu stehen.

c) Ergebnis

Die Implementierung von Normen zur Zulassung zum Syndikusrechtsanwalt hält verfassungsrechtlichen Bedenken stand. Die Verletzung eines Grundrechtes kommt nicht in Betracht. Einzig der weite Schutzbereich des Auffanggrundrechts in Art. 2 Abs. 1 GG ist eröffnet, wobei es hier an einem Eingriff, der verfassungsrechtlich nicht gerechtfertigt werden könnte, fehlt. Eine Verpflichtung zur Zulassung bei Vorliegen der Zulassungsvoraussetzungen kommt nicht in Betracht. Diese ist weder vom Gesetzgeber angedacht noch verfassungsrechtlich zu rechtfertigen.

2. Die Zulassungsversagungsgründe

Als mit dem Beruf des Rechtsanwalts unvereinbare Tätigkeiten gelten nach § 7 Abs. 8 BRAO solche, die insbesondere mit seiner Stellung als unabhängiges Organ der Rechtspflege nicht vereinbar sind oder das Vertrauen in seine Unabhängigkeit gefährden. Daneben normiert § 7 Abs. 9 BRAO, dass die Zulassung zu versagen ist, wenn sich der Bewerber im Vermögensverfall befindet. Beide Versagungsgründe finden auf die klassische Zulassung zur Rechtsanwaltschaft Anwendung. Fraglich ist, ob sie, neben den unstreitig für Syndikusrechtsanwälte in Betracht kommenden Versagungsgründen, ebenfalls anwendbar sind und welche Konsequenzen hieraus für diesen folgen. Im Folgenden soll zunächst § 7 Abs. 8 BRAO (a) und anschließend § 7 Abs. 9 BRAO (b) in den Blick genommen werden.

---

361 So i. E. auch Offermann-Burckart, AnwBl. 2016, 474 (481), dies., AnwBl. 2016, 125 (134); Wein/Walter, BB 2016, 245; Schuster, in: Kilger/Offermann-Burckart/Schafhausen/Schuster (Hrsg.), Das neue Syndikusrecht, § 5, Rn. 18 ff., m.w.N.

a) Die Unvereinbarkeit mit einer Nebentätigkeit

Der Syndikusrechtsanwalt muss eine Tätigkeit ausführen, die sich im Einklang mit dem Beruf des Rechtsanwalts befindet. Hiermit sind die Fälle zu berücksichtigen, in denen der Syndikusrechtsanwalt neben seiner abhängigen Beschäftigung noch weiteren Tätigkeiten nachgeht und damit einen klassischen Zweitberuf ausübt. Nach der Rechtsprechung des Bundesverfassungsgerichts muss im Rahmen der Ausübung eines Zweitberufes die Möglichkeit bestehen, in einem irgendwie gearteten nennenswerten Umfang die Tätigkeit als Syndikusrechtsanwalt auszuüben.[362] Das Gericht geht davon aus, dass bestimmte Berufe im Zweitberuf nicht ausgeübt werden können, weil sie Interessenskollisionen[363] unterliegen.[364] Ziel der Versagung einer Zulassung – oder dem gleichlautenden Widerruf einer Zulassung nach § 14 Abs. 8 BRAO – ist die Sicherung der fachlichen Kompetenz und Integrität sowie das Vertrauen in die Rechtsanwaltschaft.[365] Die Norm dient der Funktionsfähigkeit einer geordneten Rechtspflege, einem Gemeinwohlbelang von großer Bedeutung.[366] In der Literatur wird zum Teil vertreten, dass beim Syndikusrechtsanwalt nicht die gleichen strengen Maßstäbe zugrunde zu legen seien wie bei einem klassischen Rechtsanwalt.[367] So sei der Syndikusrechtsanwalt lediglich seinem Arbeitgeber gegenüber verpflichtet.[368] Er werde daher bei Ausübung seines Nebenberufes kaum Gelegenheit haben, das Vertrauen des rechtssuchenden Publikums in seine Kompetenz und

362 BVerfG, Beschl. v. 04.11.1992 – 1 BvR 79/85, 1 BvR 643/87, 1 BvR 442/89, 1 BvR 238/90, 1 BvR 1258/90, 1 BvR 772/91, 1 BvR 909/91, BVerfGE 87, 287.

363 In der Vergangenheit wurden so z.B. Tätigkeit von Versicherungsmaklern (BGH, Beschl. v. 14.06.1993 – AnwZ (B) 15/93, BRAK-Mitt. 1994, 43 und BGH, Beschl. v. 13.02.1995 – AnwZ (B) 71/94, NJW 1995, 2357) und Vermögensberatern einer Bank (BGH, Beschl. v. 21.03.2011 – AnwZ (B) 36/10, NJW-RR 2011, 856) für unvereinbar erklärt und Zulassungsanträge versagt. Vgl. zu weiteren Beispielen die Aufstellung bei Henssler, in: Henssler/Prütting (Hrsg.), Kommentar zur BRAO, 4. Aufl., § 7, Rn. 105, m.w.N.

364 BVerfG, Beschl. v. 04.11.1992 – 1 BvR 79/85, 1 BvR 643/87, 1 BvR 442/89, 1 BvR 238/90, 1 BvR 1258/90, 1 BvR 772/91, 1 BvR 909/91, BVerfGE 87, 287.

365 BVerfG, Beschl. v. 04.11.1992 – 1 BvR 79/85, 1 BvR 643/87, 1 BvR 442/89, 1 BvR 238/90, 1 BvR 1258/90, 1 BvR 772/91, 1 BvR 909/91, BVerfGE 87, 287, Rn. 112, juris.

366 BVerfG, Beschl. v. 04.11.1992 – 1 BvR 79/85, 1 BvR 643/87, 1 BvR 442/89, 1 BvR 238/90, 1 BvR 1258/90, 1 BvR 772/91, 1 BvR 909/91, BVerfGE 87, 287, Rn. 112, juris.

367 So Offermann-Burckart, in: Kilger/Offermann-Burckart/Schafhausen/Schuster (Hrsg.), Das neue Syndikusrecht, § 2, Rn. 12 ff.

368 Offermann-Burckart, in: Kilger/Offermann-Burckart/Schafhausen/Schuster (Hrsg.), Das neue Syndikusrecht, § 2, Rn. 12 ff.

Unabhängigkeit zu gefährden, sodass Gefährdungen von größeren Kreisen von Personen ausgeschlossen seien.[369]

Diese Argumente sind nicht überzeugend. Der Syndikusrechtsanwalt wird im Rahmen seiner anwaltlichen Tätigkeit nicht ausschließlich für seinen Arbeitgeber tätig, sondern verfügt über die Möglichkeit, darüber hinaus für weitere Tochtergesellschaften rechtsberatend tätig zu werden. Der Kreis der betroffenen Personen kann daher variieren und sich je nach Tätigkeitsbezug vergrößern. Die Sicherheit der Rechtsordnung gebietet es mithin, keine mildere Prüfung bei Syndikusrechtsanwälten nach § 7 Abs. 8 BRAO vorzunehmen. Auch der Gesetzgeber sieht eine solche Einschränkung nicht als geboten an. Er begreift die Tätigkeit des Syndikusrechtsanwalt als eine Ausformung des Rechtsanwaltsberufes und erstreckt damit sämtliche Rechte und Pflichten auf diesen.[370] Eine Reduzierung des Prüfungsmaßstabs der Versagungsgründe erscheint damit nicht sachgerecht.[371] Unumstritten ist, dass der Syndikusrechtsanwalt neben seiner abhängigen Beschäftigung als klassischer Rechtsanwalt tätig sein darf.[372]

b) Der Vermögensverfall

In der Literatur wird überdies vereinzelt vertreten, dass dem Zulassungsversagungsgrund nach § 7 Abs. 9 BRAO bei der Zulassung zum Syndikusrechtsanwalt keine Bedeutung zukommt.[373] Zur Begründung wird angeführt, dass der Syndikusrechtsanwalt nur seinem Arbeitgeber gegenüber tätig werde und keinerlei Mandantenkontakt habe.[374] Eine Gefährdung weiterer Personen sei ausgeschlossen, wenn der Arbeitgeber über die Situation des Syndikusrechtsanwalts Kenntnis erlange und Sicherungsvorkehrungen, wie das Unterbinden des

369 Offermann-Burckart, in: Kilger/Offermann-Burckart/Schafhausen/Schuster (Hrsg.), Das neue Syndikusrecht, § 2, Rn. 12 ff.

370 BT-Drs. 18/5563, S. 37.

371 Dabei soll nicht außer Betracht bleiben, dass im Einzelfall eine reduzierte Prüfung möglich ist. Eine generelle Abkehr des strengen Maßstabs aufgrund der Stellung als Syndikusrechtsanwalt scheidet mithin aus.

372 Offermann-Burckart, in: Kilger/Offermann-Burckart/Schafhausen/Schuster (Hrsg.), Das neue Syndikusrecht, § 2, Rn. 12 ff.

373 Offermann-Burckart, in: Kilger/Offermann-Burckart/Schafhausen/Schuster (Hrsg.), Das neue Syndikusrecht, § 2, Rn. 17 ff.

374 Offermann-Burckart, in: Kilger/Offermann-Burckart/Schafhausen/Schuster (Hrsg.), Das neue Syndikusrecht, § 2, Rn. 17 ff.

Kundenkontaktes, vornehme.[375] Schließlich sei eine Versagung der Zulassung aus diesem Grund nur schwerlich mit Art. 12 GG vereinbar.[376]

Auch diese Argumentation überzeugt nicht. Vielmehr muss auch dieser Zulassungsversagungsgrund bei der Zulassung zum Syndikusrechtsanwalt stets überprüft werden. Der Versagungsgrund knüpft an eine abstrakte Gefährdung der Rechtspflege an. Ziel der Vorschrift ist den rechtsuchenden Bürger vor den Gefahren zu schützen, die in einer schlechten wirtschaftlichen Lage des Rechtsanwalts begründet liegen.[377] Diese Gefährdung kann auch in der Person des Syndikusrechtsanwalts bestehen, auch wenn er lediglich seinem Arbeitgeber Rechtsrat erteilt. Die Kenntnis des Arbeitgebers über die wirtschaftliche Situation des Syndikusrechtsanwalts kann letztlich die abstrakte Gefährdung nicht beseitigen. Der Gesetzgeber hat den Vermögensverfall bewusst als bloßen abstrakten Gefährdungstatbestand normiert. Damit soll zum Ausdruck kommen, dass im Falle des Vermögensverfalls keine konkrete Gefährdung oder Einzelfallentscheidung erforderlich ist.[378] Die Gefahr, die im Rahmen eines Vermögensverfalls für die anwaltliche Tätigkeit besteht, wird nicht dadurch größer, dass dem Syndikusrechtsanwalt mehr Mandanten gegenüberstehen, sondern besteht dem Grunde nach. Aus den bereits zur Berufsfreiheit ergangenen Erwägungen ist auch nicht davon auszugehen, dass die Versagung der Zulassung einen Grundrechtsverstoß darstellen würde. Anders als der angestellte und selbstständige Rechtsanwalt, bedarf der Syndikusrechtsanwalt zur Ausübung seiner anwaltlichen Tätigkeit gerade nicht der Zulassung. Die Zulassung hat für den Syndikusrechtsanwalt kein Beratungsverbot i.e.S. zur Folge. Vielmehr – und davon geht auch der Gesetzgeber aus – bedarf es der Zulassung in erster Linie zur Befreiung von der gesetzlichen Rentenversicherungspflicht.[379]

3. Die Tätigkeitsanforderungen nach § 46 Abs. 2 bis 5 BRAO

Neben den allgemeinen Zulassungsvoraussetzungen sowie dem Fehlen von Versagungsgründen verlangt der Gesetzgeber für die Zulassung zum

375 Offermann-Burckart, in: Kilger/Offermann-Burckart/Schafhausen/Schuster (Hrsg.), Das neue Syndikusrecht, § 2, Rn. 17 ff.

376 Kleine-Cosack, AnwBl. 2016, 50 (53).

377 BT-Drs. 11/3253, S. 19.

378 Offermann-Burckart, in: Kilger/Offermann-Burckart/Schafhausen/Schuster (Hrsg.), Das neue Syndikusrecht, § 2, Rn. 16 ff.; Henssler, in: Henssler/Prütting (Hrsg.), Kommentar zur BRAO, 4. Aufl., § 7, Rn. 111.

379 BT-Drs. 18/5563, S. 38.

Syndikusrechtsanwalt die Ausübung einer anwaltlichen Tätigkeit, wie sie in § 46 Abs. 3 BRAO normiert wird. Nach der dortigen Legaldefinition wird ein Anstellungsverhältnis vorausgesetzt, welches durch fachlich unabhängig und eigenverantwortlich auszuübende Tätigkeiten sowie durch folgende Merkmale geprägt ist:

1. die Prüfung von Rechtsfragen, einschließlich der Aufklärung des Sachverhalts, sowie das Erarbeiten und Bewerten von Lösungsmöglichkeiten,
2. die Erteilung von Rechtsrat,
3. die Ausrichtung der Tätigkeit auf die Gestaltung von Rechtsverhältnissen, insbesondere durch das selbstständige Führen von Verhandlungen, oder auf die Verwirklichung von Rechten und
4. die Befugnis, nach außen verantwortlich aufzutreten.

Diese Norm beschreibt nach der gesetzgeberischen Intention die Mindestanforderungen an die anwaltliche Tätigkeit eines Syndikusrechtsanwalts.[380] Kernelemente des Berufes des Rechtsanwalts sind danach dessen Eigenverantwortlichkeit und Unabhängigkeit, die im nachfolgenden vorgestellt und näher untersucht werden, bevor sich der weiteren in § 46 Abs. 3 Nr. 1 - 4 BRAO normierten Kriterien angenommen wird.

a) Die fachliche Unabhängigkeit des Syndikusrechtsanwalts

Nach dem Willen des Gesetzgebers ist das in § 46 Abs. 3 BRAO genannte Kriterium der Unabhängigkeit nur im Sinne einer fachlichen Unabhängigkeit zu verstehen.[381] Diese knüpft an den Unabhängigkeitsbegriff in § 3 Abs. 1 BRAO an.[382] Der Begriff der fachlichen Unabhängigkeit hebt nach der gesetzgeberischen Intention hervor, dass der Syndikusrechtsanwalt fachlich weisungsfrei und im Rahmen der Rechtsberatung und Rechtsvertretung in erster Linie den Pflichten

380 BT-Drs. 18/5563, S. 33.

381 Der Hinweis in der Gesetzesbegründung, der auch im Wortlaut der Vorschrift zum Ausdruck kommt, ist vor dem Hintergrund der zur alten Rechtslage höchst umstritten Frage nach der Unabhängigkeit des Syndikusanwalts zu erklären. Damals war fraglich, ob der Syndikusanwalt dieselbe anwaltliche, finanzielle und „arbeitsrechtliche" Unabhängigkeit als Organ der Rechtspflege genießt wie ein Rechtsanwalt. Die Doppelberufstheorie verneinte dies vor dem Hintergrund, dass es dem Syndikusanwalt insbesondere im Hinblick auf die arbeitsrechtliche Bindung zu seinem Arbeitgeber an einer unabhängigen Entscheidungsfindung fehle. Vgl. die Einzelheiten hierzu bei Lewers, S. 30 ff. m.w.N.

382 BT-Drs. 18/5563, S. 33.

der Bundesrechtsanwaltsordnung unterworfen sein soll und die arbeitsrechtlichen Weisungsbefugnisse des Arbeitgebers dahinter zurückstehen.[383] Dabei soll nicht jegliches Weisungsrecht ausgeschlossen werden.[384] Überdies könne aus der fachlichen Unabhängigkeit eine Vergleichbarkeit im Verhältnis eines niedergelassenen Rechtsanwalts zu seinem Mandanten in Fällen gefolgert werden, in denen der Arbeitgeber Rechtsrat des Syndikusrechtsanwalts nicht befolgen wolle.[385] Das bedeute, dass der Syndikusrechtsanwalt seine Rechtsmeinung gegen die Entscheidung seines Arbeitgebers nicht nach außen vertreten darf.[386] Zur Wahrung seiner Unabhängigkeit sei es erforderlich, dass dem Syndikusrechtsanwalt keine arbeitsrechtlichen Konsequenzen drohen, sofern er der Meinung sei, die Entscheidung seines Arbeitgebers nicht vertreten zu können.[387] In einem solchen Fall sei ihm zu raten, einen anderen Kollegen mit der Angelegenheit zu betrauen.[388]

Bevor auf die inhaltliche Ausgestaltung der fachlichen Unabhängigkeit eingegangen werden kann, muss zunächst ein Blick auf die Grundvoraussetzungen für Rechtsanwälte erfolgen, die der Bundesrechtsanwaltsordnung unterliegen. Der Gesetzgeber hat sich mit der Implementierung des Syndikusrechtsanwalts dafür entschieden, diesen als einen Teil der Rechtsanwaltschaft anzuerkennen.[389] Damit geht einher, dass der Syndikusrechtsanwalt den aus der BRAO folgenden Rechten und Pflichten unterliegt. Hieraus folgt, dass der Syndikusrechtsanwalt im Sinne der Rechtsordnung auch als ein Organ der Rechtspflege anerkannt wird (aa). Lediglich im Rahmen der Unabhängigkeit wurde aufgrund der kontrovers diskutierten Argumente in der Literatur[390] eine Einschränkung der Tätigkeit des Syndikusrechtsanwalts vorgenommen, der im Rahmen seines Beschäftigungsverhältnisses im Gegensatz zu der übrigen Rechtsanwaltschaft ausschließlich

---

383 BT-Drs. 18/5563, S. 33.
384 BT-Drs. 18/5563, S. 33.
385 BT-Drs. 18/6915, S. 22.
386 BT-Drs. 18/6915, S. 22.
387 BT-Drs. 18/6915, S. 22.
388 BT-Drs. 18/6915, S. 22.
389 BT-Drs. 18/5563, S. 1.
390 Prütting, Anwaltliche Tätigkeit und berufsständische Versorgung, S. 31 ff.; ders., WiR 2012, 84, ders., Kammerforum, 2012, 4; Offermann-Burckart, MDR 2013, 1197 (1197 f.); Junker, AG 2012, 898; Merkt, NJW 2014, 2310; Bissel, Die Rechtsstellung des Syndikusanwalts und die anwaltliche Unabhängigkeit, S. 63 ff.; Kleine-Cosack, AnwBl. 2012, 947; Merkt, AnwBl. 2014, 278; Lewens, Die Rechtsstellung des Syndikusanwalts in Straf- und Kartellverfahren, S. 7 ff.; Kollrus, BRAK 2013, 98 (99); Baudenbacher/Speitler, NJW 2015, 1211 (1212 ff.).

fachlich unabhängig sein muss. In einem zweiten Schritt soll daher der Begriff der Unabhängigkeit (bb) in Abgrenzung zum Begriff der fachlichen Unabhängigkeit (cc) beleuchtet werden.

aa) Der Syndikusrechtsanwalt als unabhängiges Organ der Rechtspflege – §§ 1, 3 BRAO

§ 1 BRAO normiert den Grundsatz der Stellung des Rechtsanwalts in der Rechtspflege und bezeichnet ihn als ein „unabhängiges Organ der Rechtspflege". An diesem Grundsatz muss sich auch der Syndikusrechtsanwalt messen lassen, wenn er nach dem gesetzgeberischen Willen eine anwaltliche Tätigkeit ausüben und einen Teil der Rechtsanwaltschaft darstellen soll. Vor dem Hintergrund, dass die Organstellung des Syndikusanwalts vereinzelt ohne nähere Begründung angezweifelt wurde, soll sich zunächst diesem Punkt zugewandt werden.[391] Dabei ist eine genaue Untersuchung der Begriffsbestandteile erforderlich, die zugleich eine Aufarbeitung der Organstellung des Rechtsanwalts bedingt.

Der Organbegriff, wie er in der Biologie, im Recht und in der Politik zu finden ist, stammt aus dem Griechischen „ὄργανον" (órganon) und wird regelmäßig mit „Werkzeug" übersetzt.[392] Danach stellt der Rechtsanwalt ein Werkzeug oder einen Diener der Rechtspflege dar.[393] Normativ entstammt der Begriff dem Bereich staatlich hierarchiegeprägter Organisationsstrukturen, dem eine Nähe zum staatlichen Verantwortungsbereich zugeschrieben wird.[394] In diesem Sinne könnte der Rechtsanwalt als Teil der Justiz bzw. des Staates verstanden werden, dem er jedoch gerade fernstehen soll[395] und wegen des Grundsatzes der freien Advokatur, nach dem der Rechtsanwalt seinen Beruf frei, selbstbestimmt und unreglementiert ausübt[396], auch nicht angehören darf.[397] Aufgrund der Unbestimmtheit des Begriffs, die zu zweifelhaften Auslegungen geführt hat, wurde der Begriff in der Vergangenheit als „dunkel"[398] oder als solcher mit „ausschließlich

391 Figlestahler, ZRP 2013, 254.
392 Gemoll, ὄργανον.
393 Biermann, AnwBl. 1990, 420 (422).
394 Busse, in: Henssler/Prütting (Hrsg.), Kommentar zur BRAO, 4. Aufl., § 1, Rn. 25.
395 Jäger, NJW 2004, 1 (9); Busse, in: Henssler/Prütting, Kommentar zur BRAO, 4. Aufl., § 1, Rn. 25.
396 So der Wortlaut in § 1 Abs. 1 und Abs. 3 BORA.
397 Busse, in: Henssler/Prütting (Hrsg.), Kommentar zur BRAO, 4. Aufl., § 1, Rn. 25.
398 Redeker, NJW 2004, 889 (893); ders., NJW 1987, 2610 (2612); Ettwig, SGb 2005, 441 (443).

standesideologischem Hintergrund", der „jedes rechtlichen Inhalts entbehrt"[399] bezeichnet.[400] Kritisiert wurde an der Wortwahl des Gesetzgebers, dass der Begriff für schlichtweg alle möglichen Begründungen verwandt werden könne, weshalb er tunlichst zu vermeiden sei.[401] Seit seiner Normierung in § 1 BRAO wurde daher stets über seinen Sinn und Inhalt gestritten.[402] So ist bereits fraglich, ob die Norm lediglich ein grundsätzliches Prinzip statuiert[403], aus ihr bestimmte Aufgaben abgeleitet werden[404] oder ihr neben der Unabhängigkeit überhaupt eine eigenständige Rolle zukommt.[405]

Nach dem Bundesverfassungsgericht soll der Rechtspflegeorganbegriff zum Ausdruck bringen, dass

> „im freiheitlichen Rechtsstaat die Rechtsanwälte als berufene Berater und Vertreter der Rechtsuchenden neben Richtern und Staatsanwälten eine eigenständige wichtige Funktion im ‚Kampf um das Recht' ausüben und daß ihnen deshalb weitergehende Befugnisse und damit korrespondierende Pflichten als ihren Mandanten zukommen".[406]

Als Organ der Rechtspflege ist der Rechtsanwalt hiernach verpflichtet, sachlich zu verhandeln und dem Rechtsfindungsprozess zu dienen.[407] Beim Inkrafttreten der Bundesrechtsanwaltsordnung zum 01.01.1959 hat sich der Gesetzgeber an dem damaligen Leitbild der Berufsgruppe orientiert, welches von Rechtsanwälten als Prozess- bzw. Gerichtsanwälten geprägt war.[408] Die Entscheidung des Bundesverfassungsgerichts ging ebenfalls von dieser Vorstellung aus. Die forensische Tätigkeit stand im Mittelpunkt der rechtsanwaltlichen Aufgaben. Unter

---

399 Maunz/Düring/Herzog, GG, VI, Stand 1971, Art. 92 Rn. 98; Busse, AnwBl. 1993, 422 (423).

400 Vgl. zu weiteren Beispielen: Busse, AnwBl. 1993, 422.

401 Redeker, NJW 1987, 2610 (2612).

402 Vgl. dazu Redeker, NJW 2004, 889 (893), der dem Begriff keinen konkreten Inhalt gewinnen kann.

403 So Zuck, NJW 2013, 1582; Wolf, in: Gaier/Wolf/Glöcken (Hrsg.), Anwaltliches Berufsrecht, § 1 Rn. 28.

404 Brüggemann, in: Feuerich/Weyland (Hrsg.), BRAO, § 1, Rn. 3,8.

405 Zuck ordnet diesen Begrifflichkeiten Unterschiede zu, denn die Unabhängigkeit sei allein deshalb in § 1 BRAO aufgeführt, um zu verdeutlichen, dass sie durch den Organbegriff nicht verloren geht. Siehe Zuck, NJW 2013, 1582.

406 BVerfG, Beschl. v. 08.03.1983 – 1 BvR 1078/80, BVerfGE 63, 266 (284), NJW 1983, 1535 (1536).

407 So auch Lewens, Die Rechtsstellung des Syndikusanwalts in Straf- und Kartellverfahren, S. 34.

408 So auch Redeker, NJW 1987, 2610 (2611); Ostler, Die deutschen Rechtsanwälte 1871–1971, S. 346; Biermann, AnwBl. 1990, 420 (422).

dem einheitlichen Berufsbild des Rechtsanwalts wie ihn die Bundesrechtsanwaltsordnung vor Augen hatte, sind mit der Zeit durch unterschiedliche gesellschaftliche und wirtschaftliche Einflüsse vielfältige Formen der Berufsausübung entstanden. Der Prozessanwalt ist in den Hintergrund getreten und von dem primär beratenden als Dienstleister in Erscheinung getretenen Rechtsanwalt verdrängt worden.[409] Die forensische ist mithin von einer konsiliarischen Tätigkeit abgelöst worden.

Die Formulierungen, die der Gesetzgeber zur rechtlichen Stellung des Rechtsanwalts und seines Berufes getroffen hat, sind durch unbestimmte Rechtsbegriffe gekennzeichnet. Hieraus, aus der systematischen Stellung der Begrifflichkeit in § 1 BRAO sowie dem Sinn und Zweck der Normierung von Kernelementen der anwaltlichen Tätigkeit im ersten Abschnitt, lässt sich entnehmen, dass der Gesetzgeber in der Bundesrechtsanwaltsordnung in erster Linie Grundsätze statuieren wollte, die das überkommene Berufsbild des Rechtsanwalts kennzeichnen sollten.[410] Den minimalen Regelungen zum Status des Rechtsanwalts in §§ 1–3 BRAO, die durch die Normierung zentraler anwaltlicher Tugenden[411] und Verbote gestützt werden, lässt sich entnehmen, warum sich der Gesetzgeber bewusst gegen eine bis in jede Einzelheit geregelte Definition des Rechtsanwalts entschlossen hat. Im Kern war sich der Gesetzgeber des stetigen Einflusses gesellschaftlicher und wirtschaftlicher Veränderungen des Berufs der Rechtsanwaltschaft bewusst. Zur Sicherung des Berufsbildes konnte eine flexible Anpassung an solche Veränderungen nur durch eine minimale Regulierung gewährleistet werden.[412]

Ausgehend von diesem Grundverständnis kann die in der Literatur vertretene Auffassung, dass weder der Rechtsanwalt noch der Syndikusrechtsanwalt in das Gefüge des Organbegriffs passe, weil § 1 BRAO lediglich auf den Prozessanwalt zugeschnitten sei, nicht überzeugen.[413] Auch dem Argument, dass der Organbegriff schlichtweg zu einer inhaltsleeren Phrase werde und seine Geltung verliere, weil die beratende Tätigkeit ohne jeden Bezug zum Gericht oder zu sonstiger hoheitlicher Rechtsanwendung stehe, kann nicht gefolgt werden.[414] Denn der

409 Biermann, AnwBl. 1990, 420 (422); Redeker, NJW 1987, 2610 (2612).
410 BT-Drs. 3/120, S. 48; Redeker, NJW 1987, 2610 (2611).
411 Vgl. zum Begriff Eckertz-Höfer, NJW 2013, 1580.
412 Zum Sinn und Zweck der Norm: BT-Drs. 3/120, S. 47. Die Aufgabe des Entwurfs bestand in erster Linie darin eine Rechtsvereinheitlichung und Weiterbildung der Anwaltschaft zu ermöglichen.
413 Ostler, NJW 1987, 281; Biermann, AnwBl. 1990, 420 (422); Redeker, NJW 1987, 2610 (2612) m.w.N.
414 Redeker, NJW 1987, 2610 (2612).

Begriff des Rechtspflegeorgans stellt einen, dem Wandel der Zeit unterliegenden, aber mit dem Willen des Gesetzgebers durchgehend auf die Rechtsanwaltschaft anzuwendenden Grundsatz[415] dar, der bereits aus der primären Stellung im Gesetz resultiert.[416] Im Kern kann dem Begriff seit seiner Implementierung in der Bundesrechtsanwaltsordnung entnommen werden, dass er dem Vertrauen in eine gesetzesgeleitete verantwortliche Einschätzung der betroffenen Rechtsanwälte bei der ihnen überantworteten freien und unreglementierten Selbstbestimmung ihrer Tätigkeit dient.[417] Dies erfordert letztlich eine seriöse Ausübung des Berufes, welche sich ohne Eingriffe und Einzelkontrollen in gelebter Ethik eigenverantwortlich ausführen lassen muss.[418] Diese Komponente wird ergänzt durch die Tätigkeit des heutigen Rechtsanwalts als Dienstleister und ermöglicht so, den Inhalt der Organstellung in der heutigen Zeit auszufüllen: Der Rechtsanwalt erbringt danach eine Dienstleistung zur Verwirklichung des Rechts und dient damit primär seinem Auftraggeber, der sich auf eine verantwortungsbewusste (unabhängige) Beratung verlassen können muss, welche jedoch nicht über die Grenzen der Rechtsordnung hinausgehen darf.[419] In diesem Sinne trifft den Rechtsanwalt eine doppelte Verantwortung, nämlich eine gegenüber sich selbst und eine in Bezug auf das gemeine Wohl.[420] Hierzu sind auf Seiten des Rechtsanwalts Integrität, Zuverlässigkeit und Kompetenz erforderlich.[421]

Mit einer so verstandenen Begriffsdefinition geht kein neues Verständnis der Organstellung einher.[422] Vielmehr konnte mit dem Begriff bereits mit Inkrafttreten der Bundesrechtsanwaltsordnung zum 01.01.1959 nichts anderes gemeint sein, als die ständige verantwortliche Ausübung eines Berufes im Hinblick auf sämtliche Interessen, die es zu beachten und in einen Ausgleich zu bringen gilt.[423] Dazu zählt nicht nur das eigene Interesse oder das des Auftraggebers, sondern

---

415 Vgl. BT-Drs. 3/120, S. 47.

416 Eckertz-Höfer, NJW 2013, 1580 (1581).

417 Busse, in: Henssler/Prütting (Hrsg.), Kommentar zur BRAO, 4. Aufl., § 1, Rn. 34.

418 Busse, in: Henssler/Prütting (Hrsg.), Kommentar zur BRAO, 4. Aufl., § 1, Rn. 34.

419 BT-Drs. 3/120, S. 49; so auch Zuck, NJW 2013, 1582 (1583).

420 Eckertz-Höfer, NJW 2013, 1580 (1581), Zuck, NJW 2013, 1582 (1583).

421 Busse, in: Henssler/Prütting, Kommentar zur BRAO (Hrsg.), 4. Aufl., § 1, Rn. 40.

422 So aber Eckertz-Höfer, NJW 2013 1580 (1581); Zuck, NJW 2013, 1582 (1283).

423 So ähnlich: Zuck, NJW 2013, 1582 (1583), der den sachlichen Inhalt der Organstellung darin sieht, dass der Anwalt zur Verwirklichung des Rechtsstaats seine professionelle Leistung erbringt und damit primär vor allem seinem Auftraggeber dient und nicht bloßer Interessensvertreter ist.

auch das der Rechtspflege.[424] In diesem Sinne liegt dem Begriff ein Grundprinzip der anwaltlichen Tätigkeit zugrunde.[425] Wie der Rechtsanwalt konkret tätig werden muss, um den Anforderungen einer anwaltlichen Tätigkeit gerecht zu werden, bestimmt wiederum § 3 BRAO.[426]

Dieses Grundprinzip beschränkt sich daher nicht nur auf den heute vielleicht noch teilweise vertretenen forensisch tätigen Rechtsanwalt, sondern umfasst alle anwaltlichen Tätigkeiten, die Interessen von Auftragnehmern in einen Ausgleich bringen. Dies ergibt sich bereits aus dem Begriff der „Rechtspflege", der im Hinblick auf die heutige Rechtslage angewandt allen voran die rechtsberatende Tätigkeit erfasst. Auch der Syndikusrechtsanwalt, der eine abhängige anwaltliche Tätigkeit ausübt, muss sich an diesen Grundprinzipien festhalten lassen. So muss der Syndikusrechtsanwalt, der lediglich einem Auftraggeber gegenüber tätig wird, wie der selbständige Rechtsanwalt die unterschiedlichen Interessen in einen Ausgleich bringen.[427] Neben das Interesse des Arbeitgebers, das sowohl rein wirtschaftlich als auch am Wohl des Unternehmens ausgerichtet sein kann, tritt sein eigenes Interesse. Dieses kann ideeller oder finanzieller Art sein, insbesondere, weil eine erfolgreiche Tätigkeit in den meisten Unternehmen durch

---

424 Der Begriff der Rechtspflege wird weit ausgelegt und als die Pflege des Rechts, seine Verwirklichung und Vollziehung verstanden, neben die, außer der Mitwirkung an der Rechtsprechung, die konflikt- und prozessvermeidende beratende Tätigkeit sowie das Wirken in verschiedenen Funktionen und Ämtern tritt. Brüggemann, in: Feuerich/Weyland (Hrsg.), BRAO, § 1, Rn. 5, Zuck, NJW 2013, 1582, der den Begriff der Rechtspflege weit verstehen will. Vgl. kritisch dazu, ob der Rechtspflegebegriff auch die Rechtsberatung außerhalb der Gerichte umfasst, Redeker, NJW 2004, 889 (893).

425 So auch Wolf, der in § 1 BRAO ebenfalls als ein übergeordnetes Prinzip sieht, welches die Bedeutung des Rechtsanwalts für die Rechtspflege zusammenfasst und der seine Bedeutung erst im jeweiligen Funktionszusammenhang erfährt, Wolf, in: Gaier/Wolf/Glöcken (Hrsg.), Anwaltliches Berufsrecht, § 1 Rn. 28. So wohl auch Zuck, NJW 2013, 1582 (1583), der Wolf zustimmt.

426 § 3 BRAO bestimmt: „(1) Der Rechtsanwalt ist der berufene unabhängige Berater und Vertreter in allen Rechtsangelegenheiten."
(2) Sein Recht, in Rechtsangelegenheiten aller Art vor Gerichten, Schiedsgerichten oder Behörden aufzutreten, kann nur durch ein Bundesgesetz beschränkt werden.
(3) Jedermann hat im Rahmen der gesetzlichen Vorschriften das Recht, sich in Rechtsangelegenheiten aller Art durch einen Rechtsanwalt seiner Wahl beraten und vor Gerichten, Schiedsgerichten oder Behörden vertreten zu lassen."

427 So auch Lewens, Die Rechtsstellung des Syndikusanwalts in Straf- und Kartellverfahren, S. 37 f.

Bonuszahlungen o.ä. honoriert wird.[428] Der Syndikusrechtsanwalt handelt wie auch der Rechtsanwalt stets nach dem Interesse seines Arbeitgebers und versucht die im Rechtsstreit auftretenden Interessen dieser Partei durchzusetzen oder als Minus mit den widerstreitenden Interessen der gegnerischen Partei in Ausgleich zu bringen. Letztlich kann der Syndikusrechtsanwalt auch den Interessen der Rechtspflege gerecht werden, da er unstreitig an die allgemeinen Standesregelungen gebunden ist.[429] Insoweit ist der Begriff des Rechtspflegeorgans daher auch auf Syndikusrechtsanwälte anwendbar.

bb) Der Begriff der Unabhängigkeit in § 3 Abs. 1 BRAO

Neben dem Begriff „Organ der Rechtspflege“ steht der Begriff der Unabhängigkeit. Dieser wurde erstmals zum 01.08.1959 in die Bundesrechtsanwaltsordnung eingefügt und mit der Novelle am 02.09.1994 in sechs verschiedene Gesetzesbestimmungen aufgenommen.[430] Aus der systematischen Stellung von § 1 BRAO als dem ersten Paragraphen in der Bundesrechtsanwaltsordnung sowie der mehrfachen Erwähnung im Gesetz[431] folgt die herausragende Bedeutung des Begriffs. Sie resultiert auch aus den unterschiedlichen Schutzmechanismen der Bundesrechtsanwaltsordnung zur Gewährleistung der Unabhängigkeit als Organ der Rechtspflege, durch Regelungen wie z.B. § 7 Nr. 8 BRAO oder § 43a BRAO, der Grundpflichten des Rechtsanwalts enthält.[432] Trotz dieser häufigen Verwendung ist der Gesetzgeber eine Definition des Begriffs schuldig geblieben. Das Bundesverfassungsgericht umschreibt die anwaltliche Unabhängigkeit wie folgt:

> „Aus Gründen der Chancen- und Waffengleichheit [müssen] Rechtskundige zur Verfügung stehen, zu denen [der Bürger] Vertrauen haben darf und von denen er erwarten kann, daß sie seine Interessen frei und unabhängig von staatlicher Einflußnahme wahrnehmen. Im Interesse einer funktionierenden Rechtspflege benötigt die Rechtsanwaltschaft eine Vertrauensgrundlage, zu deren Minimalerfordernissen die individuelle Integrität und Zuverlässigkeit des einzelnen Berufsangehörigen zählt.“[433]

---

428 Vgl. Lewens, Die Rechtsstellung des Syndikusanwalts in Straf- und Kartellverfahren, S. 37 f.

429 BT-Drs. 18/5563, S. 33 f.; so auch Lewens, Die Rechtsstellung des Syndikusanwalts in Straf- und Kartellverfahren, S. 37.

430 BGBl. II, S. 2278; vgl. §§ 1, 3, 7 Nr. 8, 14 Abs. 2 Nr. 9, 43a Abs. 1, 59b Abs. 2 Nr. 1b).

431 Vgl. §§ 1, 3, 7 Nr. 8, 14 Abs. 2 Nr. 9, 43a Abs. 1, 59b Abs. 2 Nr. 1b).

432 So auch Rolfs/Marcelli, NZA 2014, 574 (579).

433 BVerfG, Beschl. v. 08.03.1983 – 1 BvR 1078/80, BVerfGE 63, 266 (284), NJW 1983, 1535 (1536); BVerfG, Beschl. v. 09.08.1995 – 1 BvR 2263/94, 1 BvR 229/95, 1 BvR 534/95; BVerfGE 93, 213 (236), NJW 1996, 709 (710).

Hiernach hängt die Unabhängigkeit mit der Unabhängigkeit vom Staat zusammen.[434] Diese Facette der Unabhängigkeit ist jedoch weder im Hinblick auf selbständige Rechtsanwälte noch auf Syndikusrechtsanwälte problematisch.[435] Der Begriff umfasst nicht bloß die so verstandene Unabhängigkeit, sondern stellt vielmehr Rahmenbedingungen auf, die der Rechtsstaat schafft und bewahrt, „von denen der Bürger erwarten kann, dass [die Rechtsanwaltschaft] seine Interessen unabhängig, frei und uneigennützig wahrnimmt."[436] Der Begriff der Unabhängigkeit muss daher ausgehend von § 1 BRAO und der dortigen normativen Verknüpfung mit dem Rechtspflegeorgan sowie der in § 3 Abs. 1 BRAO verbundenen konkreten Tätigkeit ausgelegt werden. Unter Berücksichtigung dieses Auslegungstopos kommt in der Unabhängigkeit daher in erster Linie eine innere Haltung zum Ausdruck, die durch äußere Umstände beeinflusst werden kann.[437] Zu einem gewissen Grad setzt die Unabhängigkeit daher auch gewisse Freiheiten voraus.[438] Sie bedingt eine Vertrauensstellung in die Rechtsanwaltschaft. Dies wird durch § 1 Abs. 1 und Abs. 3 der Berufsordnung für Rechtsanwälte (BORA)[439] unterstrichen, wenn dort normiert wird, dass der Rechtsanwalt seinen Beruf frei, selbstbestimmt und unreglementiert ausübt und als unabhängiger Berater und Vertreter in allen Rechtsangelegenheiten seine Mandanten vor Rechtsverlusten schützt und insbesondere gegen verfassungswidrige Beeinträchtigung und staatliche Machtüberschreitung sichert. Das dieser Interessenswahrnehmung zugrundeliegende Prinzip des Vertrauensverhältnisses setzt voraus, dass der Rechtsanwalt in seinem Handeln und Denken von Beeinflussungen frei ist.[440] Da die eigenverantwortliche Interessenwahrnehmung insbesondere von

434 BVerfG, Beschl. v. 04.11.1992 – 1 BvR 79/85, 1 BvR 643/87, 1 BvR 442/89, 1 BvR 238/90, 1 BvR 1258/90, 1 BvR 772/91, 1 BvR 909/91; BVerfGE 87, 287 (321), Merkt, AnwBl. 2014, 278 (279).

435 Redeker, NJW 2004, 889 (891 f.); Ettwig, SGb 2005, 441 (443).

436 BVerfG, Urt. v. 30.03.2004 – 2 BvR 1520/01, BVerfGE 110, 226 (253).

437 Busse, in: Henssler/Prütting (Hrsg.), Kommentar zur BRAO, 4. Aufl., § 1, Rn. 38.

438 Vgl. Brüggemann, in: Feuerich/Weyland (Hrsg.), BRAO, § 1, Rn. 13; Redeker, NJW 1987, 2610 (2615). Für beide stellt die Unabhängigkeit ein Synonym für Freiheit dar. M.E. kann dies nicht stimmen, wenn die Unabhängigkeit der BRAO durch arbeitsrechtliche Konstruktionen nicht vollständig gewährleistet werden kann.

439 Berufsordnung für Rechtsanwälte in der Fassung vom 01.07.2015, zuletzt geändert d. Beschluss der Satzungsversammlung v. 19.05.2017 (BRAK-Mitt., 2017, 234).

440 Hamacher, AnwBl. 2011, 519; Hartung, MDR 2001, 671; Merkt AnwBl. 2014, 278 (279). Letzterer spricht davon, dass es kein absolutes Unabhängigkeitsgebot gebe und damit jeder Rechtsanwalt in bestimmten Grenzen gewissen Abhängigkeiten unterworfen wird.

privaten Dritten, wie Arbeitgebern, Auftraggebern und Mandanten beeinträchtigt werden kann, muss auch sie von § 3 Abs. 1 BRAO erfasst sein.[441]

cc) Der Begriff der fachlichen Unabhängigkeit in § 46 Abs. 4 BRAO

Die so verstandene Unabhängigkeit in §§ 1, 3 Abs. 1 BRAO wird gem. § 46 Abs. 3 und 4 BRAO für Syndikusrechtsanwälte auf die fachliche Unabhängigkeit beschränkt. Der Syndikusrechtsanwalt muss danach, anders als dies noch zur alten Rechtslage vertreten wurde, weder arbeitsvertraglich noch wirtschaftlich von seinem Auftraggeber unabhängig sein.[442] Seit dem Kompromiss kommt diesem Tatbestandsmerkmal in der Literatur[443] keine nennenswerte Relevanz (mehr) zu und wird weitestgehend auf Ausführungen zur arbeitsvertraglichen Ausgestaltung beschränkt.[444] Dabei ist das Vorliegen dieses Merkmals stets grundlegende Voraussetzung für die Annahme einer anwaltlichen Tätigkeit und bedarf daher vor jeder Befreiungsentscheidung der Überprüfung in tatsächlicher Hinsicht, die sich nicht auf den Inhalt des Arbeitsvertrags beschränken sollte. Die fachliche Unabhängigkeit knüpft neben der direkten Bezugnahme von § 3 Abs. 1 BRAO, aufgrund des Beschäftigungsverhältnisses, an die arbeitgeberrechtliche Weisungsbefugnis an.[445] Im Rahmen eines Abhängigkeitsverhältnisses obliegt dem Arbeitgeber gem. § 106 S. 1 GewO die Befugnis Inhalt, Ort und Zeit der Arbeitsleistung nach billigem Ermessen näher zu bestimmen, soweit diese Arbeitsbedingungen nicht durch den Arbeitsvertrag, Bestimmungen einer Betriebsvereinbarung, eines anwendbaren Tarifvertrages oder gesetzliche Vorschriften festgelegt sind. Die Bestimmung des Arbeitsinhalts kann bei beratenden Tätigkeiten regelmäßig auch auf das konkrete Ergebnis der Beratung Auswirkungen haben, sodass sich der Gesetzgeber zu einer negativen

441 So auch die h.M. Redeker, NJW 1987, 2610 (2612); Busse, AnwBl. 2001, 135; Zuck AnwBl. 2000, 3; Salditt, AnwBl. 2010, 805 (807); Jäger, NJW 2004, 1 (5); Ewer, AnwBl. 2009, 657 (658); Eckartz-Höfer, NJW 2013, 1580 (1581); Gaier, BRAK-Mitt., 2006, 2 (6).

442 Vgl. zur alten Rechtslage insbesondere die Ausfühungen von Lewers, Die Rechsstellung des Syndikusanwalt in Straf- und Kartellverfahren, S. 30 ff.

443 Offermann-Burckart, in: Kilger/Offermann-Burckart/Schafhausen/Schuster (Hrsg.), Das neue Syndikusrecht, § 2, Rn. 174–176, § 5, Rn. 30 ff.; Thüsing/Fütterer, NZA 2015, 595 (597).

444 vgl. zur Praxis: BGH, Beschl. v. 01.08.2017 - AnwZ (Brfg) 14/17, NJW 2017, 2835 sowie die Anmerkungen hierzu von Offermann-Burckart, NJW 2017, 2837.

445 Vgl. zu den Weisungen von Mandanten gegenüber Rechtsanwälten insbesondere den Beitrag von Heussen, NJW 2014, 1786.

Legaldefinition der fachlichen Weisung in § 46 Abs. 4 S. 1 BRAO entschieden hat. Danach übt jemand keine fachliche Unabhängigkeit aus, wenn er sich an Weisungen zu halten hat, die eine eigenständige Analyse der Rechtslage und eine einzelfallorientierte Rechtsberatung ausschließen. Wenn Vorgaben zur Art und Weise der Bearbeitung und Bewertung bestimmter Rechtsfragen bestehen, soll eine unabhängige anwaltliche Tätigkeit demnach nicht bestehen.[446] Gleichzeitig erkennt der Gesetzgeber, dass kein Ausschluss jeglichen Weisungsrechts damit einhergehen kann, weil auch der selbständige Rechtsanwalt im Rahmen seines Mandatsverhältnisses an die Weisungen seines Auftraggebers gebunden sei.[447] Aus dem Arbeitsvertrag des Syndikusrechtsanwalts habe sich jedoch zu ergeben, dass der Arbeitgeber in fachlichen Angelegenheiten weder ein allgemeines noch ein konkretes Weisungsrecht ausüben darf.[448] Hieraus folge im Umkehrschluss das Recht die Durchführung einer vom Arbeitgeber erteilten Weisung aus fachlichen oder berufsrechtlichen Gründen abzulehnen, ohne das hieran arbeitgeberrechtliche Konsequenzen geknüpft werden.[449]

Mit § 46 Abs. 3, 4 S. 1 BRAO wird insoweit eine Ausnahme zum Regelfall der weisungsabhängigen Tätigkeit normiert. Zwar steht es den Vertragsparteien eines Arbeitsverhältnisses frei, das Direktionsrecht des Arbeitgebers durch einzelvertragliche Abreden einzuschränken, was in § 106 S. 1 GewO zum Ausdruck kommt. Eine Einschränkung in fachlicher Hinsicht, wie sie § 46 Abs. 3, 4 BRAO normiert, stellt jedoch eine kraft Gesetzes bestehende Beschränkung der in § 106 S. 1 GewO normierten inhaltlichen Weisungsbefugnis des Arbeitgebers dar. Diese Einschränkung ist im Hinblick auf die gesetzgeberische Entscheidung, den Syndikusrechtsanwalt als Teil der Rechtsanwaltschaft mitsamt den dazugehörigen Rechten und Pflichten zu integrieren, zwingend erforderlich und korrespondiert mit § 46 Abs. 1 Nr. 1 und 2 BRAO.[450]

Schließlich stellt sich die Frage nach der konkreten Bedeutung der in § 46 Abs. 4 BRAO formulierten Negativdefinition der fachlichen Unabhängigkeit. So kann es sich unter Berücksichtigung der Ausführungen zur Unabhängigkeit im Hinblick auf die Forderung einer eigenständigen Analyse lediglich um eine Klarstellung handeln. Denn die unabhängige rechtliche Bearbeitung wird bereits durch § 3 Abs. 1 BRAO gewährleistet. Überdies würde ein generelles Verbot der

446 BT-Drs. 18/5563, S. 34.
447 BT-Drs. 18/5563, S. 34.
448 BT-Drs. 18/5563, S. 34 f.
449 BT-Drs. 18/5563, S. 35.
450 So auch Römermann/Günther, NZA 2016, 71 (73).

Erteilung von Rechtsrat dazu führen, dass der Betroffene von vorneherein keine anwaltliche Tätigkeit ausführen könnte.[451] Würde ein Arbeitgeber Weisungen inhaltlicher Art erteilen, wäre dies mit dem Leitbild eines Rechtsanwalts nicht mehr vereinbar. Auch der Umstand einer im Arbeitsvertrag reglementierten fachlichen Unabhängigkeit gem. § 46 Abs. 4 S. 2 BRAO hat vor diesem Hintergrund lediglich deklaratorischen Charakter.

b) Die Eigenverantwortlichkeit

Ebenso wie das Merkmal der fachlichen Unabhängigkeit ist auch der Begriff der Eigenverantwortlichkeit vor die Klammer der weiteren Merkmale der anwaltlichen Tätigkeit gezogen und strahlt auf diese aus. Anders als bei der fachlichen Unabhängigkeit, hat der Gesetzgeber hierbei nicht näher definiert, wann der Syndikusrechtsanwalt eigenverantwortlich tätig wird. Im Folgenden soll daher der Frage nachgegangen werden, welcher eigene Bedeutungsgehalt dem Merkmal der Eigenverantwortung zukommt. Dies bedarf zunächst der Begriffsbestimmung.

Mit dem Begriff „Eigenverantwortung" ist die Pflicht und die Bereitschaft gemeint, für sein Handeln die entsprechenden Konsequenzen zu tragen, sei es positiv oder negativ und diese nicht auf Dritte zu übertragen.[452] Im Rahmen einer abhängigen Beschäftigung kann damit auf vertraglicher Ebene zunächst die Verantwortung gegenüber dem Arbeitgeber gemeint sein.[453] Denn mangels etwaiger vertraglicher Bindungen kommt eine Haftung gegenüber Dritten regelmäßig nicht in Betracht.[454]

Eine Recherche der Bundesrechtsanwaltsordnung zum Begriff der Eigenverantwortung zeigt, dass sich der Begriff lediglich im Rahmen der syndikusrechtsanwaltlichen Vorschriften findet. Demgegenüber wird der Begriff der Verantwortung bzw. dessen Adjektiv siebenmal erwähnt.[455] So wird insbesondere

451 So auch Römermann/Günther, NZA 2016, 71 (73).

452 Duden: http://www.duden.de/rechtschreibung/Eigenverantwortung (zuletzt abgerufen am 19.07.2019).

453 So auch Römermann/Günther, NZA 2016, 71 (73).

454 Im Falle einer Falschberatung können mittelbar die Interessen Dritter betroffen sein. Ausnahmen bestehen im Rahmen der Haftung lediglich im Bereich der deliktschen Haftung z.B. nach §§ 823, 826 BGB.

455 So z.B. in § 49b Abs. 3 S. 3 BRAO: Die Honorierung der Leistungen hat der Verantwortlichkeit sowie dem Haftungsrisiko der beteiligten Rechtsanwälte und den sonstigen Umständen Rechnung zu tragen. Vgl. auch § 53 Abs. 9 BRAO: Der Vertreter wird in eigener Verantwortung, jedoch im Interesse, für Rechnung und auf Kosten des Vertretenen tätig. In § 59 f wird für die Rechtsanwaltsgesellschaft normiert: Die

im Rahmen der Datenverwaltung durch die Rechtsanwaltskammer oder der Bestellung eines Vertreters die gesetzgeberische Aufforderung formuliert, verantwortlich zu handeln. Während der Begriff der Eigenverantwortung eine konkrete Bezugnahme zu der handelnden Person verdeutlicht, bezieht sich das Wort „Verantwortung" nur auf eine mit einer bestimmten Aufgabe, einer bestimmten Stellung verbundene Verpflichtung, dafür zu sorgen, dass (innerhalb eines bestimmten Rahmens) alles einen möglichst guten Verlauf nimmt, das jeweils Notwendige und Richtige getan wird und möglichst kein Schaden entsteht.[456] Durch das Präfix erfolgt daher eine verstärkte Bezugnahme auf die handelnde Person, die lediglich wiederholenden Charakter hat.

Ausgehend hiervon könnte daher zur Klärung des Begriffs „Eigenverantwortung" auf den Begriff der „Verantwortung" z.B. in § 56f BRAO und der hierzu ergangenen Rechtsprechung des Bundesgerichtshofes zurückgegriffen werden. Danach erfordert die Rechtsanwaltsgesellschaft die verantwortliche Führung durch Rechtsanwälte. Eine inhaltliche Auseinandersetzung mit dem Begriff der verantwortlichen Führung hat der Bundesgerichtshof unter Bezugnahme auf die zu dieser Vorschrift ergangenen Bundestagsdrucksachen[457] vorgenommen. Danach wird eine Rechtsanwaltsgesellschaft von Rechtsanwälten verantwortlich geführt, wenn sichergestellt ist, dass die maßgeblichen Geschäftsführungsentscheidungen von Rechtsanwälten verantwortet werden. Das sei etwa dann der Fall, wenn alle geschäftsführenden Rechtsanwälte zur Einzelvertretung befugt seien und die Geschäftsführer, die nicht Rechtsanwälte sind, die Gesellschaft nur gemeinsam mit Rechtsanwälten vertreten könnten.[458] Übertragen auf die Tätigkeit des Syndikusrechtsanwalts würde der Begriff der Eigenverantwortung stets eine Vertretungsbefugnis nach außen voraussetzen.[459] Damit würde jedoch eine Abgrenzung zum Merkmal des nach außen verantwortlichen Auftretens in § 46 Abs. 3 Nr. 4 BRAO schwierig. Überdies ist fraglich, ob Syndikusrechtsanwälten eine Vertretungsbefugnis dem Grunde nach zukommt. Die Regelung des nach außen verantwortlichen Auftretens wäre damit obsolet. Ausgehend davon, dass der Gesetzgeber in § 46 Abs. 3 Nr. 4 BRAO die Außenvertretung im weitesten Sinne geregelt hat, kann sich der Begriff der Eigenverantwortung nicht zugleich

---

Rechtsanwaltsgesellschaft muss von Rechtsanwälten verantwortlich geführt werden. Die Geschäftsführer müssen mehrheitlich Rechtsanwälte sein.

456 Duden: http://www.duden.de/rechtschreibung/Verantwortung#Bedeutung (zuletzt abgerufen am 19.07.2019).

457 BT-Drucks. 13/9820, S. 15.

458 BGH, Urt. v. 10.10.2011 – AnwZ (Brfg) 1/10, NJW 2012, 461.

459 Vgl. hierzu Römermann/Günther, NZA 2016, 71 (73).

hierin erschöpfen. Vielmehr ist davon auszugehen, dass dem Begriff eine andere Bedeutung zukommen muss.

Nach der gesetzgeberischen Vorstellung soll der Grundsatz der Eigenverantwortung verdeutlichen, dass der Syndikusrechtsanwalt grundsätzlich von seinem Arbeitgeber für fehlerhafte Beratung und Vertretung haftungsrechtlich in Anspruch genommen werden kann (Regress). Damit verbindet der Gesetzgeber mit dem Begriff der Eigenverantwortlichkeit keine aktive, sondern eine ausschließlich passive Funktion, welche die Haftung von Syndikusanwälten bei fehlerhafter Beratung regeln soll. Im Rahmen des Gesetzgebungsprozesses kam es zu einem uneinheitlichen Verständnis, wie die Eigenverantwortung zum Schutze der Syndikusanwälte bei konkreter Falschberatung ausgestaltet werden sollte. So wurde zunächst in § 46a Abs. 4 Nr. 1 BRAO[460] eine Berufshaftpflichtversicherung für Syndikusrechtsanwälte favorisiert. Dieser Vorschlag hat sich jedoch aufgrund diverser Proteste gegen die damit verbundenen erhöhten Kosten der Zulassung nicht durchsetzen können.[461] Stattdessen sollen die arbeitnehmerrechtlichen Grundsätze zur Haftung unberührt bleiben.[462] Der Gesetzgeber formuliert diesbezüglich in seiner Gesetzesbegründung:

> „Auf das Erfordernis einer Berufshaftpflichtversicherung für die Tätigkeit eines Syndikusrechtsanwalts wird verzichtet. Dies trägt dem Umstand Rechnung, dass Syndikusrechtsanwälte im Unterschied zu sonstigen Anwälten in der Regel nur ihren Arbeitgeber beraten. Auch ist zu berücksichtigen, dass der Gesetzentwurf nicht die Haftung als solche regelt. Die Haftung eines Syndikusrechtsanwalts bemisst sich daher nach den allgemeinen Regeln des Zivil- und Arbeitsrechts, wobei insbesondere die Grundsätze der Arbeitnehmerhaftung durch den Gesetzentwurf unberührt bleiben und für Syndikusrechtsanwälte davon auszugehen ist, dass diese unter denselben Voraussetzungen zur Anwendung gelangen wie für andere Arbeitnehmer in vergleichbarer Position. Letzteres soll auch durch die Änderung der Begrifflichkeit („Arbeitsverhältnis“ statt „Anstellungsverhältnis“) verdeutlicht werden. Hinsichtlich des Verzichts auf das Erfordernis einer Berufshaftpflichtversicherung ist ferner zu berücksichtigen, dass Syndikusrechtsanwälte in Bezug auf ihre Angestelltentätigkeit auch bislang keiner Versicherungspflicht unterlagen, so dass es insoweit beim Status quo verbleibt.“

aa) Die Grundsätze der Arbeitnehmerhaftung

Fraglich ist unter Berücksichtigung dieser Maßstäbe, ob die Grundsätze der Arbeitnehmerhaftung auf Syndikusrechtsanwälte dem Grunde nach anwendbar

---

460 BT-Drs. 18/5563, S. 6.

461 Vgl. hierzu Offermann-Burckart, AnwBl. 2016, 125.

462 BT-Drs. 18/6915, S. 23.

sind. Die Grundsätze der beschränkten Arbeitnehmerhaftung[463] berücksichtigen in besonderem Maße die Situation des Arbeitnehmers im Verhältnis zu seinem Arbeitgeber bei Personen- und Sachschäden, die entstandenen Kosten nicht in voller Höhe selbst tragen zu müssen. Grundsätzlich haftetet jeder Arbeitnehmer für die von ihm verursachten Schäden gegenüber dem Arbeitgeber gem. §§ 611a, 280 Abs. 1 Bürgerliches Gesetzbuch (BGB)[464] in voller Höhe. Da im Rahmen eines Arbeitsverhältnisses bereits durch leichte Fahrlässigkeit erhebliche Schäden entstehen können, hat das Bundesarbeitsgericht die Grundsätze der privilegierten Arbeitnehmerhaftung[465] kraft richterlicher Rechtsfortbildung entwickelt.[466] Dabei ist zu berücksichtigen, dass die besondere Risikozuweisung der beschränkten Arbeitnehmerhaftung nicht dazu führen soll, dass der Arbeitgeber mit dem allgemeinen Lebensrisiko des Arbeitnehmers belastet wird.[467] Voraussetzung für die Beschränkung der Arbeitnehmerhaftung ist eine betrieblich veranlasste Tätigkeit, die voraussetzt, dass die ausgeführte Tätigkeit dem Arbeitnehmer arbeitsvertraglich übertragen worden ist oder der Arbeitnehmer die Tätigkeit im Interesse des Arbeitgebers für den Betrieb ausführt; die Tätigkeit muss daher in engem Zusammenhang mit dem Betrieb und seinem betrieblichen Wirkungskreis stehen.[468] Betrieblich veranlasst ist grundsätzlich die arbeitsvertraglich geschuldete Leistung. Im Interesse des Arbeitgebers für den Betrieb wird die Tätigkeit regelmäßig dann ausgeführt, wenn sie objektiv im Interesse des Arbeitgebers steht.[469] Es kommt dabei nicht darauf an, ob der Arbeitnehmer auf konkrete oder sogar gegen Weisungen des Arbeitgebers tätig wird.[470] Zu unterscheiden ist stets zwischen der Übernahme und der Ausführung der Tätigkeit. Verursacht der Arbeitnehmer während einer weisungsgebundenen

---

463 Teilweise auch privilegierte Arbeitnehmerhaftung genannt.

464 Bürgerliches Gesetzbuch in der Fassung der Bekanntmachung vom 02.01.2002, BGBl. I, S. 42, 2909; 2003 I, S. 738, zuletzt geändert d. Artikel 7 des Gesetzes v. 31.01.2019, BGBl. I, S. 54.

465 Teilweise werden diese auch als Grundsätze der beschränkten Arbeitnehmerhaftung beschrieben.

466 Vgl. BAG, Beschl. v. 27.09.1994 – GS 1/89 (A), BAGE 78, 56; Joussen, RdA 2006, 129; Oetker, BB 2002, 43; ErfKomm/Preis, § 619a BGB, Rn. 9.

467 ErfKomm/Preis, § 619a BGB, Rn. 12; Söllner/Waltermann, Rn. 245.

468 BAG, Urt. v. 09.08.1966 – 1 AZR 426/65, Rn. 10 ff., juris, BAGE 19, 41; BAG, Urt. v. 28.10.2010 – 8 AZR 418/09, NZA 2011, 345 (347 ff.); ErfKomm/Preis, § 619a BGB, Rn. 12, Söllner/Waltermann, Rn. 245.

469 I.E. so auch BAG, Urt. v. 22.04.2004 – 8 AZR 159/03, NZA 2005, 163 (166).

470 BAG, Urt. v. 18.04.2002 – 8 AZR 348/01, NZA 2003, 37 (38 ff.); ErfKomm/Preis, § 619a BGB, Rn. 12, Söllner/Waltermann, Rn. 245.

Tätigkeit einen Schaden, kommt es für die betrieblich veranlasste Tätigkeit nicht darauf an, dass ihm ausdrücklich verboten wurde, diese Tätigkeit im konkreten Fall auszuüben.[471] Setzt sich der Arbeitnehmer bewusst über die Weisung des Arbeitgebers hinweg, beeinflusst dies erst den Grad des Verschuldens, welcher dem Betriebsrisiko des Arbeitgebers entgegengesetzt wird.[472]

Die konkrete Verteilung des Schadens zwischen dem Arbeitgeber und dem Arbeitnehmer ist anhand einer Abwägung zu ermitteln, für die das maßgebliche Kriterium der Grad des Verschuldens ist.[473] Bei leichtester Fahrlässigkeit soll der Arbeitnehmer von der Haftung freigestellt werden, während bei Vorsatz und grober Fahrlässigkeit eine volle Haftung eintreten soll.[474] Bei mittlerer Fahrlässigkeit demgegenüber wird die Haftung für den entstandenen Schaden anteilig ermittelt.[475] Es erfolgt eine Billigkeitsprüfung, die sich konkret nach der Gefahrgeneigtheit der Tätigkeit, der Stellung des Arbeitnehmers im Betrieb, der Versicherbarkeit des Schadens, dem Vorverhalten des Arbeitnehmers, sowie den organisatorischen Vorkehrungen zur Verhinderung von Schäden durch Arbeitnehmer richtet.

bb) Die Übertragung der privilegierten Arbeitnehmerhaftung auf Syndikusrechtsanwälte

Als richterrechtliches Konstrukt[476] sind die Grundsätze der Arbeitnehmerhaftung nicht gesetzlich normiert.[477] Ihre Anwendung obliegt damit den Arbeitsgerichten. Der Umstand, dass nach dem Willen des Gesetzgebers die Grundsätze der beschränkten Arbeitnehmerhaftung auf Syndikusanwälte unter denselben Voraussetzungen zur Anwendung gelangen sollen wie für andere Arbeitnehmer in vergleichbaren Positionen, wirft diverse Fragen auf. So ist zum einen fraglich, ob die Anwendbarkeit dem Grunde nach für Syndikusrechtsanwälte bestehen

---

471 Söllner/Waltermann, Rn. 245.

472 Söllner/Waltermann, Rn. 245.

473 Vgl. insoweit statt vieler: BAG, Urt. v. 24.11.1987 – 8 AZR 524/82, NZA 579 (581); BAG, Urt. v. 18.04.2002 – 8 AZR 348/01, NZA 2003, 37 (39 ff.).

474 BAG, Urt. v. 15.11.2012 – 8 AZR 705/11, NJOZ 2013, 709 (711).

475 BAG, Urteil vom 24.11.1987 – 8 AZR 524/82, NZA 1988, 579 (581); BAG, Urt. v. 16.02.1995 – 8 AZR 493/93, NZA 1995, 565 (566); Söllner/Waltermann, Rn. 246.

476 BAG, Urt. v. 24.11.1987 – 8 AZR 524/82, NZA 1988, 579 (581).

477 Str., vgl. hierzu im Einzelnen die Anmerkungen bei ErfKomm/Preis, § 619a BGB, Rn. 9 ff.; Staudinger/Richardi/Fischinger, BGB, 2019, § 619A, Rn. 28 ff.; HK-BGB/Klaus Schreiber, BGB § 619a Rn. 1, mit der Bezugnahme auf § 280 Abs. 1 BGB bzw. § 276 BGB; BAG, Urt. v. 18. 4. 2002 – 8 AZR 348/01, NZA 2003, 37.

kann. Ferner ist zu untersuchen, mit welchen Arbeitnehmern eine Vergleichbarkeit besteht. Sofern eine grundsätzliche Anwendbarkeit bejaht wird, ist zu untersuchen in welchem Umfang und in welchem Bereich eine Haftung in Betracht kommt. Schließlich sind ggf. die Besonderheiten bei der Haftung von Rechtsanwälten und bei der Beweislast nach § 619a BGB zu berücksichtigen.

Für die Frage, ob Syndikusrechtsanwälte den Grundsätzen der privilegierten Arbeitnehmerhaftung unterfallen, ist zunächst ihre Stellung im Unternehmen zu untersuchen. Die Gruppe der Syndikusrechtsanwälte fällt nämlich weder in die Gruppe von Arbeitnehmern noch leitenden Angestellten. Eine Abgrenzung zu klassischen Arbeitnehmern erfolgt bereits auf Grundlage der für Syndikusrechtsanwälte geltenden weisungsunabhängigen anwaltlichen Tätigkeit. Im Verhältnis zu leitenden Angestellten[478] fehlt es ihnen an der Wahrnehmung von Führungsaufgaben. Im Ergebnis bilden sie vielmehr eine Gruppe sui generis. Vor diesem Hintergrund und der Besonderheit ihrer fachlichen Unabhängigkeit ist bereits zweifelhaft, ob sie unter den Schutzzweck der privilegierten Arbeitnehmerhaftung fallen. Vor dem Hintergrund, dass Syndikusrechtsanwälte jedenfalls angestellt sind und jedenfalls in gewissem Umfang dem arbeitgeberseitigen Weisungsrecht unterfallen, kann eine Anwendbarkeit der Grundsätze nicht per se verneint werden.

Aus einem Vergleich mit anderen Arbeitnehmern in vergleichbaren Positionen, wie Justiziaren, können weitere Schlussfolgerungen der konkreten Anwendbarkeit der Grundsätze der privilegierten Arbeitnehmerhaftung gezogen werden. Der Bundesgerichtshof hatte sich bereits frühzeitig gegen eine Erweiterung der Arbeitnehmerhaftungsprivilegien für Justiziare[479] entschieden.[480] So würden die haftungsrechtlichen Grundsätze nur einem auf Grund eines Arbeitsvertrages tätigen unselbständigen Beschäftigten zugutekommen. Die dem Arbeitgeber obliegende Fürsorgepflicht, aus der die Rechtsprechung den Satz abgeleitet habe, dass der Arbeitgeber das mit der Tätigkeit verbundene Schadensrisiko selbst tragen solle, sei das Korrelat des Weisungsrechts, das ihm gegenüber den in seinem Betriebe tätigen Arbeitnehmern oder Angestellten zustehe.[481] Ein Justiziar sei

478 Zur Anwendung der Grundsätze der Arbeitnehmerhaftung auf leitende Angestellte vgl. BGH, Urt. v. 25.06.2001 – II ZR 38/99, GmbHR 2001, 771 m. Anm. v. Harnier = NJW 2001, 3123; Müller-Glöge, in: MünchKomm, 3. Aufl., § 611 Rn. 464; Otto, AuR 1995, 72 (74); Söllner/Waltermann, Rn. 244.

479 In der konkreten Entscheidung handelte es sich um einen bei der Klägerin angestellten Justiziar, welcher Rechtsanwalt war.

480 BGH, Urt. v. 07.10.1969 – VI ZR 223/67, NJW 1970, 34.

481 BGH, Urt. v. 07.10.1969 – VI ZR 223/67, NJW 1970, 34 (35).

aufgrund seiner personellen Sonderstellung, Dienste in eigener Verantwortung zu leisten und die Tätigkeit im Wesentlichen frei gestalten und die Arbeitszeit frei bestimmen zu können, nicht in dem Maße weisungsgebunden.[482]

Diese Entscheidung aus dem Jahr 1969 darf, vor dem Hintergrund der vom Bundesgerichtshof vertretenen und vom Gesetzgeber im Zuge der Neuordnung des Rechts der Syndikusanwälte aufgegebenen Doppelberufstheorie, nicht unreflektiert übernommen werden.[483] Sie weist jedoch auf die Widersprüchlichkeit im Hinblick auf die privilegierte Arbeitnehmerhaftung hin, die mit der Tätigkeit des Syndikusrechtsanwalts einhergeht. So sollen nach dem gesetzgeberischen Willen die Grundsätze der Arbeitnehmerhaftung im Falle von Syndikusrechtsanwälten gerade in dem Bereich anwendbar sein, in welchem dem Arbeitgeber inhaltliche Weisungen untersagt sind. Die betriebsbedingte Gefahr einer Schadensverursachung steht damit nicht im Einflussbereich des Arbeitgebers. Im Anwendungsfall von leitenden Angestellten hat der Bundesgerichtshof[484] diese Diskrepanz erkannt und die Grundsätze lediglich in den Fällen angewandt, in denen das Schadensereignis nicht in Wahrnehmung der spezifisch herausgehobenen Leitungsfunktion erfolgte.[485] Überträgt man diese Überlegungen auf

482 BGH, Urt. v. 07.10.1969 – VI ZR 223/67, NJW 1970, 34 (35).

483 Überdies wurde die Arbeitnehmerhaftung damals noch im Rahmen von gefahrgeneigten Tätigkeiten angewandt, vgl. RAG, Urt. v. 12.06.1947 – 297/36; RAG, Urt. v. 23.11.1938 – 71/38; RAG, Urt. v. 18.12.1940 – 49/40; RAG, Urt. v. 14.01.1941 – 201/39; RAG, Urt. v. 30.09.1941 – 88/41. Diese hat das BAG mangels zuverlässiger Abgrenzung aufgegeben und den Anwendungsbereich auf sämtliche betrieblich veranlasste Tätigkeit erweitert, vgl. statt vieler BAG, Urt. v. 25.09.1957 – GS 4 (5)/56, NJW 1958, 235.

484 Vgl. zur Anwendung der Haftungsprivilegierung bei leitenden Angestellten BGH, Urt. v. 25.06.2001 – III R 38/99, NJW 2001, 3123.

485 BGH, Urt. v. 25.02.1969 – VI ZR 225/67, VersR 1969, 474 und BAG, Urt. v. 07.10.1969, AP Nr. 51 zu § 611 BGB Haftung des Arbeitnehmers; kritisch dazu BAG, Urt. v. 11.11.1976 – 3 AZR 266/75, NJW 1977, 598. In den Fällen des Bundesgerichtshofs hatten leitende Angestellte in ihrem Aufgabengebiet als Leiter einer Kreditabteilung bzw. als Justiziar versagt. Einen solchen Fehler innerhalb der herausgehobenen Funktionen eines leitenden Angestellten wollte der Bundesgerichtshof haftungsrechtlich nicht privilegieren. Damit ist jedoch nicht gesagt, dass ein leitender Angestellter nie in den Genuss einer Haftungserleichterung kommen könne, gleichgültig welche Tätigkeit er verrichtet. Eine so weitgehende Schlechterstellung der leitenden Angestellten wäre auch von der Sache her nicht gerechtfertigt. Anders wohl in jüngster Rechtsprechung das LAG Düsseldorf. Danach sei allein aus der Tatsache, dass der Kläger Personalverantwortung für vier Mitarbeiter hatte, nicht zu folgern, dass er eine besondere Verantwortung hatte, die eher der eines Geschäftsführers als der eines Arbeitnehmers

Syndikusrechtsanwälte, würde eine Arbeitnehmerhaftung in dem weisungsfreien Bereich der Tätigkeit ausscheiden, mithin in dem für sie schadensträchtigen Beratungs- und Vertretungsfeld. Wenn auch in der rechtswissenschaftlichen Literatur die Beschränkung auf die weisungsgebundene Tätigkeit angezweifelt wird, so konnte sich diese Auffassung richterrechtlich bislang noch nicht durchsetzen.[486]

Sofern die Grundsätze der privilegierten Arbeitnehmerhaftung aufgrund des besonderen Schutzes allein aufgrund der Eingliederung in die Arbeitsorganisation des Arbeitgebers anwendbar sein und diese auch im Rahmen der anwaltlichen Tätigkeit Geltung erlangen sollen, stellt sich die Frage nach der Berücksichtigung der vom Bundesgerichtshof regelmäßig streng beurteilten Haftung von Rechtsanwälten.[487] In ständiger Rechtsprechung hat der Bundesgerichtshof Grundsätze entwickelt, die eine Haftung von Rechtsanwälten ausschließen sollen. Um sich vor einer rechtlichen Inanspruchnahme zu schützen, ist danach die Kenntnis der einschlägigen Gesetzeslage aus der Vergangenheit und Gegenwart erforderlich.[488] Weiter wird eine Orientierung an der höchstrichterlichen Rechtsprechung vorausgesetzt sowie die dauerhafte Informationsgewinnung aus laufenden Fachzeitschriften.[489] Bei entsprechender Mandatierung wird die Kenntnis von ausländischem oder speziellem Recht und die Einarbeitung in dasselbe gefordert.[490] Dabei hat der Rechtsanwalt im Interesse seines Mandanten grundsätzlich den sichersten Weg zu wählen.[491] Will er z.B. von einer

---

ähnelt, so dass er aus dem Bereich der privilegierten Arbeitnehmerhaftung auszunehmen wäre (LAG Düsseldorf, Urt. v. 27.11.2015 – 14 Sa 800/15, BeckRS 2016, 65558).

486 Vgl. kritisch zur Rechtsprechung des BAG: Fischinger, welcher die Grundsätze der Arbeitnehmerhaftung auch auf die weisungsfreie Tätigkeit ausdehnt. Zwar sei nicht zu verkennen, dass leitende Angestellte in der Regel wesentlich freier und selbstständiger als normale Arbeitnehmer seien. Trotz des großen Freiraums seien auch sie in die Betriebsorganisation des Arbeitgebers eingebunden und dessen Weisungen unterworfen. Die Grundsätze der beschränkten Arbeitnehmerhaftung seien nur modifiziert anzuwenden, so dass im Rahmen des flexiblen Haftungsumfangs die konkrete, herausgehobene Stellung des leitenden Angestellten berücksichtigt werde. In welcher Form dies in der Rechtsprechung zu erfolgen hat, bleibt jedoch offen. Vgl. Fischinger, Haftungsbeschränkung im Bürgerlichen Recht, S. 569 ff.

487 Vgl. zur Rechtsprechungsübersicht insbesondere: Jungk/Chab/Grams, BRAK-Mitt. 2016, 221 ff.

488 Grüneberg, in: Palandt, § 280, Rn. 68.

489 Grüneberg, in: Palandt, § 280, Rn. 68.

490 Grüneberg, in: Palandt, § 280, Rn. 68.

491 Grüneberg, in: Palandt, § 280, Rn. 69.

herrschenden Meinung abweichen und sich einer nur vereinzelt vertretenen Rechtsansicht anschließen, hat er den Mandanten umfassend und eindringlich zu belehren.[492] Den Weisungen des Mandanten ist aufgrund des Auftragsverhältnisses stets Folge zu leisten, wobei er über entgegenstehende Bedenken belehren und den aus seiner Sicht richtigen Weg aufzeigen muss.[493] Dem Grunde nach dürften diese strengen Kriterien in gleichem Maße für den Syndikusrechtsanwalt gelten.

Im Hinblick auf die in § 619a BGB normierte Beweislastumkehr zum Schutz von Arbeitnehmern stellt sich im Rahmen der allgemeinen Schadensersatzrechtsnorm von § 280 Abs. 1 BGB die Frage nach der Beweislast für die vom Bundesgerichtshof o.g. Grundsätze. Regelmäßig dürfte es für den Rechtsanwalt eine Beweiserleichterung darstellen, die Einhaltung der oben dargestellten Grundsätze nachzuweisen. Da § 280 Abs. 1 BGB ausschließlich auf Arbeitnehmer anwendbar ist, Rechtsanwälte jedoch selbständig tätig sind, trifft sie, mangels Anwendung von § 619a BGB, für das Verschulden die Darlegungs- und Beweislast. Damit haben sie eine besondere Obliegenheitspflicht nachzuweisen, dass sie sämtliche vom Bundesgerichtshof aufgestellte Grundsätze im Rahmen ihrer beratenden und vertretenden Tätigkeit erfüllt haben. Da der Syndikusrechtsanwalt jedoch eine anwaltliche Tätigkeit in einem abhängigen Beschäftigungsverhältnis ausübt, stellt sich für ihn die Frage nach der Geltung der Beweislastumkehr gem. § 619a BGB. Dem reinen Wortlaut nach besteht die Beweislastumkehr auch für Syndikusrechtsanwälte. Allerdings erscheint es inkonsequent für Syndikusrechtsanwälte im Falle der Haftung wegen fehlerhafter Beratung oder Vertretung eine Beweislastumkehr anzunehmen. Vor diesem Hintergrund wäre der Syndikusrechtsanwalt gehalten nachzuweisen, dass ihn kein Organisationsverschulden trifft.

Festgehalten werden kann, dass die Grundsätze der privilegierten Arbeitnehmerhaftung zwar grundsätzlich auch bei der Tätigkeit eines Syndikusrechtsanwalts anwendbar sein können. Unter Berücksichtigung des gesetzgeberischen Willens, wären Syndikusrechtsanwälte am ehesten mit Justiziaren vergleichbar, die andere Arbeitnehmer in vergleichbaren Positionen darstellen. Unter Berücksichtigung der vom Bundesgerichtshof entwickelten Maßstäbe, würden die Grundsätze der beschränkten Arbeitnehmerhaftung im weisungsfreien Tätigkeitsbereich des Syndikusanwalts jedoch nicht zum Tragen kommen. Selbst unter Berücksichtigung der vollumfänglichen Anwendung der Grundsätze der

492 Grüneberg, in: Palandt, § 280, Rn. 69.
493 Grüneberg, in: Palandt, § 280, Rn. 69.

privilegierten Arbeitnehmerhaftung, bedeuten die strengen Maßstäbe der Haftung von Rechtsanwälten und die Beweislast nach § 619a BGB ein ständiges Risiko für den Syndikusrechtsanwalt.

cc) Die Berufshaftpflichtversicherung für Syndikusanwälte

Die oben beschriebenen Schwierigkeiten der Anwendung der privilegierten Arbeitnehmerhaltung im Angestelltenverhältnis für Syndikusrechtsanwälten finden sich bei angestellten Rechtsanwälten nicht. Diese sind ohne Ausnahme trotz ihrer abhängigen Beschäftigung bei anwaltlichen Arbeitgebern dazu verpflichtet im Rahmen ihrer anwaltlichen Zulassung gem. § 51 BRAO eine Berufshaftpflichtversicherung abzuschließen. Vor diesem Hintergrund wurde auch für Syndikusrechtsanwälte im Rahmen der Entwurfsfassung eine Berufshaftpflichtversicherung angedacht.[494] In der Literatur wurde die ursprüngliche Normierung einer Berufshaftpflichtversicherung jedoch heftig kritisiert.[495] Es wurde ausgeführt, dass die Haftungsrisiken als unüberschaubar einzustufen und ihre Versicherbarkeit in Zweifel zu ziehen seien.[496] Zudem sei ein unausgesprochenes Kriterium die Kostenhöhe einer solchen Haftpflichtversicherung.[497] Der Gesetzgeber hat sich dieser Kritik gebeugt und sich darauf berufen, dass mit dem Verzicht auf die Berufshaftpflichtversicherung der lediglich arbeitgeberseitig erteilten Auskunft Rechnung getragen werde.[498]

Die im Einzelnen gegen eine Berufshaftpflichtversicherung geäußerte Kritik ist nicht überzeugend. So wurden die getroffenen Aussagen nicht belegt.[499] Nachweise, dass Syndikusrechtsanwälte eine Haftpflichtversicherung aus Kostengründen nicht abschließen würden, wurden nicht dargelegt. Überdies wurde nicht berücksichtigt, dass die bis zur Neuordnung des Rechts der Syndikusanwälte bereits zur Rechtsanwaltschaft zugelassenen Syndikusanwälte über eine derartige Berufshaftpflicht gem. § 51 BRAO verfügten, sodass sich für die Zulassung zum Syndikusrechtsanwalt für diese keine höheren Kosten ergeben hätten. Anders sieht dies lediglich bei dem Personenkreis aus, der bislang nicht über eine Zulassung verfügt, was lediglich für Berufsanfänger gelten dürfte.

---

494 Vgl. hierzu die Zusammenfassung in der BT-Drs. 18/6915, S. 2, wonach auf das Erfordernis einer Berufs- haftpflichtversicherung für die Tätigkeit als Syndikusanwalt verzichtet wird.

495 Schuster, AnwBl. 2016, 121 (123).

496 Offermann-Burckart, AnwBl. 2016, 125.

497 Offermann-Burckart, AnwBl. 2016, 125.

498 Offermann-Burckart, AnwBl. 2016, 125.

499 Offermann-Burckart, AnwBl. 2016, 125.

dd) Zwischenergebnis

Festzuhalten ist, dass die Eigenverantwortung als Tatbestandsmerkmal zwingende Voraussetzung für die Zulassung zum Syndikusrechtsanwalt ist. Dieses Merkmal erstreckt sich auf die vier weiteren Merkmale, die in § 46 Abs. 3 Nr. 1 – 4 BRAO genannt werden. Dem Wortlaut nach setzt der Begriff voraus, dass der jeweilige Syndikusrechtsanwalt in eigener Verantwortung tätig wird und damit eine mit einer bestimmten Aufgabe verbundene Verpflichtung hat, dafür zu sorgen, dass das jeweils Notwendige und Richtige getan wird und kein Schaden entsteht. Die Eigenverantwortung muss daher in Ergänzung zur Unabhängigkeit so ausgestaltet sein, dass der Syndikusrechtsanwalt die anwaltliche Tätigkeit, ohne Konsequenzen zu fürchten, ausüben können muss. Nach dem Willen des Gesetzgebers soll das Augenmerk dabei auf der Schadensregulierung liegen. Dies bedingt eine konkrete Absicherung im Schadensfall, die dem Betroffenen die Möglichkeit geben muss, die Konsequenzen seines Handelns vorausschauend einschätzen zu können. Gegen die Übertragung der Grundsätze der beschränkten Arbeitnehmerhaftung auf Syndikusrechtsanwälte können – wie gezeigt – Argumente vorgebracht werden, da die Haftungsprivilegierung aus der weisungsgebundenen Tätigkeit des Arbeitnehmers gegenüber seinem Arbeitgeber resultiert, die im Falle von Syndikusrechtsanwälten nur bedingt gegeben ist. Gleichzeitig ist zu berücksichtigen, dass der Syndikusrechtsanwalt jedoch angestellt ist und in einem bestimmten Rahmen dem Weisungsrecht des Arbeitgebers unterliegt, sodass eine generelle Versagung der Übertragung der Grundsätze nicht in Betracht kommt. Nach wie vor erscheint es angezeigt, eine Berufshaftpflichtversicherung in Erwägung zu ziehen, um dem Syndikusrechtsanwalt unabhängig von seiner konkreten Beratung und Vertretung das eigenverantwortliche Handeln vollumfänglich zu ermöglichen und ihn auch im Falle einer fahrlässigen Falschberatung zu schützen.[500] Bei Anwendung der Arbeitnehmerhaftungsprivilegien ist zu berücksichtigen, dass bereits die Einordnung mittlerer Fahrlässigkeit zu einer Haftung des Syndikusrechtsanwalts in nicht unbeachtlicher Höhe führen kann. Eine Absicherung auch in diesen Fällen kann nur durch eine privat abgeschlossene oder eine für sämtliche Syndikusanwälte geltende Berufshaftpflicht erzielt werden.

---

500 Die Evaluierung des Gesetzes sollte zum 31.12.2018 stattfinden. Das Bundesjustizministerium hat im April 2019 einen Fragebogen an die beteiligten Berufsverbände geschickt, der Erfahrungen in den zurückliegenden drei Jahren seit Inkrafttreten des Gesetzes bis zum 31.12.2018 abfragt. Vgl. hierzu die kurze Erläuterung von Göcken, NJW-aktuell 2019, 17.

c) *Die tätigkeitsbezogenen Merkmale*

Neben den Merkmalen der fachlich unabhängigen und eigenverantwortlichen Tätigkeit hat der Gesetzgeber in § 46 Abs. 3 Nr. 1 – 4 BRAO vier Kriterien benannt, die für die Annahme einer anwaltlichen Tätigkeit von Syndikusrechtsanwälten vorliegen müssen. Dazu zählen: die Prüfung von Rechtsfragen, einschließlich der Aufklärung des Sachverhalts sowie das Erarbeiten und Bewerten von Lösungsmöglichkeiten (aa), die Erteilung von Rechtsrat (bb), die Ausrichtung der Tätigkeit auf die Gestaltung von Rechtsverhältnissen, insbesondere durch das selbstständige Führen von Verhandlungen, oder auf die Verwirklichung von Rechten (cc) und die Befugnis, nach außen verantwortlich aufzutreten (dd). Sämtliche Voraussetzungen müssen kumulativ vorliegen (ee).

Den Ausgangspunkt der anwaltlichen Tätigkeit spiegelt § 3 Abs. 1 BRAO wieder, der dem Rechtsanwalt eine konkrete Aufgabe erteilt, nämlich der berufene unabhängige Berater und Vertreter zu sein. Das Bundesverfassungsgericht hat ausgehend hiervon die Aufgabe des Rechtsanwalts wie folgt formuliert:

> „Als unabhängiges Organ der Rechtspflege und als der berufene Berater und Vertreter der Rechtssuchenden hat er die Aufgabe, zum Finden einer sachgerechten Entscheidung beizutragen, das Gericht – ebenso wie Staatsanwaltschaft oder Behörde – vor Fehlentscheidungen zu Lasten seines Mandanten zu bewahren und diesen vor verfassungswidriger Beeinträchtigung oder staatlicher Machtüberschreitung zu sichern; insbesondere soll er die rechtsunkundige Partei vor der Gefahr des Rechtsverlustes schützen."[501]

Unter Berücksichtigung dieser Aufgabenbestimmung, soll zunächst jede einzelne Voraussetzung der anwaltlichen Tätigkeit, wie sie der Gesetzgeber normiert hat, untersucht werden. Zur Bestimmung des Inhalts der einzelnen Voraussetzungen soll dabei auf die allgemeinen Auslegungsgrundsätze zurückgegriffen werden. Dabei soll neben dem Wortlaut, der Systematik, dem gesetzgeberischen Willen sowie dem Sinn und Zweck insbesondere auf die Vier-Kriterien-Theorie eingegangen werden, die dem Gesetzgeber als Grundlage bei der Normierung der Voraussetzungen einer anwaltlichen Tätigkeit diente.[502] Es sollen Gemeinsamkeiten und Unterschiede herausgearbeitet werden, die bei der Auslegung der Begriffsbestimmung helfen sollen.

---

501 BVerfG, Beschl. v. 08.03.1983 – 1 BvR 1078/80, BVerfGE 63, 266 (284).

502 BT-Drs. 18/5563, S. 33; Offermann-Burckart, in: Kilger/Offermann-Burckart/Schafhausen/Schuster (Hrgs.), Das neue Syndikusrecht, § 2, Rn. 31.

aa) Die Prüfung von Rechtsfragen

Das in § 46 Abs. 3 Nr. 1 BRAO genannte Merkmal der Prüfung von Rechtsfragen umfasst nach dem Gesetzeswortlaut die Aufklärung des Sachverhalts sowie das Erarbeiten und Bewerten von Lösungsmöglichkeiten. In den Bundestagsdrucksachen[503] wird dieses Kriterium gemeinsam mit dem Kriterium der Rechtsraterteilung in § 46 Abs. 3 Nr. 2 BRAO angelehnt an die Vier-Kriterien-Theorie allgemein als Rechtsberatung beschrieben.[504] Der Gesetzgeber hat hierdurch klargestellt, dass er an dem ersten Merkmal der Vier-Kriterien-Theorie in früherer Form festhält.[505]

(1) Die Rechtsprüfung

Das in § 46 Abs. 3 Nr. 1 BRAO genannte Merkmal der Prüfung von Rechtsfragen umfasst in einem ersten Schritt die Analyse der Rechtslage.[506] Notwendig ist dabei eine Auseinandersetzung mit dem konkreten Sachverhalt unter Berücksichtigung des jeweiligen Begehrens des Auftraggebers. Der Rechtsberater darf sich daher nicht mit der rechtlichen Würdigung des ihm vorgetragenen Sachverhalts begnügen, sondern muss sich bemühen, durch Befragung des Rechtssuchenden ein möglichst vollständiges und objektives Bild der Sachlage zu gewinnen.[507] Bei lückenhafter Information muss der Syndikusrechtsanwalt auf ihre Vervollständigung drängen.[508] Ist der Sachverhalt ermittelt, folgt in einem zweiten Schritt die Analyse der Gesetzeslage, der Verwaltungspraxis und der höchstrichterlichen Rechtsprechung unter Berücksichtigung der Bedeutung für den konkreten Sachverhalt.[509] Im Anschluss hieran folgt die Ermittlung verschiedener Lösungsmöglichkeiten, ehe die Darstellung verschiedener Lösungsoptionen und ihre Bewertung in rechtlicher, tatsächlicher und wirtschaftlicher Hinsicht erfolgt.[510] Das Ziel der Bewertung rechtlicher Lösungsmöglichkeiten

---

503 BT-Drs. 18/5563, S. 33.

504 So insbesondere auch der Gesetzgeber, vgl. BT-Drs. 18/5563, S. 34. Auch der Gesetzgeber verwendet den Begriff der Rechtsberatung im Rahmen der Gesetzesbegründung, BT-Drs. 18/5563, S. 33.

505 BT-Drs. 18/5563, S. 33; Koch, DNotZ 2018, 84 (87).

506 So auch der Gesetzgeber, vgl. BT-Drs. 18/5563, S. 33.

507 So auch der Gesetzgeber, vgl. BT-Drs. 18/5563, S. 33 unter Bezugnahme auf BGH, Urt. v. 21.11.1960 – III ZR 160/59, NJW 1961, 601; Hartung/Hartung/Scharmer, BORA/FAO, § 46 BRAO, Rn. 22.

508 BT-Drs. 18/5563, S. 33 unter Hinweis auf BGH, Urt. v. 08.10.1981 – III ZR 190/79, NJW 1982, 437 (438).

509 So auch der Gesetzgeber, vgl. BT-Drs. 18/5563, S. 33.

510 So auch der Gesetzgeber, vgl. BT-Drs. 18/5563, S. 33.

stellt die Zurverfügungstellung sämtlicher Aspekte für die Entscheidungsfindung des Mandanten dar. Dabei soll es sich um eine Vorbereitungshandlung zur Erteilung eines Rechtsrates handeln.[511]

In systematischer Hinsicht kann für die Norm auf die Bundesrechtanwaltsordnung Bezug genommen werden. Eine Norm, welche die Prüfung von Rechtsfragen zum Gegenstand hat, normiert die Bundesrechtsanwaltsordnung auch nach der Neufassung nur in § 46 Abs. 3 Nr. 1 BRAO. Eine weitergehende inhaltliche Ausgestaltung kann der Norm unter Heranziehung der übrigen Vorschriften zum Syndikusrechtsanwalt nicht entnommen werden.

Demgegenüber normiert jedoch § 3 Abs. 1 BRAO, dass der Rechtsanwalt der berufene unabhängige Berater und Vertreter in allen Rechtsangelegenheiten ist. Einer konkreten Auseinandersetzung mit dieser Norm bedarf es jedoch nicht, da die Beratung nach § 3 Abs. 1 BRAO unzweifelhaft die Prüfung von Rechtsfragen umfasst.

Dem gesetzgeberischen Willen nach sollen die vier Merkmale in § 46 Abs. 3 Nr. 1 – 4 BRAO weitestgehend der Vier-Kriterien-Theorie entsprechen. Als erstes Merkmal wurde die Rechtsberatung dargestellt, die eine unabhängige Analyse von betriebsrelevanten, konkreten Rechtsfragen, eine selbständige Herausarbeitung und Darstellung von Lösungswegen und ein Bewerten der Lösungsmöglichkeiten zum Gegenstand hatte. In der Praxis[512] wurde dieses Merkmal dahingehend verstanden, dass jemand mit der Betreuung konkreter Rechtsfälle betraut sein müsse, als Ansprechpartner der Fachabteilungen tätig werde und in diesem Zusammenhang Einzelfallentscheidungen treffe oder Grundsatzentscheidungen auf bestimmten Rechtsgebieten erarbeite und bei der konkreten Umsetzung im Unternehmen helfe.[513] Mit Ausnahme der Betriebsbezogenheit der konkreten Rechtsfrage entspricht die Definition im Rahmen der Vier-Kriterien-Theorie der Prüfung von Rechtsfragen in § 46 Abs. 3 Nr. 1 BRAO. Der Gesetzgeber hat sich ohne nähere Begründung dagegen entschieden die

---

511 So auch der Gesetzgeber, vgl. BT-Drs. 18/5563, S. 33.

512 Statt vieler SG Köln, Urt. v. 30.09.2011 – S 36 R 1106/10, Rn. 30, juris; SG Duisburg, Urt. v. 07.02.2012 – S 37 R 1451/10 –, Rn. 29, juris.

513 SG Köln, Urt. v. 30.09.2011 – S 36 R 1106/10, Rn. 30, juris; LSG Hessen, Urt. v. 29.10.2009 – L 8 KR 189/08, BeckRS 2010, 65634 unter Bezugnahme auf Prossliner, AnwBl. 2009, 133. Vgl. zur Rechtsprechung aus neuerer Zeit die Entscheidung des Anwaltsgerichtshofes Stuttgart, Urt. v. 26.06.2017 – AGH 16/2016 II, Rn. 35, juris, die zur Auslegung der Rechtsprüfung ebenfalls auf die Vier-Kriterien-Theorie Bezug nimmt.

Betriebsbezogenheit der relevanten Fragestellungen in § 46 Abs. 3 Nr. 1 BRAO zu inkludieren.

Unter Berücksichtigung des Sinn und Zwecks von § 46 Abs. 3 BRAO, nämlich die anwaltliche Tätigkeit zu umschreiben, sollten keine erhöhten Anforderungen an den Begriff der Rechtsprüfung gestellt werden. Ausreichend ist insofern in einem ersten Schritt die Ermittlung des Sachverhalts und in einem weiteren Schritt die sich daran anschließende Bewertung von Lösungsmöglichkeiten als Vorbereitungshandlung für die Erteilung des Rechtsrates.

(2) Der Umfang der Beratung und ihre Auswirkungen

Der Umfang der Beratung von Syndikusrechtsanwälten gegenüber ihrem Arbeitgeber ist in § 46 Abs. 5 BRAO näher dargestellt worden.[514] Dort wird die Befugnis des Syndikusrechtsanwalts zur Beratung und Vertretung auf die Rechtsangelegenheit des Arbeitgebers beschränkt. In § 46 Abs. 5 S. 2 BRAO wird darauf Bezug genommen, dass hierunter auch Rechtsangelegenheiten innerhalb verbundener Unternehmen nach § 15 Aktiengesetz[515] fallen (Nr. 1), oder erlaubte Rechtsdienstleistungen des Arbeitgebers gegenüber seinen Mitgliedern, sofern es sich bei dem Arbeitgeber um eine Vereinigung oder Gewerkschaft nach § 7 des RDG oder nach § 8 Abs. 1 Nr. 2 RDG handele (Nr. 2), verstanden werden.[516] Mit der Erfassung von Vereinigungen und Gewerkschaften gem. § 7 Abs. 1 RDG sind die zur Wahrnehmung gemeinschaftlicher Interessen gegründeten Vereinigungen und deren Zusammenschlüsse sowie Genossenschaften, genossenschaftliche Prüfungsverbände und deren Spitzenverbände sowie genossenschaftliche Treuhandstellen und ähnliche Einrichtungen (§ 7 Abs. 1 S. 1 RDG) bzw. im alleinigen wirtschaftlichen Eigentum der in Satz 1 genannten Vereinigungen

514 Vgl. zur Frage, ob es sich bei den in § 46 Abs. 5 S. 2 Nr. 1–3 BRAO genannten Beispielen um eine abschließende Regelung handelt die Entscheidung des BGH, Urt. v. 02.07.2018 – AnwZ (Brfg) 49/17, NJW 2018, 3100 mit der Anmerkung von Schaffhausen, NJW 2018, 3110. Das Gericht bestätigt in dieser Entscheidung eine abschließende Regelung, die eng auszulegen sei. Vgl. zur a.A. Hartung/Hartung/Scharmer, BORA/FAO, § 46 BRAO, Rn. 44 und Kleine-Cosack, AnwBl. 2016, 101 (102, 108 f.), die in § 46 Abs. 5 S. 2 lediglich eine Rechtsdienstleistungsbefugnis des Syndikusrechtsanwalts sehen.

515 Gesetz vom 06.09.1965, BGBl. I, S. 1089, in Kraft getreten am 01.01.1966, zuletzt geändert d. das Gesetz v. 17.07.2017, BGBl. I, S. 2446, m.W.v. 22.07.2017.

516 § 46 Abs. 5 Nr. 3 BRAO erlaubt auch Rechtsdienstleistungen des Arbeitgebers gegenüber Dritten, sofern es sich bei dem Arbeitgeber um einen Angehörigen der in § 59a genannten sozietätsfähigen Berufe oder um eine Berufsausübungsgesellschaft solcher Berufe handle.

oder Zusammenschlüsse stehende juristische Personen (§ 7 Abs. 2 S. 1 RDL) erfasst worden. Hierzu zählen z.B. Arbeitgeberverbände, Gewerkschaften, Berufsverbände oder Mietervereine, Automobilclubs oder Fachverbände der Industrie und des Handels.[517] Von § 8 Abs. 1 Nr. 2 RDL werden demgegenüber die als Körperschaften des öffentlichen Rechts organisierten Berufskammern, aber auch die privatrechtlich organisierten Wohlfahrtsverbände der als Körperschaft des öffentlichen Rechts anerkannten Kirchen, sowie die Caritas oder die Diakonie erfasst.[518] Der Gesetzgeber sah die Beschränkung auf die genannten Vereinigungen als geboten an, um die Unabhängigkeit der anwaltlichen Rechtsberatung und Vertretung zu gewährleisten.[519] Aufgrund des Verbots der Fremdkapitalbeteiligung müsse sichergestellt werden, dass der Rechtsrat nicht durch anderweitige wirtschaftliche Erwägungen beeinflusst werde.[520] Eine Interessenskollision sei nicht zu befürchten.[521] Zwischen den Mitgliedern und dem Verband bestünde in der Regel ein gleichgelagertes Interesse und die Beratungsleistung sei umlagefinanziert.[522]

Die Normierung einer Ausnahmevorschrift für die Beratung von Mitgliedern des Arbeitgebers ist daneben vor dem Hintergrund der, in der Literatur heftig kritisierten, Rechtsfolgen durch die Urteile des Bundessozialgerichts zu sehen. So bestand Uneinigkeit darüber, ob die in den Urteilen getroffenen Feststellungen sich ausschließlich auf Syndikusanwälte in Unternehmen oder auch auf sonstige Syndikusanwälte z.B. in Arbeitgeberverbänden sowie deren Zusammenschlüsse und Gewerkschaften bezogen. Letztere haben insbesondere im Arbeitsrecht eine Sonderstellung, da sie gem. § 11 Abs. 2 S. 2 Nr. 4 Arbeitsgerichtsgesetz (ArbGG)[523] anders als noch in § 46 BRAO a.F. zur Vertretung ihrer Mitglieder vor den Arbeitsgerichten, den Landesarbeitsgerichten und dem Bundesarbeitsgericht gem. § 11 Abs. 4 S. 2 ArbGG befugt waren. Der Gesetzgeber hat mit § 46 Abs. 5 S. 2 Nr. 2 BRAO nunmehr klargestellt, dass die Beratung und Vertretung von Mitgliedern eines Verbandes möglich ist und damit eine unklare Rechtslage beseitigt.

517 BT-Drs. 18/5563, S. 36.
518 BT-Drs. 18/5563, S. 36.
519 BT-Drs. 18/5563, S. 36.
520 BT-Drs. 18/5563, S. 36.
521 BT-Drs. 18/5563, S. 36.
522 BT-Drs. 18/5563, S. 36.
523 Arbeitsgerichtsgesetz in der Fassung der Bekanntmachung v. 02.07.1979, BGBl. I, S. 853, 1036, zuletzt geändert d. Artikel 5 Absatz 4 des Gesetzes v. 08.10.2017, BGBl. I, S. 3546.

In § 46 Abs. 5 S. 2 Nr. 3 normiert der Gesetzgeber schließlich, dass die Befugnis zur Beratung und Vertretung auch erlaubte Rechtsdienstleistungen des Arbeitgebers gegenüber Dritten umfassen, sofern es sich bei dem Arbeitgeber um einen Angehörigen eines nach § 59a BRAO genannten sozietätsfähigen Beruf oder um eine Berufsausübungsgesellschaft solcher Berufe handle.

Zu berücksichtigen ist im Rahmen der in § 46 Abs. 5 S. 2 Nr. 1 – 3 BRAO genannten Beispiele, dass es sich hierbei um eine abschließende Aufzählung handelt, welche eng auszulegen ist.[524]

bb) Die Rechtsraterteilung

In § 46 Abs. 3 Nr. 2 BRAO wird als weiteres Merkmal einer anwaltlichen Tätigkeit die Erteilung von Rechtsrat normiert. Eine Definition umfasst die Norm nicht.

(1) Der Rechtsrat

Die wörtliche Auslegung des Begriffs „Rechtsrat" beinhaltet die Erteilung eines rechtlichen Vorschlags, einer rechtlichen Empfehlung oder einer rechtlichen Anregung.[525] Ausgehend von einer Auslegung des Wortlauts ist hierbei Voraussetzung, dass sich ein Rechtsrat zunächst manifestiert und anschließend im Rahmen einer nach außen tretenden Handlung gegenüber dem Auftraggeber geäußert wird. Unproblematisch sind in diesem Zusammenhang die Fälle, in denen ein Auftrag auf die Analyse der Sach- und Rechtslage einer konkreten Rechtsfrage gerichtet ist, die einen konkreten rechtlichen Vortrag nach sich zieht. Schwieriger, gleichwohl aber auch umfasst, sind die Fälle, in denen mehrere Lösungsmöglichkeiten in Betracht kommen. So kann die Aufgabe des Auftragnehmers hier darin liegen dem Auftraggeber sämtliche in Betracht kommenden Optionen vorzustellen. Sie kann aber auch darin liegen, von mehreren Lösungsmöglichkeiten die am besten geeignetste Lösung auszusuchen und nur diese dem Auftraggeber vorzustellen. In diesem Bereich entscheidet der konkrete Auftrag über das weitere Vorgehen des Rechtsraterteilenden.

---

524 So auch BGH, Urt. v. 02.07.2018 – AnwZ (Brfg) 49/17, NJW 2018, 3100, der über die Zulassung zur Syndikusrechtsanwältin einer externen Datenschutzbeauftragten zu entscheiden hatte. Der BGH stellte hierbei fest, dass die Klägerin im Rahmen ihres Arbeitsverhältnisses nicht für ihre Arbeitgeberin in deren Rechtsangelegenheiten tätig sei.

525 Vgl. zum Begriff Rat: http://www.duden.de/rechtschreibung/Rat (zuletzt abgerufen am 19.07.2019).

(2) Die Abgrenzung zur Rechtsvermittlung nach der Vier-Kriterien-Theorie

Nach der bisherigen Judikatur[526] und Literatur[527] zählte unter Berücksichtigung der Vier-Kriterien-Theorie u.a. die mündliche Darstellung abstrakter Regelungskomplexe vor einem größeren Zuhörerkreis bzw. deren schriftliche Aufarbeitung und Bekanntgabe sowie Erläuterung von Entscheidungen im Einzelfall hierzu.[528] In der Literatur sollte diese Voraussetzung erfüllt sein, wenn der Betroffene einzelne Anfragen anderer Fachabteilungen bearbeitet oder vom Vorstand eines Unternehmens bzw. Verbandes zur Beantwortung von Einzelfragen herangezogen wurde.[529] Das Merkmal der Rechtsraterteilung wird in der Praxis vermehrt das unter der Geltung der Vier-Kriterien-Theorie beschriebene Merkmal der Rechtsvermittlung gleichgesetzt. So entschied z.B. der Anwaltsgerichtshof Stuttgart, dass dem Merkmal der Rechtsraterteilung Rechnung getragen werde, wenn es z.B. zu den Aufgaben des Betroffenen gehört, einzelne Anfragen von anderen Fachabteilungen zu bearbeiten, wenn er vom Vorstand eines Unternehmens oder Verbands zur Beantwortung von Einzelfragen herangezogen wird und im Rahmen wirtschaftlich oder politische relevanter Entscheidungen den Vorstand zu beraten hat. Kurzgutachten können ebenso darunter fallen wie Schulungen zur Durchsetzung konkreter Vorgaben.[530]

Der Gesetzgeber demgegenüber ist einer Verweisung auf den Begriff der Rechtsvermittlung nicht nähergetreten.[531] Nach der Gesetzesbegründung bezieht sich § 46 Abs. 3 Nr. 2 BRAO auf den dem Mandanten (Arbeitgeber) erteilten beziehungsweise zu erteilenden Rechtsrat.[532] Auch auf die Quantität des Auditoriums wird kein Wert mehr gelegt.[533]

---

526 LSG Hessen, Urt. v. 29.10.2009 – L 8 KR 189/08, BeckRS 2010, 65634.

527 Kleine-Cosack, AnwBl. 2016, 101 (105).

528 Statt vieler: LSG Hessen, Urt. v. 29.10.2009 – L 8 KR 189/08, BeckRS 2010, 65634 unter Bezugnahme auf Prossliner, AnwBl. 2009, 133.

529 Kleine-Cosack, AnwBl. 2016, 101 (105).

530 So aus der neueren Rechtsprechung unter Bezugnahme auf die zur alten Rechtslage geltenden Maßstäbe Anwaltsgerichtshof Stuttgart, Urteil vom 26.06.2017 – AGH 16/2016 II, Rn. 36, juris.

531 BT-Drs. 19/5563, S. 34.

532 BT-Drs. 19/5563, S. 34.

533 Vgl. die Anmerkung bei Kleine-Cosack, AnwBl. 2016, 101 (105), wonach zur Rechtsraterteilung nach der Vier-Kriterien-Theorie die mündliche Darstellung abstrakter Regelungskomplexe vor einem größeren Zuhörerkreis bzw. deren schriftliche Aufarbeitung und Bekanntgabe sowie Erläuterung von Entscheidungen im Einzelfall gehörte.

Die so verstandene Rechtsvermittlung ist daher mit dem Begriff der Rechtsraterteilung in § 46 Abs. 3 Nr. 2 BRAO nicht gleichzusetzen. Vor dem Hintergrund, dass der Gesetzgeber den Begriff der Rechtsvermittlung nicht aufgegriffen hat, verbietet sich unter Berücksichtigung der allgemeinen Auslegungsregeln ein Rückgriff auf die Definition der Rechtsvermittlung für den Begriff der Rechtsraterteilung. So ist bereits der Wortlaut der Vorschrift nicht mit dem Merkmal der Rechtsvermittlung gleichzusetzen. Während letztere insbesondere die Darstellung abstrakter Regelungskomplexe vor einem größeren Zuhörerkreis erforderte, setzt die Rechtsraterteilung nur die Entäußerung eines Rechtsrates gegenüber dem Auftraggeber (Arbeitgeber voraus). Auch der Umstand, dass der Gesetzgeber auf den Begriff der Rechtsvermittlung verzichtet hat, spricht dafür diesen nicht im Rahmen der Rechtsraterteilung zu berücksichtigen.

(3) Die Rechtsraterteilung als Rechtsberatung im Sinne von § 3 Abs. 1 BRAO

Fraglich ist, ob die Rechtsraterteilung vom Begriff der Beratung im Sinne von § 3 Abs. 1 BRAO umfasst ist. Während dies für die Prüfung von Rechtsfragen unproblematisch zu bejahen war, ist dies im Rahmen der Rechtsraterteilung, die einen Bezug nach Außen darstellt und nicht bloß eine reine interne Vorbereitungshandlung voraussetzt, näher zu prüfen. Der Begriff der Beratung ist nicht juristischen Ursprungs. Er entspringt dem allgemeinen Sprachgebrauch und unterliegt der Entwicklung der Sprachanwendung. Bei der Auslegung eines solchen Begriffs ist darauf zu achten, dass sich der Gesetzgeber durch die Trennung zwischen Vertretung und Beratung in § 3 Abs. 1 BRAO bewusst war, dass es einen Unterschied in der Handlungsweise des Rechtsanwalts gibt, der einerseits außergerichtlich (Beratung) und andererseits gerichtlich (Vertretung) tätig wird. Da dem Syndikusrechtsanwalt aufgrund von § 46c Abs. 2 BRAO der Zugang zur gerichtlichen Tätigkeit teilweise verwehrt wird, kommt der beratenden Tätigkeit mehr Gewicht zu.

Zur Beratung gehört nach dem allgemeinen Sprachgebrauch im engeren Sinne die Auskunft. Im Falle der rechtlichen Beratung ist es daher erforderlich die Auftraggeber umfassend zu informieren und ihnen auch Lösungsvorschläge zu unterbreiten. Die Rechtsberatung für ein Unternehmen kann daher in der unabhängigen Analyse von konkreten Rechtsfragen, der selbständigen Herausarbeitung und Darstellung von Lösungswegen und Lösungsmöglichkeiten vor dem spezifisch betrieblichen Hintergrund sowie dem unabhängigen Bewerten der Lösungsmöglichkeiten liegen.[534] Die Beratung durch einen Rechtsanwalt liegt

534 So wurde es bereits im Merkblatt der ABV e.V. i.V.m. DRV Bund im Rahmen der Vier-Kriterien-Theorie formuliert.

allerdings nicht nur in der konkreten Ausarbeitung von Lösungsoptionen, sondern muss allen voran deren Anwendung umfassen. Die schriftliche Fixierung der Lösungsoptionen in Gutachten, Schriftsätzen etc. ist daher vom Umfang der Beratung ebenso umfasst wie das bloß mündliche Beratungsgespräch.

Die eigentliche Erteilung von Rechtsrat ist unter Berücksichtigung dieses Beratungsverständnisses bereits mitumfasst, sodass sie im Einklang mit § 3 Abs. 1 BRAO steht. Im Kern bedarf es für die Erteilung eines Rechtsrates einer nach außen wirksam in Erscheinung tretenden Handlung, die sowohl mündlich als auch schriftlich erfolgen kann. Dem Auftraggeber werden somit die unterschiedlichen Lösungsvorschläge unterbreitet und ggf. im Rahmen einer Abwägungsentscheidung mitgeteilt, welche Vorgehensweise zur Erreichung seines Ziels am besten geeignet ist. Die konkrete Entscheidung, welche von diesen Ratschlägen der Auftraggeber in Anspruch nimmt, muss jedoch dem Auftraggeber vorbehalten bleiben.

cc) Die Gestaltung von Rechtsverhältnissen

Als drittes Merkmal normiert § 46 Abs. 3 Nr. 3 BRAO, dass die Ausrichtung der Tätigkeit auf die Gestaltung von Rechtsverhältnissen, insbesondere durch das selbständige Führen von Verhandlungen, oder auf die Verwirklichung von Rechten gerichtet sein muss. Dabei hat der Gesetzgeber darauf verzichtet, die Gestaltung von Rechtsverhältnissen konkret zu definieren. Stattdessen hat er enumerativ Beispiele für das Vorliegen des Merkmals genannt. Nicht geklärt wird hierdurch die Frage, ob das Ergebnis der Gestaltung einen nach außen wirksamen Akt voraussetzt. Während die wohl herrschende Meinung einen bloß internen Prozess der Gestaltung von Rechtsverhältnissen ausgehend von dem Wortlaut und der Bezugnahme auf die Erläuterungen in den Bundestagdrucksachen[535] genügen lässt[536], soll die nachfolgende Untersuchung unter Erläuterung der im Gesetz genannten Beispiele eine Antwort auf diese Frage geben.

(1) Das selbständige Führen von Verhandlungen und die Verwirklichung von Rechten

Das Führen von Verhandlungen setzt inhaltlich die Umsetzung der im Rahmen der Beratung erfolgten Auseinandersetzung mit der rechtlichen Analyse der Sachlage und der Auskunft gegenüber dem Auftraggeber voraus. Nach interner Beratung und Rechtsraterteilung obliegt die weitergehende Vorgehensweise dem

535 Vgl. BT-Drs. 18/5563, S. 34.
536 Römermann/Günther, NZA 2016, 71 (72).

Auftraggeber, der nach einer Entscheidung über das weitere Vorgehen den Syndikusrechtsanwalt informiert. Das Führen von Verhandlungen stellt damit die Durchsetzung der vom Auftraggeber ausgewählten Lösung gegenüber Dritten dar. Diese kann z.B. in dem Eintreten von Verhandlungen mit Dritten liegen.

Die Durchsetzung eines Rechts hat viele Facetten. Sie kann in der prozessualen Realisierung vor Gericht oder im Ausfertigen von konkreten Schriftsätzen oder sonstigen Schreiben sowie Vertragsentwürfen gegenüber Dritten liegen und kann bei Erfolg in die Verwirklichung von Rechten münden. Sie kann gerichtlich sowie außergerichtlich erfolgen und kann Vertragsverhandlungen nötig werden lassen oder diesen vorausgegangen sein. Auch die Führung von Verhandlungen, in denen der Auftraggeber ein konkretes Ergebnis erzielen möchte, stellt letztlich die Verwirklichung von Rechten dar. Die Grenze zwischen beiden Beispielen verschwimmt daher im Einzelfall. Denn das Führen von Verhandlungen setzt unzweifelhaft nach außen tretende aktive Handlungen mit Dritten voraus. Aber auch die Verwirklichung von Rechten, die eine Umsetzung oder Realisierung eines Rechts darstellt[537], erfordert in aller Regel eine Bezugnahme nach außen. Die Realisierung von Rechten kann nach ihrem Wortlautverständnis keine bloß interne Ausübung darstellen. Rechte und Rechtsverhältnisse setzten stets eine Beziehung zwischen zwei oder mehreren Personen oder Sachen voraus. Wird ein Rechtsverhältnis für die eine Person realisiert, verkürzt sich in der Regel für die andere Person die Möglichkeit des Einwirkens im selben Rechtsverhältnis.[538] Die Umsetzung basiert daher auf einer gemeinsamen Handlung. Beiden gesetzlich normierten Beispielen ist daher gemeinsam, dass sie dem Grunde nach einen nach außen tretenden Akt voraussetzen.

(2) Die Ausrichtung der Tätigkeit auf die Gestaltung von Rechtsverhältnissen

Die beispielhaft aufgezählte Verhandlungsführung sowie Rechtsverwirklichung umfasst nach dem soeben Dargestellten ein nach außen tretendes Handeln des Syndikusanwalts gegenüber Dritten. Die normierten Beispiele sind jedoch nicht abschließend zu verstehen. So kann die Gestaltung von Rechtsverhältnissen auch als rein kautelarische Tätigkeit verstanden werden. Sie zeichnet sich durch die Ausgestaltung und Erstellung von Verträgen aus.[539] Das Kernelement der

537 Duden: http://www.duden.de/rechtschreibung/Verwirklichung (zuletzt abgerufen am 30.06.2019).

538 Ausnahmemöglichkeiten bestehen z.B. bei gegenseitigen Verträgen.

539 Die kautelarische Tätigkeit kommt häufig im Arbeits-, Gesellschafts- und Mietrecht vor. Sie kann das Entwerfen eines Vertragstextes oder die Neuformulierung von Allgemeinen Geschäftsbedingungen (AGB) zum Gegenstand haben.

kautelarischen Tätigkeit ist die Umsetzung erworbenen Wissens in Schriftstücke, die in der Praxis durch den Auftraggeber fortan in Anspruch genommen werden. Regelmäßig tritt der Auftragnehmer in diesen Fällen gegenüber Dritten nicht in Erscheinung.

Vor dem Hintergrund, dass nicht die Tätigkeit selbst, sondern lediglich die Ausrichtung der Tätigkeit auf die Gestaltung der Rechtsverhältnisse gerichtet sein muss, soll nach dem Willen des Gesetzgebers kein direkter Bezug zu externen Dritten erforderlich sein.[540] Vielmehr soll das Tatbestandsmerkmal auch dann erfüllt sein, wenn die Syndikusrechtsanwälte tatsächlich von der normierten Befugnis keinen Gebrauch machen, etwa weil sie ausschließlich vertragsgestaltend oder unternehmensberatend tätig sind.[541] Die Kernelemente, die einer Verhandlungsführung und einer Rechtsverwirklichung immanent sind, sollen nach dem Willen des Gesetzgebers daher gerade nicht notwendiger Bestandteil einer anwaltlichen Tätigkeit sein.[542] Insoweit umfasse auch die Gestaltung von abstrakt rechtlichen Regelungen eine solche Tätigkeit.[543] Der Gesetzgeber verlangt damit, dass die Syndikusrechtsanwälte die theoretische Möglichkeit der Führung von Verhandlung bzw. der Verwirklichung von Rechten nach außen haben, diese aber nach außen nicht durchführen müssen.

(3) Die Vereinbarkeit mit dem Vertretungspostulat in § 3 Abs. 1 BRAO

Die Tätigkeit des Syndikusrechtsanwalts stellt nach der gesetzgeberischen Novellierung eine anwaltliche Tätigkeit dar und ist als solche an der Tätigkeit des Rechtsanwalts, wie sie sich gemäß § 3 Abs. 1 BRAO darstellt, zu messen. Maßstab ist das dort normierte Leitbild eines selbständigen Rechtsanwalts. Hiernach ist bereits fraglich, ob des Merkmals Rechtsgestaltung beratende oder vertretungsbezogen zu verstehen ist. Sofern auf die genannten Beispiele in § 46 Abs. 3 Nr. 3 BRAO abgestellt wird, muss es sich unzweifelhaft um eine nach außen wirksame Vertretung handeln. Wird jedoch auf das Erfordernis des Auftretens nach außen verzichtet, wie es die Ausrichtung der Tätigkeit nach der gesetzgeberischen Konstruktion implizieren soll, kann es sich lediglich um einen rein internen Prozess handeln.

Während die beratende Tätigkeit grundsätzlich den bloß internen Beratungsprozess im engeren Sinne und die Rechtsraterteilung umfasst, setzt die Vertretung des Auftraggebers zwingend einen Außenbezug zu Dritten voraus. Will

540 BT-Drs. 18/5563, S. 34.
541 BT-Drs. 18/5563, S. 34.
542 BT-Drs. 18/5563, S. 34.
543 BT-Drs. 18/5563, S. 34.

der Gesetzgeber daher die bloße Ausrichtung der Tätigkeit, ohne einen konkret notwendig gewordenen Bezug zur Außenwelt mit Dritten für das Merkmal der Rechtsgestaltung ausreichen lassen, so kann dieses Merkmal gemessen an § 3 Abs. 1 BRAO lediglich von der Beratungstätigkeit eines Rechtsanwalts umfasst sein. Dass die Rechtsgestaltung zur anwaltlichen Tätigkeit zählt, zeigt sich bereits in § 1 Abs. 3 BORA, wonach die Rechtsgestaltung ohne nähere Definition als Aufgabe der Rechtsanwälte beschrieben wird.[544] Hierfür spricht im Ergebnis auch die Möglichkeit der nur kautelarischen Tätigkeit, die ausschließlich eine beratende Tätigkeit darstellt. Eine Unvereinbarkeit mit § 3 Abs. 1 BRAO ergibt sich hieraus nicht.

(4) Die Rechtsgestaltung nach der Vier-Kriterien-Theorie

Das Kriterium der Rechtsgestaltung entspricht seinem Wortlaut nach dem dritten Kriterium der Vier-Kriterien-Theorie. Damals wurde hierunter das eigenständige Führen von Vertrags- und Einigungsverhandlungen mit den verschiedenen Partnern des Arbeitsgebers verstanden.[545] Das Merkmal wurde u.a. bejaht, wenn der Syndikusanwalt außergerichtliche Termine auf Grundlage umfassender Vollmachten wahrnahm und er ohne vorherige Rücksprache verbindliche Vereinbarungen treffen konnte sowie eigenverantwortlich Verhandlungen mit säumigen Kunden führen und über bestimmte Maßnahmen entscheiden konnte, und zwar im Regelfall unabhängig von Einzelweisungen.[546] Die so verstandene Rechtsgestaltung erforderte danach zwingend ein nach außen aktives Tun und ein Auftreten gegenüber Dritten. Mit dem neuen Verständnis des Begriffs der Rechtsgestaltung in § 46 Abs. 3 Nr. 3 BRAO hat sich der Gesetzgeber daher gegen die Anwendung des Dritten Kriteriums der Vier-Kriterien-Theorie entschieden.

(5) Kritik und Empfehlung

Die vom Gesetzgeber genannten Beispiele für eine Gestaltung von Rechtsverhältnissen nach den bisherigen Erkenntnissen sind irreführend und einer konkreten Auslegung wenig zugänglich. Sie erfordern nach der Wortlautauslegung von sich aus ein nach außen sichtbares Auftreten gegenüber Dritten, während der gesetzgeberische Wille ein nach außen tretendes Handeln gerade nicht voraussetzt und die bloß theoretische Möglichkeit der Führung von Verhandlungen oder Verwirklichung von Rechten zur Erfüllung des Merkmals ausreichen

544 Zu berücksichtigen ist im Rahmen der Bundesordnung für Rechtsanwälte, dass es sich hierbei um eine Rechtsverordnung handelt. Als Rechtsverordnung kann sie ihrem Inhalt nach nicht weitergehen als das hierzu verordnungsermächtigende Gesetz.

545 Kleine-Cosack, AnwBl. 2016, 101 (105).

546 Kleine-Cosack, AnwBl. 2016, 101 (105).

lässt. Dieser Umstand lässt sich unter Zugrundelegung der Gesetzesbegründung erarbeiten. Aus dem Wortlaut allein folgt der nach dem gesetzgeberischen Willen ausreichende interne Prozess nicht. Um dieses Missverständnis auszuräumen, wäre eine andere Wortwahl für die Beispielsfälle empfehlenswert gewesen. So hätte verstärkt auf die kautelarische Tätigkeit eingegangen werden können, anstatt Tätigkeitsbeispiele anzuführen, die zwingend eine nach außen wirkende Handlung erfordern. Die Auslegungsschwierigkeiten treten deutlich zu Tage, wenn auf die Definition der Rechtsgestaltung nach der Vier-Kriterien-Theorie zurückgegriffen wird, die zwingend ein Auftreten nach außen erfordert. Dabei erscheint nach gesetzgeberischem Willen die Auslegung der Merkmale unter Berücksichtigung der Vier-Kriterien-Theorie zulässig. Eine ggf. im Rahmen der Gesetzesbegründung vorgenommene Distanzierung von den einzelnen Kriterien der Vier-Kriterien-Theorie wäre vor dem Hintergrund der teilweise anderweitigen Auslegung nach gesetzgeberischem Willen erstrebenswert gewesen, um restliche Zweifel auszuräumen und keine neuen Auslegungsschwierigkeiten entstehen zu lassen.

dd) Die Befugnis zur Vertretung nach außen

Die vierte Voraussetzung, die für eine Annahme der anwaltlichen Tätigkeit vorliegen muss, ist gem. § 46 Abs. 3 Nr. 4 BRAO die Befugnis, nach außen verantwortlich aufzutreten. Während sämtliche bisher angesprochenen Merkmale seit dem ersten Gesetzesentwurf bis zur Beschlussfassung ihren Wortlaut beibehalten haben, ist in der ersten Lesung im Bundestag dieses Merkmal am heftigsten kritisiert worden.[547] Aus der im Gesetzesentwurf noch normierten Formulierung der „Vertretungsbefugnis nach außen“ wurde die „Befugnis nach außen verantwortlich aufzutreten“.[548] Nach der gesetzgeberischen Konzeption sollte die ursprüngliche Formulierung klarstellen, dass die anwaltliche Tätigkeit, die (ggf. im Innenverhältnis beschränkte) Befugnis enthalten müsse, den Arbeitgeber nach außen verbindlich vertreten zu dürfen.[549] Im berufsrechtlichen Schrifttum sei es für eine rechtsanwaltliche Tätigkeit anerkannt, dass selbst dann, wenn im Innenverhältnis zwischen Mandant und Rechtsanwalt vereinbart worden sei, dass der Rechtsanwalt keine Erklärungen gegenüber Dritten für einen

547 Beschlussempfehlung des Ausschusses für Recht und Verbraucherschutz vom 02.12.2015, BT-Drs. 18/6915, S. 15, 22.
548 BT-Drs. 18/6915, S. 22.
549 BT-Drs. 18/6915, S. 22.

Mandanten abgebe, solche Erklärungen wirksam seien und den Mandanten verpflichten könnten.[550]

Ausgehend hiervon wurde im Rahmen des Gesetzgebungsprozesses gefordert, dass hiernach zwingend die Erteilung einer Prokura oder Handlungsvollmacht im Sinne von §§ 48 ff. Handelsgesetzbuch (HGB)[551] erforderlich sei.[552] Durch die sprachliche Änderung sollte, so die Gesetzesbegründung, klargestellt werden, dass das Vorliegen einer anwaltlichen Tätigkeit nicht von der Erteilung einer Prokura oder Handlungsvollmacht abhänge.[553] Die Neuformulierung sollte auch weiterhin nach dem Willen des Gesetzgebers an die von der ABV e.V. i.V.m. DRV Bund entwickelte Vier-Kriterien-Theorie, insbesondere das Kriterium der Rechtsentscheidung anknüpfen, welches dem anwaltlichen Berufsrecht und der dortigen Regelung in § 3 Abs. 1 BRAO angepasst worden sei.[554] Inhaltlich erfordere das Merkmal zwar keine eigene unternehmerische Entscheidung des Syndikusrechtsanwalts.[555] Jedoch solle eine wesentliche Teilhabe am innerbetrieblichen Entscheidungsprozess erkennbar sein.[556] In der Literatur wurde diesbezüglich bemerkt, dass damit regelmäßig ausreichend sein dürfte, dass der Syndikusrechtsanwalt seinen Arbeitgeber nach außen vertrete, ohne dass er zum Vertragsschluss selbst bevollmächtigt werde.[557]

Unproblematisch sind damit die Fälle erfasst, in denen der Syndikusrechtsanwalt bereits eine Handlungsvollmacht oder Prokura besitzt. Auch die Erteilung einer Generalvollmacht oder anderer rechtsgeschäftlicher Vollmachten sowie die Befugnis eigenverantwortlich Schriftsätze zu unterzeichnen reicht insoweit aus.[558]

(1) Die fehlende Außenvertretung unter Bezugnahme auf § 3 Abs. 1 BRAO

In der Literatur wird dem Merkmal der Außenvertretung der fehlende Praxisbezug vorgeworfen.[559] Weder Syndikusrechtsanwälte noch sonstige Rechtsanwälte

---

550 BT-Drs. 18/5563, S. 34.

551 Handelsgesetzbuch in der im Bundesgesetzblatt Teil III, Gliederungsnummer 4100-1, veröffentlichten bereinigten Fassung, zuletzt geändert d. Artikel 3 des Gesetzes v. 10.07.2018, BGBl. I, S. 1102.

552 BT-Drs. 18/6915, S. 22.

553 BT-Drs. 18/6915, S. 22.

554 BT-Drs. 18/6915, S. 22.

555 Moderegger, ArbRB 2016, 16 (17).

556 Kleine-Cosack, AnwBl. 2016, 101 (106).

557 Mehrens, KrV 2016, 51 (52).

558 Huff, BB 2016, 1480 (1481).

559 So z.B. Römermann/Günther, NZA 2016, 71.

würden zwangsläufig über Vertretungskompetenzen verfügen.[560] Sofern der Mandant ausschließlich Rechtsberatung suche, erteile dieser in der Regel keine Vertretungskompetenz.[561] So könne von dem Syndikusanwalt weder ein Auftreten nach außen, noch ein konkreter Kontakt zu Dritten verlangt werden.

Diese Argumentation zwingt dazu, das Merkmal der Befugnis nach außen verantwortungsvoll aufzutreten gänzlich aus dem Katalog der anwaltlichen Tätigkeit zu streichen. Dabei ist unter Einbeziehung des Merkmals der Rechtsgestaltung zu berücksichtigen, dass die Vertretungsbefugnis die einzige Bezugnahme zu einem Tätigwerden nach außen vermittelt. Würde dieses Tätigkeitsmerkmal entfallen, würde die Tätigkeit des Syndikusrechtsanwalts im Verhältnis zu seinem Arbeitgeber keinerlei Außenwirkung mehr erfordern. Entbindet der Gesetzgeber den Syndikusrechtsanwalt von der Verbindlichkeit den Auftraggeber nach außen zu vertreten, fehlt das Tatbestandsmerkmal der Vertretung wie es § 3 Abs. 1 BRAO vorschreibt. Die Vertretung des Auftraggebers nach außen ist aber ein Kernelement der anwaltlichen Tätigkeit. Die bloße Möglichkeit der Vertretung ohne konkreten Praxisbezug stellt sich vor diesem Hintergrund als Widerspruch zu der in § 3 Abs. 1 BRAO dargestellten anwaltlichen Tätigkeit dar.

(2) Der Umfang der Rechtsvertretung

Die Vertretungsbefugnis von Syndikusrechtsanwälten vor Gericht bleibt auch nach der gesetzlichen Novellierung von § 46 BRAO eingeschränkt. Anders als dies noch § 46 BRAO a.F. normierte, ist der Syndikusrechtsanwalts gegenüber seinem Arbeitgeber in zivil-, und arbeitsrechtlichen Streitigkeiten sowie in Verfahren der freiwilligen Gerichtsbarkeit ohne Anwaltszwang vertretungsberechtigt. In Verfahren mit verwaltungs-, finanz- oder sozialrechtlichen Angelegenheiten besteht ein unbeschränktes Vertretungsrecht. In Verfahren vor den Landgerichten, den Oberlandesgerichten oder dem Bundesgerichtshof in zivilrechtlichen Angelegenheiten sowie Verfahren der freiwilligen Gerichtsbarkeit und arbeitsrechtlichen Verfahren vor den Landesarbeitsgerichten oder dem Bundesarbeitsgericht, sofern der Arbeitgeber nicht selbst ein vertretungsbefugter Bevollmächtigter gem. § 11 Abs. 4 S. 2 ArbGG[562] ist, ist die Vertretung durch einen Syndikusrechtsanwalt nicht erlaubt. Gleiches gilt in Straf- und Bußgeldverfahren, soweit diese sich gegen den Arbeitgeber oder dessen Mitarbeiter

560 Römermann/Günther, NZA 2016, 71 (72).
561 Römermann/Günther, NZA 2016, 71 (72).
562 Arbeitsgerichtsgesetz in der Fassung der Bekanntmachung v. 02.07.1979, BGBl. I, S. 853, 1036, zuletzt geändert d. Artikel 3 des Gesetzes v. 12.07.2018, BGBl. I, S. 1151.

richten. Anders ist dies nur in den Fällen, in denen der Arbeitgeber z.B. Nebenkläger oder Geschädigter ist. Diese Grundsätze greifen lediglich dann ein, wenn der Syndikusrechtsanwalt als solcher tätig wird. Verfügt er daneben über eine Zulassung als Rechtsanwalt, bestehen die o.g. Einschränkungen nicht, wenn er in seiner Tätigkeit als selbständiger Rechtsanwalt auftritt. Lediglich für Straf- und Bußgeldverfahren bleibt das Verbot der Vertretung in allen Fällen aufrechterhalten, in denen ein Unternehmensbezug besteht, § 46 Abs. 5 S. 2 Hs. 2. BRAO.

ee) Zwischenergebnis

Mit der Neuregelung des Berufsrechts für Rechtsanwälte hat der Gesetzgeber konkrete Bedingungen einer anwaltlichen Tätigkeit normiert, die für eine Zulassung zur Rechtsanwaltschaft (Syndikusrechtsanwalt) vorliegen müssen. Positiv zu verzeichnen ist hierbei, dass der Gesetzgeber vereinzelt eine Definition aufgenommen hat, an der sich die zuständigen Stellen bei der Anwendung orientieren können. Gleichzeitig zeigt der Verweis auf die Vier-Kriterien-Theorie, dass der Gesetzgeber an einzelnen Stellen keine stringente Trennung vorgenommen hat, wenn er im Einzelfall von einem Merkmal der Vier-Kriterien-Theorie abgewichen ist. In der Praxis kann dies zu Rechtsunsicherheiten führen. Rechtlich nicht standfest sind zudem die Ausführungen zur fehlenden außenwirksamen Vertretung. Diese stehen mit § 3 Abs. 1 BRAO in Widerspruch. Sofern auf eine Vertretung nach außen in Gänze verzichtet werden soll, um so der Tätigkeit eines Syndikusrechtsanwalts am ehesten gerecht zu werden, ist zu berücksichtigen, dass diese Tätigkeit zwingend anwaltlicher Natur sein muss. Insoweit muss klargestellt werden, dass die Bundesrechtsanwaltsordnung von einer einheitlichen anwaltlichen Tätigkeit ausgeht. Eine anwaltliche Tätigkeit in Bezug auf Syndikusrechtsanwälte kann keine andere Tätigkeit im Bezug auf selbständige Rechtsanwälte sein. Hätte der Gesetzgeber von einer Vertretungsbefugnis Abstand nehmen wollen, wäre es ein leichtes gewesen, § 3 Abs. 1 BRAO dahingehend zu ändern, dass zu den Aufgaben eines Rechtsanwalts keine zwingende Vertretung mehr zählt. Soweit § 3 Abs. 1 BRAO nach wie vor kumulativ eine beratende und vertretende Komponente der originären anwaltlichen Tätigkeit normiert, ist diese auch im Rahmen der Tätigkeit von Syndikusrechtsanwälten bei ihrem Antrag auf eine Zulassung zur Rechtsanwaltschaft als Syndikusrechtsanwalt zu fordern.

d) Die Kumulation aller vier Merkmale

In der bisherigen Untersuchung wurden die einzelnen Kriterien einer anwaltlichen Tätigkeit gemäß § 46 Abs. 3 BRAO analysiert. Der Gesetzgeber fordert zusätzlich das kumulative Vorliegen aller vier Merkmale. Bereits im Rahmen der Vier-Kriterien-Theorie wurde dies gefordert, so dass die Negierung eines Merkmals eine Befreiung von der gesetzlichen Rentenversicherungspflicht ausschloss. Häufig scheiterte die Befreiungsentscheidung an den Merkmalen der Rechtsentscheidung und der Rechtsgestaltung.[563] Vor dem Hintergrund, dass die Zulassungsvoraussetzungen für die Rechtsanwaltschaft ausschließlich personenbezogen sind, während die Zulassung zum Rechtsanwalt (Syndikusrechtsanwalt) tätigkeitsbezogene Merkmale erfordert, bleibt zu untersuchen, ob durch die Gesetzesimplementierung einer Kumulationsvorschrift ein Verstoß gegen Art. 3 Abs. 1 GG vorliegt.

aa) Die Differenzierung zwischen zwei Vergleichsgruppen

Nach Maßgabe der herkömmlichen Gleichheitsdogmatik[564] kann ein Verstoß gegen Art. 3 Abs. 1 GG nur dann in Betracht kommen, wenn sich das staatliche Handeln in einer verfassungsrechtlich relevanten Ungleich- bzw. Gleichbehandlung äußert. Ausgangspunkt der folgenden Diskussion muss daher die Suche nach Vergleichspaaren sein, die nicht identisch oder – umgekehrt – gerade identisch behandelt werden.[565] Nicht gemeint ist damit, dass alle Menschen ungeachtet ihrer Unterschiedlichkeit schematisch gleich behandelt werden sollen, da dies Ungleichbehandlungen gerade implizieren würde[566]; vielmehr verlangt der allgemeine Gleichheitssatz „eine gerechte Behandlung, eine Behandlung als Gleicher“[567] und Differenzierungen durch gerechte Kriterien.[568] Vorliegend kann als tertium comparationis, also als gemeinsames Differenzierungskriterium, sowohl auf niedergelassene selbständig tätige als auch auf bei anwaltlichen Arbeitgebern angestellte Rechtsanwälte abgestellt werden. Im Rahmen der nachfolgenden Untersuchung soll keine weitergehende Differenzierung zwischen

---

563 Vgl. hierzu auch die Ausführungen von Offermann-Burckart, in: Kilger/Offermann-Burckard/Schafhausen/Schuster (Hrsg.), Das neue Syndikusrecht, § 2, Rn. 33.

564 Vgl. hierzu z.B. Britz, NJW 2014, S. 346 ff. Für ein anderes Eingriffsmodell, welches sich an der dogmatischen Struktur einer Freiheitsrechtsprüfung orientiert, vgl. Huster, Rechte und Ziele, S. 225 ff., ders., in: Friauf/Höfling, GG, Bd. I, Art. 3, Rn. 78 ff., ders., JZ 1994, 541 (547 ff.).

565 Wertende Elemente sind dabei außer Acht zu lassen, vgl. Huster, in: Friauf/Höfling, GG, Bd. 1, Art. 3, Rn. 52 ff., BeckOK Grundgesetz/Kischel, GG, Art. 3, Rn. 17.

566 Robbers, DÖV 1988, 749 (750).

567 Huster, JZ 1994, 541 (547); ausführlicher ders., Rechte und Ziele, S. 29 und ders., in: Friauf/Höfling, GG, Bd. 1, Art. 3, Rn. 32 ff.,

568 Hesse, Grundzüge des Verfassungsrechts, § 12, Rn. 438.

niedergelassenen und bei anwaltlichen Arbeitgebern angestellten Rechtsanwälten erfolgen. Zwischen beiden Gruppen besteht insoweit keine Unterscheidung. Durch die Implementierung einer detailreichen Zulassungsvorschrift für Syndikusrechtsanwälte hat der Gesetzgeber strengere Regelungen aufgestellt, als er es für selbständige Rechtsanwälte oder bei Rechtsanwälten angestellten Rechtsanwälten durch § 4 BRAO vorgesehen hat. Normativ stellt der Gesetzgeber demnach höhere Anforderung an die Zulassung zum Syndikusrechtsanwalt als an die Zulassung zum Rechtsanwalt. Nachfolgend soll untersucht werden, inwieweit diese Ungleichbehandlung einer Rechtfertigung unterliegt.

bb) Rechtfertigungsmaßstab

Allein aus der unterschiedlichen Behandlung von Syndikusrechtsanwälten und Rechtsanwälten bei der Zulassung resultiert noch kein Grundrechtsverstoß, der zu einer Verfassungswidrigkeit der Regelung führt. Kerngedanke des allgemeinen Gleichheitssatzes ist das Gebot, gleiche Sachverhalte nicht ohne hinreichenden, die Unterscheidung rechtfertigenden Grund ungleich zu behandeln. Im Grundsatz war dies nach der Rechtsprechung des BVerfG gegeben, wenn sich ein vernünftiger, sich aus der Natur der Sache ergebender oder sonst wie sachlich einleuchtender Grund weder für die gesetzliche Differenzierung noch für die Gleichbehandlung finden lässt.[569] Gesteigerte Anforderungen an die Rechtfertigung einer Ungleichbehandlung forderte das Bundesverfassungsgericht nach der sog. Neuen Formel.[570] Demnach war Art. 3 Abs. 1 GG vor allem verletzt,

> „wenn eine Gruppe von Normadressaten im Vergleich zu anderen Normadressaten anders behandelt wird, obwohl zwischen beiden Gruppen keine Unterschiede solcher Art und solchem Gewicht bestehen, dass sie die Ungleichbehandlung rechtfertigen können."[571]

Die insoweit vorzunehmende Prüfung war an dem Grundsatz der Verhältnismäßigkeit auszurichten. Für den Gesetzgeber ergaben sich letztlich

---

569 BVerfG, Urt. v. 23.10.1951 – 2 BvG 1/51, BVerfGE 1, 14 (52); BVerfG, Beschl. v. 19.10.1982 – 1 BvL 39/80, BVerfGE 61, 138 (147); BVerfG, Beschl. v. 05.10.1993 – 1 BvL 34/81, BVerfGE 89, 132 (141); BVerfG, Urt. v. 28.04.1999 – 1 BvL 11/94, BVerfGE 100, 138 (174).

570 BVerfG, Beschl. v. 07.10.1980 – 1 BvL 50/79, BVerfGE 55, 72; BVerfG, Beschl. v. 26.011993 – 1 BvL 38/92, BVerfGE 88, 87 (96 f.).

571 BVerfG, Beschluss vom 12.01.2016 – 1 BvR 3102/13; BVerfGE 55, 72 (88); BVerfG, Urt. v. 28.02.2007 – 1 BvL 5/03, BVerfGE 117, 316 (325); BVerfG, Beschl. v. 13.02.2008 – 2 BvL 1/06, BVerfGE 120, 125, NJW 2008, S. 1868 (1869).

> „je nach Regelungsgegenstand und Differenzierungsmerkmalen unterschiedliche Grenzen, die vom bloßen Willkürverbot bis zu einer strengen Bindung an Verhältnismäßigkeitserfordernisse reichen."[572]

Regelmäßig hatte hiernach eine strikte Bindung an den Verhältnismäßigkeitsgrundsatz zu gelten, wenn die Ungleichbehandlung von personenbezogenen Kriterien abgängig gemacht wurde. Andernfalls, knüpft die unterschiedliche Behandlung an sachverhaltsbezogene Merkmale an, sollte eine großzügige Prüfung ausreichen.[573] Maßgeblich war stets die Intensität mit der eine Ungleichbehandlung die Betroffenen beeinträchtigte. Die Intensität wuchs, je mehr das Kriterium der Ungleichbehandlung personen- und personengruppen- und weniger sachverhaltsbezogen ist, je mehr das Kriterium einem der nach Art. 3 Abs. 3 GG verbotenen Kriterien ähnelt, je weniger der Betroffene das Kriterium beeinflussen kann und je mehr die Ungleichbehandlung lediglich an ein sachverhaltsbezogenes Merkmal anknüpfte.[574]

Von dieser strikten Trennung zwischen bloßer Evidenzkontrolle und Verhältnismäßigkeitsprüfung als Prüfungsmaßstab rückte das BVerfG erstmals 2011 zugunsten einer „gleitenden Skala" ab.[575] Das Gericht führt aus:

> „Dabei gilt ein stufenloser am Grundsatz der Verhältnismäßigkeit orientierter verfassungsrechtlicher Prüfungsmaßstab, dessen Inhalt und Grenzen sich nicht abstrakt, sondern nur nach den jeweils betroffenen unterschiedlichen Sach- und Regelungsbereichen bestimmen lassen.[576]
> Je nach Regelungsgegenstand und Differenzierungsmerkmal ergeben sich aus dem allgemeinen Gleichheitssatz unterschiedliche Anforderungen an den die Ungleichbehandlung tragenden Sachgrund, die von auf das Willkürverbot beschränkten Bildungen bis hin zu strengen Verhältnismäßigkeitserfordernissen reichen können."[577]

---

572 BVerfG, Beschl. v. 26.01.1993 – 1 BvL 38/92, BVerfGE 88, 87 (96); BVerfG, Beschl. v. 11.01.1995 – 1 BvR 892/88, BVerfGE 92, 53 (68); BVerfG, Beschl. v. 19.01.1999 – 1 BvR 2161/94, BVerfGE 99, 341 (355).

573 BVerfG, Urt. v. 08.04.1997 – 1 BvR 48/94, BVerfGE 95, 267 (316 f.); BVerfG, Urt. v. 02.03.1999 – 1 BvL 2/91, BVerfGE 99, 367 (388); BVerfG, Beschl. v. 04.12.2002 – 2 BvR 400/98, BVerfGE 107, 27 (46).

574 Statt vieler: BVerfG, Beschl. v. 07.10.1980 – 1 BvL 50/79, BVerfGE 55,72 (89).

575 BVerfG, Urt. v. 21.07.2011 – 1 BvR 2035/07, BVerfGE 129, 49 (68 ff.), vgl. auch Wollenschläger, in: v. Mangoldt/Klein/Starck (Hrsg.), GG, Art. 3, Rn. 99; BeckOnline/Kischel, GG, Art. 3, Rn. 28.

576 BVerfG, Urt. v. 21.07.2011 – 1 BvR 2035/07, BVerfGE 129, 49 (69); BVerfG, Urt. v. 24.01.2012 – 1 BvL 21/11, BVerfGE 130, 131 (142).

577 BVerfG, Beschl. v. 15.12.2015 – 2 BvL 1/12, BVerfGE 141, 1 (38 f.).

Das Bundesverfassungsgericht hat damit die frühere Unterscheidung zwischen Evidenzkontrolle und Verhältnismäßigkeitskontrolle speziell für personenbezogene Ungleichbehandlungen zugunsten einer einheitlichen Verhältnismäßigkeitsprüfung mit unterschiedlicher Kontrolldichte aufgegeben.[578]

Unter Berücksichtigung diese Maßstäbe muss die jeweilige Regelung regelmäßig dem konkreten, legitimen Zweck dienen, geeignet, erforderlich und angemessen sein. Letztlich muss der Konflikt, der eine Ungleichbehandlung begründet, im Wege einer Abwägung der gegensätzlichen Belange gelöst werden.[579] Diesen Vorgaben entsprechend soll geprüft werden, ob die Ungleichbehandlung einen legitimen Zweck verfolgt und ob die Unterscheidung zur Erreichung des Zwecks verhältnismäßig ist.[580]

(1) Der mit der Kumulation aller vier Merkmale verbundene Zweck

Die kumulativ vorliegenden Tätigkeitsmerkmale in § 46 Abs. 3 Nr. 1 – Nr. 4 BRAO sollen in erster Linie durch die Zulassung zum Syndikusrechtsanwalt den Status quo der früheren Rechtslage wiederherstellen und anwaltlich tätigen Juristen in Unternehmen die Befreiung von der gesetzlichen Rentenversicherungspflicht ermöglichen.[581] Der Gesetzgeber hat ausgehend von § 3 Abs. 1 BRAO sowohl die beratende als auch die vertretende Tätigkeit von Rechtsanwälten in § 46 Abs. 3 BRAO näher definiert. Nach der gesetzgeberischen Intention mache die Befugnis zur Vertretung vor Gericht – wie der Anteil außergerichtlicher Beratungstätigkeit von Rechtsanwälten belege – nicht mehr den Kern spezifisch anwaltlicher Tätigkeit aus.[582] Die anwaltliche Tätigkeit lasse sich auch nicht auf den forensischen Bereich reduzieren.[583] Entscheidend für die anwaltliche Tätigkeit sei die gesamte Breite der erbrachten Rechtsdienstleistungen.[584] Der Maßstab einer derartigen Regelung müsse unter Berücksichtigung der Unabhängigkeit angewandt werden. Im Rahmen der gesetzgeberischen Gestaltungsfreiheit seien die Regelungen für Syndikusrechtsanwälte dahingehen zu verstehen, die Unabhängigkeit der Rechtsanwälte als einem Organ der Rechtspflege gegen denkbare Gefährdungen zu sichern.[585] Es handle sich um Berufsausübungsregeln von

578 So auch Kingreen/Poscher, Grundrechte, Rn. 527.

579 BVerwG, Urt. v. 27.04.1989 – 3 C 4/86, BVerwGE 82, 45 (48 f.).

580 vgl. zur Zusammenfassung der Anmerkungen zur stufenlosen Prüfung die Anmerkungen bei Wollenschläger, in: v. Mangoldt/Klein/Starck (Hrsg.), GG, Art. 3, Rn. 104 ff.

581 BT-Drs. 18/5563, S. 1, 22.

582 BT-Drs. 18/5563, S. 22.

583 BT-Drs. 18/5563, S. 22.

584 BT-Drs. 18/5563, S. 22.

585 BT-Drs. 18/5563, S. 22 f.

erheblichem Gewicht für die das Funktionieren des Rechts-, Wirtschafts- und Soziallebens, die durch den Gesetzgeber selbst zu treffen seien.[586] Die Unabhängigkeit unter Gewährleistung der Ausübung einer anwaltlichen Tätigkeit liege im Interesse einer geordneten Rechtspflege und diene dem Allgemeinwohl.[587]

Aus welchem Grund sich der Gesetzgeber für eine facettenreiche und detaillierte Definition der anwaltlichen Tätigkeit im Rahmen der Zulassungsvorschrift für Syndikusrechtsanwälte entschied hat, wird in den Gesetzesmaterialien zwar nicht erläutert.[588] Im Rahmen der Tätigkeit eines Syndikusrechtsanwalts sind in Abgrenzung zu sonstigen in Unternehmen tätigen Juristen, Merkmale festzulegen, die eine Unterscheidung ermöglichen. Die Implementierung einer detailreichen Vorschrift steht dem grundsätzlich nicht entgegen. Die Forderung einer Prüfung von Rechtsfragen, einer Rechtsraterteilung, der Gestaltung von Rechtsverhältnissen und der Befugnis zur Vertretung nach Außen spiegeln die Anforderungen einer anwaltlichen Tätigkeit im Sinne von § 3 Abs. 1 BRAO wider und dienen insoweit der Funktionsfähigkeit und dem Schutz der Rechtspflege und stellen somit einen legitimen Zweck dar.

(2) Die grundsätzliche Eignung des kumulativen Kriteriums

Regelmäßig ist die Eignung einer grundrechtsbeschränkenden Maßnahme anzunehmen, wenn sie prinzipiell fähig ist, den Zweck zu fördern.[589] Durch die Normierung einer konkreten anwaltlichen Tätigkeitsbeschreibung für Syndikusrechtsanwälte wird sichergestellt, dass die durch ihn ausgeübte Beschäftigung nicht bloß juristischer Art ist. Die Zulassung zum Syndikusrechtsanwalt legt durch die Aufstellung von Anforderungen an die anwaltliche Tätigkeit fest, dass der Syndikusrechtsanwalt über dieselben Rechte und Pflichten eines Rechtsanwalts (mit Ausnahmen) verfügt und ist damit auch im Verhältnis zu Dritten geeignet, die Funktionsfähigkeit und den Schutz der Rechtspflege zu bewahren.[590]

---

586 BT-Drs. 18/5563, S. 23.

587 BT-Drs. 18/5563, S. 23.

588 So auch die Kritik von Offermann-Burckart, in: Kilger/Offermann-Burckart/Schafhausen/Schuster (Hrsg.), Das neue Syndikusrecht, § 2, Rn. 33.

589 BVerfG, Beschl. v. 16.03.1971 – 1 BvR 52/66, BVerfGE 30, 292 (316); BVerfG, Beschl. v. 20.06.1984 – 1 BvR 1494/78, BVerfGE 67, 157 (175).

590 Besonderheiten und Ausnahmen zum selbständigen Rechtsanwalt bestehen insbesondere nach wie vor im Rahmen der Vertretung, vgl. insoweit § 46 c Abs. 2 BRAO oder § 46c Abs. 3 BRAO, der die Nichtanwendbarkeit der §§ 44, 48 bis 49a, 41 und 51 BRAO normiert.

(3) Die Erforderlichkeit

Besonderer Klärung bedarf die Frage, inwieweit das Vorliegen aller vier Merkmale erforderlich ist, um die Funktionsfähigkeit und den Schutz der Rechtspflege zu fördern. Der mit der Regelung angestrebte Zweck, die Rechtspflege zu schützen, dürfte danach nicht durch eine ebenso wirksame, gleichwohl weniger einschränkende Maßnahme erreicht werden können.

(a) Der Verzicht auf die Darstellung einer anwaltlichen Tätigkeit

Bis zu den Entscheidungen des Bundessozialgerichts vom 03.04.2014 wurde vereinzelt vertreten, auf die Prüfung einer anwaltlichen Tätigkeit vollständig zu verzichten und stattdessen die Zulassung zum Rechtsanwalt nur an den Grundsätzen der BRAO zu messen.[591]

Diese Auffassung ist in mehrfacher Hinsicht zu kritisieren. So hätte der Verzicht der Prüfung einer anwaltlichen Tätigkeit zunächst zur Folge, dass eine konkrete Tätigkeit nicht mehr zur Überprüfung stünde und § 6 Abs. 1 S. 1 Nr. 1 SGB VI vor dieselben Herausforderungen gestellt wäre, wie dies zur alten Rechtslage der Fall war. Die Befreiungsnorm erfordert die Prüfung, ob für eine bestimmte Tätigkeit eine Zulassung zur Rechtsanwaltschaft und zum Versorgungswerk besteht. Aufgrund der im Unternehmen vielfältig ausübbaren juristischen Tätigkeit bedarf es einer, für die Öffentlichkeit zum Schutze der Rechtspflege, erkennbaren Unterscheidung, ob eine bloß juristische oder eine anwaltliche Tätigkeit im Unternehmen ausgeübt wird. Die Aufgabe einer Definitionsgrundlage hätte zur Folge, dass eine konkrete Unterscheidung nicht mehr möglich wäre. Im Zweifel könnten auch bloß juristische Tätigkeit einer Zulassung unterliegen, die jedoch gerade nicht anwaltliche Tätigkeiten darstellen und damit auch nicht den Schutzvorschriften der Bundesrechtsanwaltsordnung unterliegen. Ein Verzicht auf die Prüfung einer anwaltlichen Tätigkeit ist somit insbesondere aus Gründen der Rechtssicherheit nicht geboten. Vorausgesetzt, dass eine anwaltliche Tätigkeit im Unternehmen möglich sein soll, muss insbesondere auch der Schutz der Rechtsordnung und Rechtspflege gewährleistet sein. Der Rechtsverkehr muss ausgehend von der durch die Ausübung einer anwaltlichen Tätigkeit verbundenen Rechte und Pflichten des Syndikusrechtsanwalts in der Lage sein, die Tätigkeit als anwaltliche zu erkennen.

(b) Der Verzicht auf das Kumulationserfordernis

Fraglich ist, inwieweit der Verzicht auf das Kumulationserfordernis aller vier Merkmale eine weniger belastende, aber dennoch gleich wirksame Maßnahme

591 LSG Baden-Württemberg, Urt. v. 23.01.2013 – L 2 R 2671/12, DStR 2013, 1042.

darstellen könnte. Unter Berücksichtigung dessen, dass alle vier Merkmale § 3 Abs. 1 BRAO entspringen, stellt sich der Verzicht auf das Kumulationserfordernis jedenfalls nicht als gleichwirksame Maßnahme dar. Zwar kann, wie beschrieben, insbesondere im Rahmen der Rechtsberatung auf das Merkmal der Rechtsraterteilung verzichtet werden. Dabei ist dieses Merkmal jedoch bereits in der Rechtsberatung mitenthalten. Ein konkreter Verzicht auf ein bestimmtes Merkmal ist damit nicht verbunden.

Soweit demgegenüber auf ein konkretes Merkmal verzichtet würde, müsste berücksichtigt werden, dass stets die Anforderungen von § 3 Abs. 1 BRAO erfüllt werden müssen, wenn eine anwaltliche Tätigkeit vorliegen soll. Andernfalls wird die Funktionsfähigkeit und der Schutz der Rechtspflege nicht in derselben Art und Weise gefördert. Der Verzicht auf ein Merkmal führt dazu, dass die anwaltliche Tätigkeit von Syndikusanwälten nicht in dem Maße überprüfbar ist, wie es für die Abgrenzung zu anderen juristischen Tätigkeiten im Unternehmen erforderlich und insbesondere für die Allgemeinheit notwendig erscheint.

(c) Die eingeschränkte Überprüfung der anwaltlichen Tätigkeit

Möglich wäre zur Verwaltungsvereinfachung die Überprüfung des Kumulationserfordernisses auf bestimmte Aspekte zu beschränken. So könnte zum Beispiel ausschließlich die beratende Funktion im engeren Sinne sowie die Vertretungsfunktion nach außen einer Überprüfung durch die Rechtsanwaltskammer unterworfen werden, während für die weiteren Merkmale eine Vermutungswirkung eingreifen könnte.

Allerdings wären damit aufgrund der Maßgabe in § 46 Abs. 3 Nr. 1 bis 4 BRAO Schwierigkeiten und Unsicherheiten in praktischer Hinsicht verbunden. So wäre zunächst fraglich welche der Bereiche konkret festgestellt werden müssten und für welche eine bloße Vermutungswirkung eingreifen würde. Überdies wäre nicht sichergestellt, dass der Syndikusanwalt tatsächlich eine anwaltliche Tätigkeit ausübt, wenn er nur zwei von vier Merkmalen erfüllt und die weiteren Merkmale einer Vermutungswirkung unterlägen. Es bedürfte zudem konkreter Regelungen, unter welchen Voraussetzungen die Vermutungswirkung entfallen würde. Vor dem Hintergrund der Rechtsklarheit und der Rechtssicherheit scheint die Normierung und Überprüfungsfähigkeit aller vier Merkmale das geeignetste Mittel zu sein.

(4) Die Angemessenheit des Kumulationserfordernisses

Letztlich dürften die beim Adressaten der Norm eintretenden Beschränkungen nicht außer Verhältnis zu dem mit der Norm verbundenen Nutzen stehen. Besonderes Augenmerk liegt auf der konkreten Ungleichbehandlung bei

Verlangen des Vorliegens aller vier Kriterien im Verhältnis zwischen Syndikusrechtsanwälten und Rechtsanwälten.

Der Gesetzgeber hat dem Schutz einer geordneten Rechtspflege einen hohen Stellenwert im Rahmen der anwaltlichen Berufsausübung beigemessen. Im Rahmen ihrer anwaltlichen Tätigkeit werden Syndikusrechtsanwälten und Rechtsanwälten mit wenigen Ausnahmen gleiche Rechte und Pflichten zugeteilt.[592] Aufgrund der mit dem Kumulationserfordernis verbundenen Intention des Gesetzgebers, die klassische anwaltliche Tätigkeit aus § 3 Abs. 1 BRAO in modifizierter Form zu konkretisieren, wäre es nicht verständlich, wenn – wie gesehen – auf bestimmte Merkmale verzichtet würde. Zu berücksichtigen ist, dass die Tätigkeit von Syndikusrechtsanwälten die einzige Tätigkeit darstellt, welche auch ohne die Zulassung in den Räumen des Arbeitgebers ausgeübt werden kann. Dabei muss jeweils zwischen den bloß sachbearbeitenden und den anwaltlichen Tätigkeiten unterschieden werden können. Die Auswirkungen der Bundesrechtsanwaltsordnung für anwaltliche Tätigkeiten sind insbesondere für die Arbeitgeber, aufgrund der bestehenden Geheimhaltungs- und Verschwiegenheitsverpflichtungen, von wesentlicher Bedeutung. Bereits aus diesem Grund muss gewährleistet sein, dass zwischen der anwaltlichen und der übrigen Tätigkeiten von Juristen im Unternehmen unterschieden werden kann. Ausgehend hiervon sind die verfassungsrechtlichen Grenzen nicht überschritten. Der Gesetzgeber hat sich zwar für das kumulative Vorliegen von vier Merkmalen einer anwaltlichen Tätigkeit entschieden, sämtliche Voraussetzungen und auch die Kumulation von beratenden und vertretenden Tätigkeiten sind jedoch bereits in § 3 Abs. 1 BRAO angelegt. Der Gesetzgeber hat im Hinblick auf das Merkmal der Vertretung sogar auf einen konkreten Außenbezug der Tätigkeit des Syndikusrechtsanwalts verzichtet und begnügt sich mit einer abgeschwächten Form, indem die bloße Möglichkeit des Auftretens gegenüber Dritten lediglich im Arbeitsvertrag vereinbart werden soll, jedoch tatsächlich nicht ausgeübt werden muss.

Auch unter Berücksichtigung der Maßgabe, dass eine konkrete Vertretung nach außen für die anwaltliche Tätigkeit gefordert wird, kommt kein anderes

---

592 So enthält das Gesetz z.B. in § 46c Abs. 2 BRAO unzulässige Vertretungen des Arbeitgebers. Zu den Privilegien, die dem Syndikusrechtsanwalt nicht zugute kommen zählen außerhalb der BRAO u.a.: das Zeugnisverweigerungsrecht nach § 53 Abs. 1 S. 1 Nr. 3 StPO, die Beschlagnahmefreiheit nach § 97 Abs. 1–3 StPO und das Abhörungs- und Aufzeichnungsverbot nach § 100c Abs. 6 StPO. Vgl. hierzu auch die Ausführungen von Offermann-Burckart, in: Kilger/Offermann-Burckart/Schafhausen/Schuster (Hrsg.), Das neue Syndikusrecht, § 2, Rn. 150.

Ergebnis in Betracht. Maßstab ist allein die in § 3 Abs. 1 BRAO normierte anwaltliche Tätigkeit. Diese setzt voraus, dass der Betroffene zum einen beratend und zum anderen vertretend tätig wird.

cc) Zwischenergebnis

Festzuhalten ist, dass ein Verstoß gegen Art. 3 Abs. 1 GG durch die Normierung der anwaltlichen Tätigkeit bei Syndikusrechtsanwälten nicht vorliegt. Zwar findet eine Ungleichbehandlung statt, da die Zulassung zum Rechtsanwalt lediglich personenbezogen ist, während der Syndikusrechtsanwalt tätigkeitsbezogene Voraussetzungen erfüllen muss. Gleichwohl ist zu berücksichtigen, dass dem Grunde nach an die Tätigkeit des Syndikusrechtsanwalts zur Erlangung seiner Zulassung keine höheren Anforderungen als an den selbständigen Rechtsanwalt gestellt werden, da die Kumulation der Merkmale in § 46 Abs. 3 Nr. 1 – 4 BRAO bereits in § 3 Abs. 1 BRAO angelegt ist. Auch § 3 Abs. 1 BRAO beschreibt als rechtsanwaltliche Tätigkeit gleichermaßen die Beratung und Vertretung. Unabhängig davon, ob die Vertretung einen konkreten Außenbezug herstellen muss oder nicht, ist dieses Merkmal – wie gesehen – in § 3 Abs. 1 BRAO enthalten. Insofern bleibt für eine ungerechtfertigte Ungleichbehandlung kein Raum.

e) Die anwaltliche Tätigkeit als prägendes Element

Neben dem Vorliegen der fachlichen Unabhängigkeit, der Eigenverantwortlichkeit sowie der weiteren anwaltlichen Tätigkeitsmerkmale, fordert der Gesetzgeber zudem eine konkrete Prägung des Arbeitsverhältnisses in Bezug auf die anwaltliche Tätigkeit. Die Zuständigkeit der Syndikusrechtsanwälte für anwaltsfremde Tätigkeiten im Rahmen ihrer Beschäftigungsverhältnisse hat den Gesetzgeber dazu bewegt eine derartige Klarstellung aufzunehmen.[593] Die Übertragung anwaltsfremder Tätigkeiten stehe der Annahme einer anwaltlichen Tätigkeit nicht entgegen, wenn im Vordergrund des Arbeitsverhältnisses gerade letztere stehe.[594] Die anwaltliche Tätigkeit müsse jedoch den Kern und den Schwerpunkt der Tätigkeit bilden und qualitativ sowie quantitativ ganz eindeutig prägende Leistungen zum Gegenstand haben.[595] Umgekehrt sei eine anwaltliche Tätigkeit nicht ausgeschlossen, wenn im Rahmen des Arbeitsverhältnisses in geringem Umfang andere Aufgaben wahrgenommen würden.[596] Im Regierungsentwurf

593 BT-Drs. 18/5563, S. 34.

594 BT-Drs. 18/5563, S. 34; BT-Drs. 18/5201, S. 18; Offermann-Burckart, in: Kilger/Offermann-Burckart/Schafhausen/Schuster (Hrsg.), Das neue Syndikusrecht, § 2, Rn. 38.

595 BT-Drs. 18/5201, S. 19; BT-Drs. 18/5563, S. 34.

596 BT-Drs. 18/5201, S. 29.

wurde noch eine Regelung von 50% gewählt.[597] Die DRV Bund hat in einem Merkblatt hierzu mitgeteilt, dass der ganz eindeutige Schwerpunkt des Beschäftigungsverhältnisses in der anwaltlichen Tätigkeit liegen müsse. Dies bestimme sich nach dem Aufgabenspektrum und dem plausiblen Zeitaufwand für anwaltliche Aufgaben im Verhältnis zur regulären durchschnittlichen Arbeitszeit.[598] Jedenfalls dann, wenn weniger als 50% der durchschnittlich regelmäßigen Arbeitszeit für anwaltliche Aufgaben aufgewandt würden, solle keine Prägung vorliegen.[599]

Die Beschränkung der anwaltlichen Tätigkeit auf 50% ist nicht tragbar. Generell erscheint eine prozentuale Festlegung arbiträr.[600] Maßstab kann alleine sein, ob die Stellung und Tätigkeit des Syndikusrechtsanwalts dem eines abhängigen Beraters und Vertreters entspricht.[601] Insbesondere vor dem Hintergrund der Privilegierungen durch den Zugang zur Rechtsanwaltschaft sowie des Schutzgutes der Rechtspflege ist eine restriktive Auslegung geboten. So kann nicht von einer anwaltlichen Tätigkeit ausgegangen werden, wenn über die Hälfte der Arbeitszeit auf Verwaltungsaufgaben entfällt.[602]

Auch die Auffassung, nach der die Art der nicht-anwaltlichen Tätigkeit eine entscheidende Rolle spielen soll, ist abzulehnen.[603] Insoweit lässt sich bereits ein rechtlicher Anknüpfungspunkt für dieses Argument dem Gesetzestext nicht entnehmen.

Im Ergebnis ist festzuhalten, dass dieses Merkmal in der Praxis mangels Konkretisierung voraussichtlich zu rechtlichen Streitigkeiten führen wird, welche letztlich durch Gerichte im Einzelfall gelöst werden müssen.[604] Hier ist vom Gesetzgeber ggf. im Rahmen der Evaluierung des Gesetzes zum 31.12.2018 zu

---

597 Vgl. BT-Drs. 18/5201, S. 32.

598 „Syndikusrechtsanwälte – Information zum Befreiungsrecht", abrufbar unter: www.deutsche-rentenversicherung.de (zuletzt abgerufen am 15.05.2019).

599 „Syndikusrechtsanwälte – Information zum Befreiungsrecht", abrufbar unter: www.deutsche-rentenversicherung.de.

600 Wolf, BRAK-Mitt. 2016, 9 (12).

601 Wolf, BRAK-Mitt. 2016, 9 (12).

602 Vgl. hierzu Wolf, BRAK-Mitt. 2016, 9 (12), der eine nicht-anwaltliche Tätigkeit von über 20–25% als mehr als nur gering ansieht.

603 So jedoch Wolf, BRAK-Mitt. 2016, 9 (12).

604 So auch Temming/Dalmer, AnwBl. 2018, 916 (919), die eine ausführliche Auslegung vornehmen und zu dem Ergebnis gelangen, dass eine Prägung vorliegt, wenn die anwaltliche Tätigkeit mindestens „50 + X Prozent" umfasst.

fordern, konkrete Maßstäbe festzulegen, die eine Prüfung des Merkmals für die Rechtsanwaltskammern vereinfachen.[605]

4. Ergebnis

Der Gesetzgeber hat zum Schutz der funktionierenden Rechtspflege eine Konkretisierung der anwaltlichen Tätigkeit vorgenommen, die jedoch vereinzelt einer Verbesserung bedarf. Zu überdenken ist zudem, ob der anwaltlichen Tätigkeit die bloße arbeitsvertragliche Möglichkeit der verantwortlichen Vertretung nach außen genügt. Gegen die Normierung des kumulativen Vorliegens der vier ausgewählten Kriterien kann ein Grundrechtsverstoß gegen den allgemeinen Gleichheitssatz nicht angeführt werden. Zwar liegt eine Ungleichbehandlung im Verhältnis zwischen Rechtsanwälten und Syndikusrechtsanwälten vor, diese ist jedoch verfassungsrechtlich im Hinblick auf das Schutzgut der Rechtspflege gerechtfertigt. Sie wäre im Übrigen auch gerechtfertigt, wenn von Syndikusrechtsanwälten im Einklang mit § 3 Abs. 1 BRAO eine konkrete Vertretungstätigkeit gefordert werden würde.

II. Die Pflichtmitgliedschaft im berufsständischen Versorgungswerk

Die Pflichtmitgliedschaft im Versorgungswerk ist neben der inhaltlichen Komponente, der Mitgliedschaft in der Rechtsanwaltskammer, an ein zeitliches Moment geknüpft. Grundsätzlich haben alle Mitglieder Anspruch auf eine Altersrente ihres Versorgungswerkes nach Vollendung des 65. Lebensjahres.[606] Dabei ist die Pflichtmitgliedschaft regelmäßig auf die Vollendung des 45. Lebensjahres beschränkt.[607] Darüber hinaus besteht die Möglichkeit der freiwilligen Versicherung. Fraglich ist daher, inwiefern die in vielen Satzungen von Versorgungswerken normierte Altersbeschränkung mit dem Grundrecht aus Art. 3 Abs. 1 Grundgesetz, dem Allgemeinen Gleichbehandlungsgebot und europäischen Regelungen zum Schutze einer Altersdiskriminierung im Einklang steht.

---

605 Vgl. hierzu bereits die Entscheidung des Anwaltsgerichtshofes Bayern, Urt. v. 09.04.2017 - III - 4-8/17.

606 Ab 2012 ist die Altersgrenze für alle ab 1976 geborenen Mitglieder auf 67 Jahre angehoben worden. Vgl. § 17 der Satzung des Versorgungswerkes NRW.

607 Vgl. insoweit § 10 der Satzung des Versorgungswerkes NRW, vgl. Fn. 197.

1. Das Verbot nicht gerechtfertigter Ungleichbehandlung – Art. 3 Abs. 1 GG

Zu untersuchen ist nun, inwieweit die Altersbeschränkung der Versorgungswerke den Anforderungen des allgemeinen Gleichheitssatzes des Art. 3 Abs. 1 GG genügt. Ausgehend von dem bereits erwähnten Rechtfertigungsmaßstab kann eine Altersbeschränkung mit Art. 3 Abs. 1 GG in Einklang stehen, wenn sie dem Verhältnismäßigkeitsgrundsatz genügt.[608]

Der wesentliche Zweck der Altersbeschränkung auf die Vollendung des 45. Lebensjahres ist, neben der Gewährung größtmöglichen Versicherungsschutzes für die Mitglieder, die Funktions- und Leistungsfähigkeit der Versorgungswerke.[609] Die Altersbeschränkung dient der Abgrenzung des Kreises von Mitgliedern des Versorgungswerkes von den Mitgliedern der gesetzlichen Rentenversicherung. Der Satzungsgeber ist berechtigt diese Abgrenzung vorzunehmen, wie es für die Begründung einer leistungsfähigen Solidargemeinschaft erforderlich ist.[610] Denn die Art und Weise der Versicherung im Versorgungswerk wirkt sich auf die Funktionsfähigkeit des Versorgungswerkes aus. So führt das offene Deckungsplanverfahren dazu, dass Rechtsanwälte mit ihren in jungen Berufsjahren geleisteten Beiträgen überproportional und mit den in späteren Berufsjahren geleisteten Beiträgen nur unterdurchschnittlich zu den Versorgungsleistungen beitragen.[611] In diesem Sinne fördert die Altersgrenze den mit der Altersbeschränkung verfolgten Zweck. Mildere Mittel, die den Zweck gleichermaßen fördern, sind nicht ersichtlich.[612]

---

608 Vgl. allgemein zu der Frage der Rechtfertigung einer Altersgrenze in berufsständischen Versorgungswerken: VG Wiesbaden, Urt. v. 31.10.2013 – 7 K 463/11 WI oder VG Freiburg, Urt. v. 13.03.2013 – 1 K 454/11, BeckRS 2013, 48853. Beide Entscheidungen sind zusammengefasst von Kilger/Prossliner, NJW 2013, 3283 (3283 f.).

609 So auch VG Freiburg, Urt. v. 13.03.2013 – 1 K 454/11, BeckRS 2013, 48853.

610 VG Freiburg, Urt. v.13.03.2013 – 1 K 454/11, BeckRS 2013, 48853.

611 Dies liegt daran, dass die Höhe der Alters- und Berufsunfähigkeitsrente sich nach einem persönlichen durchschnittlichen Beitragsquotienten richtet, der für die Beitragszeit des jeweiligen Mitglieds linear ermittelt wird. Die Rentenhöhe wird nicht dadurch beeinflusst, wie lange Beiträge abgeführt werden. Der Zinsvorteil kommt somit auch nicht dem Versicherungsnehmer, sondern mittels des jährlich neu festgesetzten Rentensteigerungsbetrages allen Mitgliedern gleichermaßen zugute. Vgl. hierzu VG Freiburg, Urt. v. 13.03.2013 – 1 K 454/11, BeckRS 2013, 48853.

612 Die Abschaffung einer Altersgrenze erfüllt den Zweck der Funktions- und Leistungsfähigkeit nicht. Die Verschiebung der Altersgrenze nach hinten, ist ebenfalls kein gleich geeignetes Mittel.

In der Altersbeschränkung ist ein Verstoß gegen den allgemeinen Gleichheitssatz nicht zu erkennen, weil sich hinreichende Gründe finden lassen, um die Altersbeschränkung ab Vollendung des 45. Lebensjahres zu rechtfertigen. So ist zu berücksichtigen, dass stets die Einheit einer Versicherungsbiografie im Vordergrund steht, deren Zweck der möglichst größte Nutzen einer Rentenanwartschaft und schließlich der Rentenansprüche ist. Dieser Zweck kann jedoch nur erreicht werden, wenn ab einem bestimmten Zeitpunkt eine Begrenzung der Aufnahme durch die übrigen Mitglieder erfolgt. In der Regel werden die Betroffenen bereits zuvor über ein anderes Alterssicherungssystem finanziert worden sein, sodass die dort angesammelten Rentenanwartschaften bei einheitlicher Versicherungsbiografie ihren größten Nutzen bieten.

Auch der Umstand, dass der Satzungsgeber sich für eine konkrete Stichtagsregelung entschieden hat, führt nicht zu einem anderen Ergebnis. Dem Gesetzgeber ist es durch Art. 3 Abs. 1 GG nicht verwehrt, zur Regelung bestimmter Lebenssachverhalte Stichtage einzuführen, die im Einzelfall eine Härte darstellen können.[613] Entscheidend ist dabei, dass der gewählte Stichtag einen Anknüpfungspunkt wählt, der sich am Sachverhalt orientiert und nicht willkürlich erscheint.[614] Dies ist vorliegend der Fall. Nahezu sämtliche Versorgungswerke haben sich unter Abwägung der Gründe, die für eine Altersbeschränkung ab Vollendung des 45. Lebensjahres für diese Umsetzung entschieden. Dabei ist zu berücksichtigen, dass im höheren Alter das Risiko der Gewährung einer Rente wegen Berufsunfähigkeit steigt und ein Äquivalent durch den Versicherungsnehmer aufgrund des offenen Plandeckungsverfahrens nicht in Betracht kommt.[615]

Überdies ist zu berücksichtigen, dass den Betroffenen die Möglichkeit der freiwilligen Mitgliedschaft nicht genommen wird. Vielmehr können sie sich weiterhin neben ihrem bislang für sie geltenden Alterssicherungssystem zusätzlich im Versorgungswerk freiwillig versichern. Die Altersgrenze gilt ausschließlich für die Pflichtversicherung.

2. *Verstoß gegen das Allgemeine Gleichbehandlungsgesetz*

Aus der Altersbeschränkung folgt zudem kein Verstoß gegen das national implementierte und auf der Richtlinie 2000/78/EG beruhende Allgemeine Gleichbehandlungsgesetz (AGG).[616]Gem. § 10 Abs. 3 Nr. 4 AGG erstreckt sich dieses nicht

613 VG Freiburg, Urt. v. 13.03.2013 – 1 K 454/11, BeckRS 2013, 48853.

614 VG Freiburg, Urt. v. 13.03.2013 – 1 K 454/11, BeckRS 2013, 48853.

615 VG Freiburg, Urt. v. 13.03.2013 – 1 K 454/11, BeckRS 2013, 48853.

616 Allgemeines Gleichbehandlungsgesetz vom 14.08.2006, BGBl. I, S. 1897, zuletzt geändert d. Artikel 8 des Gesetzes v. 03.04.2013, BGBl. I, S. 610.

auf Alterssicherungssysteme. So spricht die Norm davon, dass unterschiedliche Behandlungen wegen des Alters, insbesondere die Festsetzung von Altersgrenzen bei den betrieblichen Systemen der sozialen Sicherheit als Voraussetzung für die Mitgliedschaft einschließen können. Sofern ein Ausschluss schon hier möglich ist, muss im Rahmen eines Erst-Recht-Schlusses selbiges für die Alterssicherungssysteme gelten, bei denen die Nähe zum Arbeitsentgelt noch geringer ist als bei der Betrieblichen Altersvorsorge.[617]

3. *Verstoß gegen europarechtliche Vorschriften*

Die Altersbegrenzung im Versorgungswerk stellt auch keinen Verstoß gegen europäisches Gemeinschaftsrecht dar. Ein Verstoß gegen das Verbot der Altersdiskriminierung in Beschäftigung und Beruf gemäß der Richtlinie 2000/78/EG liegt nicht vor, da diese Richtlinie auf Versorgungswerke nicht anwendbar ist. Bei den Versorgungswerken handelt es sich um staatliche Institutionen der sozialen Sicherheit, die nach Art. 3 Abs. 3 der Richtlinie vom Anwendungsbereich ausgeschlossen sind.[618]

Ebenfalls folgt aus der Zulassungsbeschränkung zum Versorgungswerk mit Vollendung des 45. Lebensjahres auch kein Verstoß gegen Art. 21 Abs. 1 der Charta der Grundrechte der Europäischen Union (GRCh)[619]. Insoweit ist bereits der Anwendungsbereich nicht eröffnet. Die Charta der Grundrechte gilt gem. Art. 51 Abs. 1 S. 1 GRCh für Organe, Einrichtungen und sonstige Stellen der Union unter Wahrung des Subsidiaritätsprinzips. Die Rechtsanwaltsversorgungsgesetze sowie die BORA stellen ausschließlich nationale Regelungen dar, die keinen Bezug zur Europäischen Union aufweisen.[620]

Schließlich besteht gem. der Verordnung VO EG Nr. 883/2004 entgegen der landesrechtlichen Vorschriften die Möglichkeit der Pflichtmitgliedschaft auch über die Vollendung des 45. Lebensjahres hinaus, wenn es sich um eine freizügigkeitsberechtigte Person handelt.[621] Um der europäischen Freizügigkeit Rechnung zu tragen, wird eine Koordinierung der Versorgungswerke vorgenommen,

---

617 VG Freiburg, Urt. v. 13.03.2013 – 1 K 454/11, BeckRS 2013, 48853.

618 VG Freiburg, Urt. v. 13.03.2013 – 1 K 454/11, BeckRS 2013, 48853.

619 Charta der Grundrechte der Europäischen Union (GRCh) vom 18.12.2000 (2000/C 364/01).

620 VG Freiburg, Urt. v. 13.03.2013 – 1 K 454/11, BeckRS 2013, 48853.

621 Kilger, in: Kilger/Offermann-Burckart /Schafhausen/Schuster (Hrsg.), Das neue Syndikusrecht, § 4, Rn. 59.

sodass die Altersgrenze für Freizügigkeitsberechtigte nicht gilt, obgleich die landesrechtlichen Regelungen dies vorsehen.[622]

4. *Anreize durch Neuregelung*

Mit der Einführung der Zulassung als Rechtsanwalt (Syndikusrechtsanwalt) hat der Gesetzgeber in § 231 Abs. 4d SGB VI eine Neuregelung aufgenommen, die Folgendes normiert:

> „Tritt in einer berufsständischen Versorgungseinrichtung, in der am 01.01.2016 eine Altersgrenze für die Begründung einer Pflichtmitgliedschaft bestand, eine Aufhebung dieser Altersgrenze bis zum Ablauf des [...] in Kraft, wirkt eine Befreiung von der Versicherungspflicht bei Personen, die infolge eines Ortswechsels eine Pflichtmitgliedschaft in einer solchen berufsständischen Versorgungseinrichtung bisher nicht begründen konnten und Beiträge als freiwillige Mitglieder entrichtet haben, auf Antrag vom Beginn des 36. Kalendermonats vor Inkrafttreten der Aufhebung der Altersgrenze in der jeweiligen berufsständischen Versorgungseinrichtung. Der Antrag kann nur bis zum Ablauf von drei Kalendermonaten nach Inkrafttreten der Aufhebung der Altersgrenze gestellt werden."

Mit dieser Regelung räumt der Gesetzgeber unter bestimmten Voraussetzungen ein rückwirkendes Befreiungsrecht ein, sofern für berufsständische Versorgungswerke, die bislang noch eine Höchstaltersgrenze für die Begründung einer Pflichtmitgliedschaft kennen, diese Altersgrenzen innerhalb von drei Jahren nach Erlass des Gesetzes zur Neuordnung des Rechts der Syndikusanwälte aufgehoben wird.[623] Der Gesetzgeber sieht in seiner Neuregelung einen Anreiz zugunsten der betroffenen Angehörigen der freien Berufe die Altersgrenzen abzuschaffen.[624] Ob hierin ein Anreiz für die Versorgungswerke gesehen werden kann, ist fraglich. So ist ungewiss, welchen Nutzen Versorgungswerke durch die Abschaffung der Höchstaltersgrenze erhalten. Eine wachsende Anzahl an Mitgliedern dürfte damit nicht ohne Weiteres verbunden sein, weil die Regelung der rückwirkenden Befreiung nur für Betroffene wirkt, die bereits freiwillig ins Versorgungswerk Beiträge abgeführt haben und damit als Mitglieder bereits erfasst wurden. Die rückwirkende Befreiung gilt jedoch nicht für diejenigen, die erst nach Überschreiten einer Altersgrenze erstmals in die berufsständische Versorgung eintreten wollen, da dieser Personenkreis seine bisherige

---

622 Kilger, in: Kilger/Offermann-Burckart/Schafhausen/Schuster (Hrsg.), Das neue Syndikusrecht, § 4, Rn. 59.
623 BT-Drs. 18/6915, S. 27.
624 BT-Drs. 18/6915, S. 27.

Versicherungsbiografie ohnehin nicht in der berufsständischen Versorgung zurückgelegt hat.[625]

5. *Ausblick*

Die Altersbegrenzung bestand zum Zeitpunkt des Inkrafttretens des Gesetzes zur Neuordnung des Rechts der Syndikusanwälte mit Ausnahme der bayerischen und sächsischen in allen Versorgungswerken.[626] Um Syndikusrechtsanwälten eine Zugehörigkeit zum Alterssicherungssystem über das 45. Lebensjahr hinaus zu gewährleisten, haben sich die anwaltlichen Versorgungswerke mehrheitlich zu einer Aufhebung der bestehenden Jahresgrenze verpflichtet.[627] Erschwert wird die Satzungsänderung in neun Bundesländern[628] jedoch dadurch, dass eine landesgesetzliche Verpflichtung zur Regelung einer Altersgrenze besteht, deren Aufhebung die Änderung des Landesgesetzes vorsieht.[629] In Bremen, Nordrhein-Westfalen, Saarland und Schleswig-Holstein besteht demgegenüber eine Altersgrenze auf Grundlage des einfachen Satzungsrechts.[630] In Nordrhein-Westfalen beispielsweise hat die siebte Vertreterversammlung in der 4. Sitzung am 28.06.2016 die Aufhebung der Altersgrenze ab Januar 2017 beschlossen.[631]

III. Die Kausalität zwischen der Tätigkeit und der Mitgliedschaft einer öffentlich-rechtlichen Versicherungseinrichtung sowie der Mitgliedschaft einer berufsständischen Kammer

Im Zusammenhang mit den Vorschriften zur Neuordnung des Rechts der Syndikusanwälte wurde in der Literatur die gesetzliche Implementierung einer Zulassungsvorschrift nicht aufgegriffen. Vielmehr wurde angedacht, durch die Implementierung von Normen die bisherige Zulassungsnorm für Rechtsanwälte

---

625 BT-Drs. 18/6915, S. 27.

626 Vgl. im Einzelnen hierzu die Darstellung bei Kilger, in: Kilger/Offermann-Burckart/Schafhausen/Schuster, (Hrsg.), Das neue Syndikusrecht, § 4, Rn. 63 ff., der im Einzelnen die Passagen der jeweiligen landesgesetzlichen Regelungsmaterie bzw. der auf Landesrecht beruhenden Satzung widergibt.

627 Hartmann/Horn, DStR 2016, 972 (973).

628 Baden-Württemberg, Berlin, Brandenburg, Hamburg, Hessen, Mecklenburg-Vorpommern, Niedersachsen, Rheinland-Pfalz und Sachsen-Anhalt.

629 Hartmann/Horn, DStR 2016, 972 (973).

630 Hartmann/Horn, DStR 2016, 972 (973).

631 Mitgliederschreiben des Versorgungswerkes der Rechtsanwälte NRW 2016/2017, abrufbar unter: https://vsw-ra-nw.de/fileadmin/documents/mr_2017.pdf (zuletzt abgerufen am 30.06.2019).

in § 4 BRAO zu nutzen. Dabei war die Problematik im Rahmen der Pflichtmitgliedschaft zur Rechtsanwaltskammer und dem Erfordernis einer abhängigen Tätigkeit, wegen der diese Pflichtmitgliedschaft beantragt wurde, bekannt. Trotzdem sollten rein klarstellende Normen zur anwaltlichen Tätigkeit im Angestelltenverhältnis dieses Problem lösen. Mit der Neuregelung des Berufsrechts wird eine Befreiung für eine Tätigkeit erteilt, wegen der eine Versicherungspflicht in einer Berufskammer und – übertragen auf Rechtsanwälte – einem Versorgungswerk besteht. Dem Merkmal der Kausalität der Tätigkeit und der Mitgliedschaft im Versorgungswerk und der Berufskammer kommt daher keine große Relevanz mehr zu, nachdem der Gesetzgeber ein eigenes Zulassungsrecht für Syndikusrechtsanwälte normiert hat, welches weitestgehend dem Zulassungsmodell für Rechtsanwälte entspricht.

Kapitel 3 – Rechtsfolgen

Zu erörtern bleibt schließlich, welche Rechtsfolgen aus den Änderungen in der Bundesrechtsanwaltsordnung für die Befreiung von der gesetzlichen Rentenversicherungspflicht für Syndikusanwälte resultieren. Von besonderem Interesse sind dabei die Neuregelungen in der gesetzlichen Rentenversicherung, die sich insbesondere auf die Antragstellung einer Befreiung beziehen (A.). Dabei ist zu erörtern, welche Wirkung die in der Vergangenheit – vor den Urteilen des Bundessozialgerichts – bekanntgegebenen Befreiungsbescheide haben und ob bzw. wann eine neue Antragstellung erforderlich wird (I.). Wurde seit den Urteilen des Bundessozialgerichts vom 03.04.2014 kein neuer Befreiungsantrag gestellt, ist fraglich, unter welchen Voraussetzungen eine rückwirkende Befreiung gem. § 231 Abs. 4b, 4c SGB VI in Betracht kommt (II.). Ist eine Befreiung von der gesetzlichen Rentenversicherungspflicht für die gegenwärtig ausgeübte Tätigkeit nicht möglich, ist zu untersuchen, ob und wie eine Rückabwicklung bereits gezahlter Beiträge bzw. wie die Erstattung von zu Unrecht geleisteten Beiträgen bei einer rückwirkenden Befreiung erfolgt (III.) Schließlich wird ein Blick auf das neue Verwaltungs- und Gerichtsverfahren geworfen (B.).

A. Das Antragsverfahren

Die vom Gesetzgeber unberührt gelassene Befreiungsnorm setzt nach § 6 Abs. 2 SGB VI einen Antrag für die Befreiung von der gesetzlichen Rentenversicherungspflicht voraus. Der formlose Antrag ist bei dem zuständigen Rentenversicherungsträger zu stellen. Dieser entscheidet, nachdem die für die berufsständige Versorgungseinrichtung zuständige oberste Verwaltungsbehörde das Vorliegen der Befreiungsvoraussetzungen bestätigt hat, § 6 Abs. 3 S. 1 Nr. 1 SGB VI. Für die Befreiung von der gesetzlichen Rentenversicherungspflicht für Syndikusrechtsanwälten stellt die DRV Bund auf ihrer Internetseite ein Formular (V 6355 SB) zu Verfügung.[632] Nach § 6 Abs. 4 SGB VI wirkt die erteilte Befreiung vom Vorliegen der Befreiungsvoraussetzungen an, wenn sie innerhalb von drei Monaten beantragt wird, sonst vom Eingang des Antrags an.

---

632 Abrufbar unter: http://www.deutsche-rentenversicherung.de/Allgemein/de/Inhalt/0_Home/meldungen /syndikusanwaelte/syndikusanwaelte_befreiung_versicherungspflicht.pdf?__blob = publicationFile&v = 2 (zuletzt abgerufen am 30.06.2019).

I. Die Wirkung von Befreiungsbescheiden

Liegt ein Befreiungsbescheid vor, ist fraglich, ob die Befreiungsentscheidung sich auf alle darauf folgenden Tätigkeiten erstreckt oder ob ein neuer Befreiungsantrag bei Aufnahme einer neuen Tätigkeit erforderlich ist. In diesem Zusammenhang ist zunächst die Bindungswirkung und Bestandskraft von Befreiungsbescheiden zu untersuchen. Dabei sollen insbesondere die Möglichkeiten der Durchbrechung der Bestandskraft von bindend (§ 77 Sozialgerichtsgesetz – SGG)[633] gewordenen Bescheiden aufgezeigt werden.

1. Die Reichweite bestandskräftiger Befreiungsbescheide

Für die Reichweite der Bindungswirkung bekanntgegebener Befreiungsbescheide normiert § 6 Abs. 5 SGB VI, dass die Befreiung auf die jeweilige Beschäftigung oder selbständige Tätigkeit beschränkt ist. Der einmal erteilte Befreiungsbescheid wird damit bezogen auf die jeweilige Beschäftigung bestandskräftig, wenn er nicht binnen eines Monats nach Bekanntgabe schriftlich oder zur Niederschrift bei der Stelle angegriffen wird, die den Bescheid erlassen hat.[634] Zu unterscheiden sind bei der Wirkung der Bestandskraft die formelle und die materielle Bestandskraft. Erstere hat zur Folge, dass der Verwaltungsakt nicht mehr mit einem Rechtsbehelf angefochten werden kann (Unanfechtbarkeit).[635] In diesem Sinne normiert § 77 Sozialgerichtsgesetz (SGG), dass der Verwaltungsakt für die Beteiligten in der Sache bindend ist, wenn der gegen einen Verwaltungsakt gegebene Rechtsbehelf nicht oder erfolglos eingelegt wird und durch Gesetz nichts anderes bestimmt ist. Die materielle Bestandskraft erfasst zusätzlich die Verbindlichkeit der Regelung des Verwaltungsaktes für die Beteiligten,[636] die sich nur auf den Entscheidungs- bzw. Verfügungssatz beschränkt und sich nicht auf die Gründe des Bescheides erstreckt.[637]

---

633 Sozialgerichtsgesetz in der Fassung der Bekanntmachung vom 23.09.1975, BGBl. I, S. 2535, zuletzt geändert d. Artikel 9 des Gesetzes v. 12.07.2018, BGBl. I, S. 1151.

634 Vgl. insoweit § 84 Abs. 1 S. 1 SGG, der die Voraussetzungen eines Widerspruchs als Rechtsbehelf normiert.

635 Vgl. statt vieler: Roos, in: v. Wulffen, Kommentar zum SGB X, Vor § 39, Rn. 2; Leitherer, in: Meyer-Ladewig,/Keller/Leitherer, SGG, § 77, Rn. 4.

636 Roos, in: v. Wulffen, Kommentar zum SGB X, Vor § 39, Rn. 3; Leitherer, in: Meyer-Ladewig,/Keller/Leitherer, SGG, § 77, Rn. 5.

637 Roos, in: v. Wulffen, Kommentar zum SGB X, Vor § 39, Rn. 3; Leitherer, in: Meyer-Ladewig,/Keller/Leitherer, SGG, § 77, Rn. 5.

Bezogen auf Befreiungsbescheide wurde bis zur Entscheidung des Bundessozialgerichts vom 31.10.2012 davon ausgegangen, dass ein Befreiungsbescheid entsprechend § 32 Abs. 2 SGB X sämtliche nach seiner Erteilung ausgeübten berufsspezifischen Beschäftigungen bzw. Tätigkeiten erfasste.[638] Auch die Verfügungssätze enthielten keine Einschränkung auf eine konkrete Tätigkeit. Vor diesem Hintergrund wurde davon ausgegangen, dass insbesondere die Beendigung eines Beschäftigungsverhältnisses nicht zum Verlust der Wirksamkeit eines erteilten Befreiungsbescheides mit der Konsequenz der Erforderlichkeit einer neuen Antragstellung führte.[639]

Das Bundessozialgericht hatte sich insbesondere in den Entscheidungen vom 31.10.2012 mit der Auslegung von § 6 Abs. 5 SGB VI zu beschäftigen.[640] Dabei bestätigte es eine strikte Auslegung der Norm auf die jeweilige konkret ausgeübte Tätigkeit.[641] Insbesondere eine früher erteilte Befreiung solle bei einem Wechsel des Arbeitgebers auch dann keine Wirkung entfalten, wenn dieselbe oder eine vergleichbare Beschäftigung bei einem anderen Arbeitgeber ausgeübt werde.[642] Nach diesen Urteilen war fraglich, wie die Entscheidungen rechtlich umzusetzen sind und welche konkreten Rechtsfolgen für die Betroffenen daraus resultieren.[643] Im Einzelnen waren die ursprünglich erteilten Befreiungsbescheide unabhängig von ihrem Verfügungssatz gegenüber den Betroffenen bestandskräftig geworden. Einen wirkungslosen Bescheid kennt das Sozialrecht nur in der Form, dass er sich gem. § 39 Abs. 2 SGB X auf sonstige Weise erledigt hat. Im Folgenden sollen daher die Möglichkeiten der Durchbrechung der

---

638 Vgl. hierzu insbesondere die Ausführungen von Kilger/Prossliner, NJW 2013, 3282 (2384) oder die Kritik von Horn, NZS 2013, 605 (606).

639 So die damals h.M. Vgl. hierzu insbesondere: Fichte, in Hauck/Noftz (Hrsg.), SGB VI, 2008, § 6 SGB VI, Rn. 131; Kilger/Prossliner, NJW 2006, 3108 (3111 f.); Klattenhoff, DAngVers 1996, 404 (410 f.); Kramer, DAngVers 1996, 154 (159); Prossliner, AnwBl. 2009, 133 (134); Schmidt, in: Kreikebohm (Hrsg.), SGB VI, 3. Aufl., 2008, § 6, Rn. 93.

640 BSG, Urt. v. 31.10.2012 – B 12 R 3/11 R, NJW 2013, 1624 (1626); BSG, Urt. v. 31.10.2012 – B 12 R 5 /10 R, NJW 2013, 1628 (1632), BSG, Urt. v. 31.10.2012 – B 12 R 8/10 R, NJW 2013, 1901 (1903).

641 BSG, Urt. v. 31.10.2012 – B 12 R 3/11 R, NJW 2013, 1624 (1626 ff.); BSG, Urt. v. 31.10.2012 – B 12 R 5 /10 R, NJW 2013, 1628 (1632), BSG, Urt. v. 31.10.2012 – B 12 R 8/10 R, NJW 2013, 1901 (1903 ff.); vgl. auch Horn/Jung, AnwBl. 2013, 420 (421).

642 BSG, Urt. v. 31.10.2012 – B 12 R 3/11 R, NJW 2013, 1624 (1627).

643 vgl. hierzu: Horn, NZS 2014, 245 (251); Huff, AuA 2013, 704 (704 ff.); Hedermann, NZS 2014, 321 (322 ff.); Prossliner, NZA 2013, 1384 (1385 ff.); Leßmann/Hermann, DB 2014, 836 (836ff.); Reuter, NZS 2013, 376; Deutsche Rentenversicherung Bund, NZA 2014, 136.

Bestandskraft mit der Folge, dass keine gegenwärtige Befreiung der Betroffenen für ihre konkrete Tätigkeit vorliegt, aufgezeigt werden.

2. *Die Durchbrechung der Bestandskraft von Verwaltungsakten*

Das Sozialverwaltungsverfahren ermöglicht unter bestimmten Voraussetzungen die Durchbrechung der Bestandskraft wirksamer Verwaltungsakte. So bleibt gem. § 39 Abs. 2 SGB X der Befreiungsbescheid grundsätzlich wirksam, solange und soweit er nicht zurückgenommen, widerrufen, anderweitig aufgehoben oder durch Zeitablauf oder auf andere Weise erledigt ist. Der Gesetzgeber hat der Behörde, ggf. auch auf Antrag des Bescheidadressaten, mit sechs Vorschriften (§§ 44 – 49 SGB X) die Möglichkeit eröffnet Verwaltungsakten nachträglich ihre Wirksamkeit zu entziehen, soweit sie sich nicht auf sonstige Weise erledigen.

a) *Das Regelungssystem der §§ 44 – 49 SGB X*

Die §§ 44 – 49 SGB X stellen ein Sonderrecht für das Sozialverfahren dar und regeln den Bestandsschutz und die Fehlerkorrektur der im Anwendungsbereich des SGB X erlassenen Verwaltungsakte.[644] Mit diesen soll ein Ausgleich zwischen zwei rechtsstaatlich gebotenen Zielen geschaffen werden, nämlich der materiellen Richtigkeit des Verwaltungshandelns einerseits und dem Schutz der auf eine wirksame Regelung vertrauenden Betroffenen andererseits.[645] Fraglich ist daher, ob der Behörde in Fällen, in denen kein neuer Antrag gestellt wurde, obwohl die Tätigkeit sich verändert hat, die Möglichkeit obliegt die Bestandskraft der ursprünglich wirksamen Befreiungsbescheide zu beseitigen, den Verwaltungsakt aufzuheben und den Betroffenen damit auf eine neue Antragstellung verweisen kann.

aa) Die Rücknahme eines anfänglich rechtswidrigen Verwaltungsaktes

Der Verwaltungsakt kann sich insbesondere dadurch erledigen, dass er gem. § 45 SGB X zurückgenommen wird. § 45 SGB X regelt die Rücknahme von anfänglich, d.h. bei Erlass des Bescheides[646], rechtswidrigen Verwaltungsakten. Ein Verwaltungsakt ist rechtswidrig, wenn er mit dem anzuwendenden Recht formell oder materiell nicht im Einklang steht.[647] Gem. § 45 Abs. 1 SGB X darf ein Verwaltungsakt, auch nachdem er unanfechtbar geworden ist, nur unter den

---

644 Schütze, in: v. Wulffen, Kommentar zum SGB X, § 45, Rn. 4.

645 Becker, ZFA 2014, 87 (108).

646 Padé in: Schlegel/Voelzke, jurisPK-SGB X, § 45, Rn. 49.

647 Padé in: Schlegel/Voelzke, jurisPK-SGB X, § 45, Rn. 42.

Einschränkungen der weiteren Absätze ganz oder teilweise mit Wirkung für die Zukunft oder Vergangenheit zurückgenommen werden, soweit er ein Recht oder einen rechtlich erheblichen Vorteil begründet oder bestätigt hat (begünstigender Verwaltungsakt). Um die Betroffenen zu schützen, normiert § 45 Abs. 2 S. 1 und S. 2 SGB X, dass ein derartiger Verwaltungsakt nicht zurückgenommen werden darf, soweit der Begünstigte auf den Bestand des Verwaltungsaktes vertraut hat und sein Vertrauen unter Abwägung mit den öffentlichen Interessen an einer Rücknahme schutzwürdig ist. So ist das Vertrauen in der Regel schutzwürdig, wenn der Begünstigte erbrachte Leistungen verbraucht oder eine Vermögensdisposition getroffen hat, die er nicht mehr oder nur unter unzumutbaren Nachteilen rückgängig machen kann, wobei Ausnahmen eingreifen, die einen Vertrauensschutz beseitigen. Hierzu zählen insbesondere Fälle, in denen der Betroffene selbst von der Rechtswidrigkeit des Verwaltungsaktes wusste, weil er sie selbst herbeigeführt hat. In § 45 SGB X hat der Gesetzgeber zudem eine Regelung geschaffen, die nur in begrenzten Fällen des § 45 Abs. 4 S. 1 SGB X eine Rücknahme für die Vergangenheit ermöglicht.[648]

Der Befreiungsbescheid stellt einen begünstigenden Dauerverwaltungsakt dar.[649] Die Behörde wird jedoch von dieser Rücknahmevorschrift in der Regel keinen Gebrauch machen können, da die Rechtswidrigkeit des Verwaltungsaktes in aller Regel nicht von Anfang an vorgelegen haben wird. Zum Zeitpunkt des Erlasses des Befreiungsbescheides hat die Behörde die materielle Rechtslage anhand der damals geltenden Gesetzeslage überprüft. Erst eine Änderung des Verständnisses des Befreiungstatbestandes und der neuen Gesetzeslage haben das Verständnis der Befreiungsnorm verändert. Die materielle Rechtslage der Befreiung hat sich demgegenüber nicht verändert.

bb) Die Aufhebung eines rechtswidrigen Verwaltungsaktes

Eine weitere Möglichkeit besteht in der Aufhebung eines rechtswidrigen (Dauer-) Verwaltungsaktes gem. § 48 SGB X. Mit der Vorschrift wurde erstmals für das Sozialrecht eine zentrale Regelung geschaffen, die festlegt, unter welchen Voraussetzungen ein bestandskräftiger Verwaltungsakt mit Dauerwirkung

---

648 § 45 Abs. 4 S. 1 SGB X normiert, dass ein rechtswidriger begünstigender Verwaltungsakt mit Dauerwirkung über eine laufende Geldleistung auch nach Ablauf von 10 Jahren zurückgenommen werden kann, wenn diese Geldleistung mindestens bis zum Beginn des Verwaltungsverfahrens über die Rücknahme gezahlt wurde.

649 BSG, Urt. v. 26.09.1991 - 4 RK 5/91, BSGE 69, 255; BSG, Urt. v. 30.04.1997 - 12 RK 34/96, BSGE 80, 215; Schütze, in: v. Wulffen, Kommentar zum SGB X, § 45, Rn. 24.

aufgehoben werden kann, wenn sich die tatsächlichen oder rechtlichen Verhältnisse, die ihm bei Erlass zu Grunde lagen, nachträglich wesentlich geändert haben.[650] In Abgrenzung zu § 45 SGB X erfordert § 48 SGB X, dass die Änderung nach Erlass des Verwaltungsaktes eingetreten sein muss. Der Verwaltungsakt ist dabei grundsätzlich für die Zukunft aufgehoben werden, wenn die tatbestandlichen Voraussetzungen vorliegen. Unter strengeren Voraussetzungen kommt gem. § 48 Abs. 1 S. 2 SGB X unter Umständen eine Aufhebung für die Vergangenheit in Betracht. Einen wesentlichen Unterschied zu § 45 SGB X stellt zudem § 48 Abs. 2 SGB X dar. Danach ist der Verwaltungsakt im Einzelfall mit Wirkung für die Zukunft auch dann aufzuheben, wenn der zuständige oberste Gerichtshof des Bundes in ständiger Rechtsprechung nachträglich das Recht anders auslegt als die Behörde bei Erlass des Verwaltungsaktes und sich dieses zugunsten des Berechtigten auswirkt.

(1) Arbeitgeberwechsel

Eine Änderung der tatsächlichen Verhältnisse liegt unstreitig vor, wenn der Sachverhalt, der dem maßgeblichen Bescheid zugrunde lag, sich verändert hat.[651] Eine Änderung der rechtlichen Verhältnisse ist demgegenüber bei einer Änderung der gesetzlichen Vorschriften, also einer Aufhebung oder Änderung der maßgebenden Rechtsvorschriften, gegeben, wobei die „gesetzliche Regelung“ ein Gesetz im materiellen Sinn meint.[652] Die Wesentlichkeit der Änderung ist anzunehmen, wenn der Verwaltungsakt von der Behörde nach den nunmehr vorliegenden Verhältnissen so nicht mehr erlassen werden dürfte.[653] Unproblematisch liegt eine Änderung vor, wenn ein klassischer Arbeitgeberwechsel unter Aufnahme eines neuen Beschäftigungsverhältnisses vorliegt.

(2) Änderung der Gesetzeslage

Eine Aufhebung gem. § 48 Abs. 2 SGB X, aufgrund der Änderung der Rechtsprechung, scheidet demgegenüber aus. Zum einen ist bereits fraglich, ob § 48 Abs. 2 SGB X den Fall umfasst, dass eine erstmalige Auslegung eines Gesetzes durch das Bundessozialgericht zu einer anderen Entscheidung führt als dies von der Verwaltung bislang praktiziert wurde. Zum anderen stellt die Aufhebung eines

---

650 Vgl. BT-Drs. 8/2034, S. 35 (zu diesem Zeitpunkt des Gesetzgebungsverfahrens wurde die Regelung noch in § 46 SGB X normiert).

651 Brandenburg, in: Schlegel/Voelzke, jurisPK-SGB X, § 48 SGB X, Rn. 54.

652 Brandenburg, in: Schlegel/Voelzke, jurisPK-SGB X, § 48 SGB X, Rn. 57; BSG, Urt. v. 30.06.1998 – B 2 U 41/97 R, Rn. 19, juris.

653 Brandenburg, in: Schlegel/Voelzke, jurisPK-SGB X, § 48 SGB X, Rn. 59.

einmal erteilten Befreiungsbescheides eine belastende Situation für die Syndikusanwälte dar.

(3) Exkurs: Widerruf der Zulassung unter Berücksichtigung der Neuregelung

Nach der Neukonzeption der Bundesrechtsanwaltsordnung wird eine Aufhebungsentscheidung der Behörde nicht mehr vor große Herausforderungen gestellt sein. Unter Berücksichtigung der Neuregelung der Zulassung zum Rechtsanwalt (Syndikusrechtsanwalt) wird die Aufhebung eines erteilten Befreiungsbescheides vereinfacht, wenn die zugrundeliegende Zulassung zum Syndikusrechtsanwalt widerrufen wurde, weil es seit der Erteilung der Zulassung zu einer wesentlichen Änderung der Tätigkeit gekommen ist, die nunmehr einer Zulassung entgegensteht. In Korrelation zum SGB VI hat der Gesetzgeber in § 46b Abs. 4 BRAO eine Verpflichtung des Syndikusrechtsanwalts normiert, wonach er der zuständigen Stelle jede der folgenden tätigkeitsbezogenen Änderungen des Arbeitsverhältnisses anzuzeigen hat:

1. Jede tätigkeitsbezogene Änderung des Arbeitsvertrags, dazu gehört auch die Aufnahme eines neuen Arbeitsverhältnisses,
2. jede wesentliche Änderung der Tätigkeit innerhalb des Arbeitsverhältnisses.

Die Zulassung des Syndikusrechtsanwalts erlischt gem. § 13 BRAO durch ein rechtskräftiges Urteil auf Ausschließung aus der Anwaltschaft oder bei bestandskräftiger Rücknahme bzw. bestandskräftigem Widerruf der Zulassung. Sie wird gem. § 46b BRAO unter denselben Bedingungen zurückgenommen und widerrufen wie die Zulassung von Rechtsanwälten. Durch § 46b S. 2 BRAO wird verdeutlicht, dass die Zulassung als Syndikusrechtsanwalt tätigkeitsbezogen erfolgt und diese zu widerrufen ist, wenn die von dem Syndikusrechtsanwalt im Rahmen seines Anstellungsverhältnisses ausgeübte Tätigkeit nicht mehr den Anforderungen des § 46 Abs. 2 bis 5 BRAO entspricht.[654] Unter diesen Umständen fällt mit dem Widerruf der Zulassung eine Voraussetzung der Befreiungsnorm weg, sodass nachträglich eine Veränderung eingetreten ist, die zur Aufhebung berechtigt. Regelmäßig wird die Behörde bei einer Aufhebungsentscheidung zudem ihr Ermessen gem. § 35 Abs. 1 S. 3 SGB X ermessensfehlerfrei ausüben müssen.[655]

---

654 Vgl. insoweit auch BT-Drs. 18/5563, S. 42.

655 Ob die Zulassung als solches erlischt, ist bisher in der Literatur und der Rechtsprechung nicht näher in Frage gestellt worden.

cc) § 44 SGB X

Nach § 44 Abs. 1 SGB X kann ein Verwaltungsakt, auch nachdem er unanfechtbar geworden ist, mit Wirkung für die Vergangenheit zurückgenommen werden, soweit sich im Einzelfall ergibt, dass bei Erlass eines Verwaltungsaktes das Recht unrichtig angewandt oder von einem Sachverhalt ausgegangen worden ist, der sich als unrichtig erweist und soweit deshalb Beiträge zu Unrecht erhoben worden sind. Im Übrigen kann ein rechtswidriger nicht begünstigender Verwaltungsakt gem. § 44 Abs. 2 SGB X mit Wirkung für die Zukunft, auch nachdem er unanfechtbar geworden ist, zurückgenommen werden. Die Norm setzt voraus, dass die Rücknahme eines rechtswidrigen belastenden Verwaltungsaktes begehrt wird.

Eine Rücknahme nach § 44 Abs. 1 SGB X scheidet vorliegend aus, weil das Recht zum Zeitpunkt des Erlasses des Befreiungsbescheides richtig angewandt wurde. Es entsprach der damaligen Rechtslage, Befreiungsbescheide unter bestimmten Voraussetzungen zu erteilen. Für eine Rücknahme mit Wirkung für die Zukunft nach § 44 Abs. 2 SGB X fehlt es an dem nicht begünstigenden Verwaltungsakt, weil die Befreiung sich für den Berechtigten als Begünstigung darstellt.

Zum Teil wird vertreten, dass eine rückwirkende Aufhebung nach § 44 SGB X möglich sein soll, da es für die Beurteilung der Rechtswidrigkeit des Verwaltungsaktes nicht auf die zum Erlasszeitpunkt bestehende Entscheidungspraxis ankommen soll.[656] Vielmehr soll eine neue, auch nur einmalige[657], Rechtsprechung nachträglich maßgeblich sein, wenn sie eine frühere, entgegenstehende Auslegung der angewandten Rechtsvorschriften als unrichtig erscheinen lasse.[658] Entscheidend ist danach eine „geläuterte Rechtsauffassung", d.h. die Beurteilung der Rechtmäßigkeit aus heutiger Sicht.[659] Zwar sind nach der Auffassung des Bundessozialgerichts im Falle einer geänderten Rechtsauffassung auch rückwirkende Aufhebungen nicht durch § 48 Abs. 2 SGB X grundsätzlich ausgeschlossen; es soll aber insoweit darauf ankommen, ob die Rechtsprechungsänderung auf einer Änderung der Umstände, auf die eine Rechtsvorschrift Bezug nimmt,

---

656 BSG, Urt. v. 25.10.1984 – 11 RAz 3/83, Rn. 10, juris; Rüfner, Zur Bedeutung von § 48 Abs. 2 SGB X, in: FS Krasney, S. 401 (406).

657 BSG, Urt. v. 30.01.1985 – 1 RJ 2/84, Rn. 21, juris.

658 BSG, Urt. v. 25.10.1984 – 11 RAz 3/83, Rn. 10, juris; Rüfner, Zur Bedeutung von § 48 Abs. 2 SGB X, in: FS Krasney, S. 401 (406), Becker, ZFA 2014, 87 (109).

659 BSG, Urt. v. 30.01.1985 – 1 RJ 2/84, Rn. 21, juris; BSG, Urt. v. 02.02.2006 – B 10 EG 9/05R, Rn. 29, juris.

beruht oder nicht.[660] Zu Recht wird an dieser Auffassung kritisiert, dass die Rechtsprechung des Bundessozialgerichts sich ausschließlich auf die Anwendung von § 44 SGB X bezogen und die Anwendung von § 48 Abs. 1 SGB X ausgeschlossen hat.[661] Eine geänderte Rechtsprechung ist danach keine Änderung der maßgeblichen Verhältnisse, sondern wirkt vielmehr auf den Erlasszeitpunkt zurück.[662]

b) Erledigung auf sonstige Weise, § 39 Abs. 2 SGB X a.E.

Schließlich kann sich ein Befreiungsbescheid auf sonstige Weise erledigen. Das Bundessozialgericht hat in diesem Zusammenhang die Erledigung auf sonstige Weise nicht immer in den Vordergrund gerückt, sondern gelegentlich auch andere Begrifflichkeiten verwandt.

So hat z.B. der 5. Senat entschieden, dass sich aus dem Tätigkeitsbezug der Befreiung nach § 6 Abs. 1 Nr. 1 i.V.m. Abs. 5 und § 231 SGB VI eine von vornherein auf die jeweilige Tätigkeit oder Beschäftigung beschränkte Wirkung der Befreiung ergebe.[663] In Bezug auf eine andere Beschäftigung werde der Befreiungsbescheid nicht rechtswidrig, sondern lediglich gegenstandslos.[664] Weiter hat der 5. Senat ausgeführt, dass ein solcher Befreiungsbescheid sich auch nicht i.S.d. § 39 Abs. 2 SGB X auf andere Weise erledige, da er bei der erneuten Aufnahme der ursprünglichen Beschäftigung Wirkung entfalte und es insoweit keines neuen Befreiungsantrags bedürfe.[665] Der 12. Senat hat sich dieser Rechtsprechung angeschlossen und ausgeführt, dass ein Befreiungsbescheid selbst bei Befreiungen, die vor dem 01.01.1992 nach § 7 Abs. 2 Angestelltenversicherungsgesetz (AVG)[666] ausgesprochen wurden, nicht aufgehoben werden müsse, da die Versicherungspflicht in einer anderen Beschäftigung kraft Gesetzes eintrete.[667]

In den Entscheidungen vom 31.10.2012[668] hat der 12. Senat seine Auffassung wiederholt und klargestellt, dass der ursprünglich erteilte Befreiungsbescheid

---

660 BSG, Urt. v. 21.03.1996 – 11 RAr 101/94, Rn. 31, juris.

661 Becker, ZFA 2014, 87 (110 f.).

662 So auch Becker, ZFA 2014, 87 (111).

663 BSG, Urt. v. 22.10.1998 – B 5/4 RA 80/97 R, Rn. 22, juris.

664 BSG, Urt. v. 22.10.1998 – B 5/4 RA 80/97 R, Rn. 22, juris; LSG Berlin-Brandenburg, Urt. v. 31.01.2018 – L 16 R 945/16, BeckRS 2018, 1716.

665 BSG, Urt. v. 22.10.1998 – B 5/4 RA 80/97 R, Rn. 22, juris.

666 Angestelltenversicherungsgesetz v. 20.12.1911, RGBl. S. 989, außer Kraft getreten zum 01.01.1992, Art. 83 Nr. 1 Gesetz v. 18.12.1989, BGBl. I, S. 2261, 2393.

667 BSG, Urt. v. 07.12.2000 – B 12 KR 11/00 R, SozR 3-2600 § 6 Nr. 5.

668 In der Entscheidung hatte sich das BSG mit einer approbierten Tierärztin als Klägerin und der Befreiungswirkung auseinanderzusetzen. Die Klägerin hatte 1991 eine

unter Zugrundelegung von § 6 Abs. 5 SGB VI nur für die jeweilige Tätigkeit gelten könne und bei einem Tätigkeitswechsel keine Wirkung mehr entfalte.[669] Zur Begründung führte das Gericht aus, dass sich bereits aus dem klaren Wortlaut der Regelung zweifelsfrei ergebe, dass mit einer Befreiungsentscheidung der Rentenversicherung keine umfassende Befreiung von der Versicherungspflicht für andere als die „jeweilig" ausgeübte Beschäftigung des Betroffenen in Betracht komme, selbst wenn ursprüngliche und nachfolgende Erwerbstätigkeiten ähnlich sein mögen.[670] Darüber hinaus habe der Gesetzgeber in der Sonderregelung des § 231 Abs. 1 S. 1 SGB VI festgelegt, dass Beschäftigte, die unter Geltung des Vorgängerrechts im Angestelltenversicherungsgesetz am 31.12.1991 von der Versicherungspflicht befreit waren, lediglich in „derselben Beschäftigung" von der Versicherungspflicht in der gesetzlichen Rentenversicherung befreit blieben. In dieser Bestandsschutzregelung komme – übereinstimmend mit § 6 Abs. 1 S. 1 Nr. 1 SGB VI – zum Ausdruck, dass der betroffene Personenkreis durch eine ausgesprochene Befreiung nur in Bezug auf die konkret ausgeübte Beschäftigung begünstigt bleiben solle, nicht aber für andere Erwerbstätigkeiten.[671] Aus diesem Umstand zieht das Gericht die Konsequenz, dass der ursprünglich erteilte Befreiungsbescheid keine Wirkung bei Änderungen des Arbeitsverhältnisses mehr entfaltet.

Der – nicht für das Recht der gesetzlichen Rentenversicherung zuständige – 14. Senat demgegenüber vertritt die Auffassung, dass ein Bescheid, der gegenstandslos geworden ist, sich dadurch im Sinne des § 39 Abs. 2 SGB X „auf andere Weise erledigt".[672]

Zuzustimmen ist sowohl dem 5. als auch dem 12. und 14. Senat des Bundessozialgerichts darin, dass der Befreiungsbescheid nach § 6 Abs. 1 i.V.m. § 6

Befreiung erwirkt und damals eine Beschäftigung an der Universität ausgeübt. Zwischenzeitlich war sie als Pharmaberaterin tätig. Seit 2002 hatte sie ihre berufliche Tätigkeit außerhalb des Zuständigkeitsbereichs der ursprünglichen Berufskammer aufgenommen und setzte ihre Mitgliedschaft dort lediglich freiwillig fort. Die Beklagte hob den Befreiungsbescheid auf und teilte der Klägerin mit, dass sie für die Beschäftigung als Pharmaberaterin nicht von der Versicherungspflicht befreit sei, da es sich nicht um eine tierärztliche Tätigkeit handle. Das BSG lehnte die Befreiungsfortwirkung ab, weil keine Identität zwischen der Beschäftigung, die der Befreiung zugrunde lag und der in der Zwischenzeit ausgeübten Tätigkeit nach Befreiungserteilung vorlag, BSG, Urt. v. 31.10.2012 – B 12 R 5/10 R.

669 BSG, Urt. v. 31.10.2012 – B 12 R 5/10 R, NJW 2013, 1628.

670 BSG, Urt. v. 31.10.2012 – B 12 R 3/11 R, NJW 2013, 1624.

671 BSG, Urt. v. 31.10.2012 – B 12 R 3/11 R, NJW 2013, 1624 (1626).

672 BSG, Urt. v. 18.03.1999 – B 14 KG 6/97 R, BeckRS 1999, 30052113.

Abs. 5 SGB VI seine Wirkung verliert, wenn der Betroffene eine neue Tätigkeit bei einem neuen Arbeitgeber antritt. Insoweit überzeugen die Ausführungen des 12. Senats in seiner Entscheidung vom 31.10.2012, die auf § 231 SGB VI und § 6 Abs. 5 SGB VI Bezug nehmen. Gegenstand der Rechtsprechung des 5. und der Entscheidung des 12. Senats von 1998[673] waren jeweils Sachverhalte, in denen über die Reichweite einer früher ausgesprochenen Befreiung von der Versicherungspflicht gestritten wurde.

Nicht zugestimmt werden kann demgegenüber dem 5. Senat darin, dass sich der Befreiungsbescheid nicht auf sonstige Weise erledigen soll, aber gleichsam gegenstandslos wird. Das Gesetz sieht für die Wirksamkeit von Verwaltungsakten ein dichtes Regelungssystem vor, welches sowohl zugunsten der Betroffenen als auch zugunsten der Behörden wirkt. Danach erledigt sich ein Verwaltungsakt, wenn sich alle von ihm ausgehenden Rechtswirkungen erschöpft haben, wenn sein Zweck vollständig erreicht oder seine Erreichung auf Dauer unmöglich geworden ist.[674] Umgekehrt soll sich ein Bewilligungsbescheid nicht dadurch auf sonstige Weise erledigen, dass die materiellen Voraussetzungen eines durch Verwaltungsakt festgestellten Sozialleistungsanspruchs tatsächlich entfallen oder sich bei einem Verwaltungsakt mit Dauerwirkung während des Bewilligungszeitraums die dem Verwaltungsakt zugrunde liegenden Verhältnisse ändern.[675] Das Gleiche gilt, wenn sich nach der Bewilligung einer laufenden Zahlung die Leistungsgesetze oder die Rechtsprechung ändern, die der Bewilligung zugrunde liegen.[676] So soll sich eine durch Verwaltungsakt geregelte Befreiung von der Versicherungspflicht nicht dadurch erledigen, dass der Betroffene später kraft Gesetzes von der Versicherungspflicht befreit wird.[677] Ausgehend von diesen Maßstäben besteht kein Raum für ein Gegenstandsloswerden eines Verwaltungsaktes. Soweit der Betroffene erneut seine alte Tätigkeit wiederaufnehmen sollte, nachdem er für eine gewisse Zeit einer anderen Tätigkeit nachgegangen ist, greift ebenfalls § 6 Abs. 5 SGB VI ein. Ein neuer Antrag, der überprüft, ob die Tätigkeit tatsächlich der alten Tätigkeit entspricht, ist erforderlich. Die ursprüngliche Befreiungsentscheidung ist insoweit streng daran zu messen, wie

673 BSG, Urt. v. 22.10.1998 – B 5/4 RA 80/97 R, BSGE 83, 74 (78).
674 Schneider-Danwitz in: Schlegel/Voelzke, jurisPK-SGB X, § 39, Rn. 41.
675 Schneider-Danwitz in: Schlegel/Voelzke, jurisPK-SGB X, § 39, Rn. 42.
676 BSG, Urt. v. 16.11.1995 – 4 RK 1/94, BeckRS 1995, 30758133; Schneider-Danwitz in: Schlegel/Voelzke, jurisPK-SGB X, § 39, Rn. 42.
677 BSG, Urt. v. 08.12.1999 – B 12 KR 12/99 R, BeckRS 9999, 02210; Schneider-Danwitz in: Schlegel/Voelzke, jurisPK-SGB X, § 39, Rn. 42.

die nunmehr ausgeübte Tätigkeit ausgestaltet ist. Eine Fortwirkung eines einmal erteilten Befreiungsbescheides kommt nicht in Betracht.

c) Zwischenergebnis

Zusammenfassend lässt sich festhalten, dass sich nach neuester Rechtsprechung und Rechtslage alte Befreiungsbescheide gem. § 39 Abs. 2 SGB X a.E. auf sonstige Weise erledigen können, wenn die Betroffenen ihre ursprüngliche Tätigkeit beendet und eine neue Tätigkeit aufgenommen haben. Regelmäßig erledigt sich der alte Befreiungsbescheid auf sonstige Weise, auch wenn der Verfügungssatz sich nicht auf eine konkrete Tätigkeit beschränkt. In den Fällen, in denen eine allgemeine Befreiung oder eine personenbezogene Befreiung erteilt wurde, kann die Behörde in der Regel nur nach § 48 SGB X eine Aufhebung des Befreiungsbescheides herbeiführen.

3. Die Erforderlichkeit einer neuen Antragstellung

Für die Frage, ob bzw. wann eine neue Antragstellung für eine Befreiung von der gesetzlichen Rentenversicherungspflicht erforderlich wird, lieferte die Entscheidung des Bundessozialgerichts vom 31.10.2012 wegweisende Hinweise.[678] So ist die Befreiungsentscheidung, wie dargestellt, stets auf die jeweils zugrundeliegende jeweilige Beschäftigung beschränkt. Dies ergibt sich, worauf das Bundessozialgericht zu Recht hingewiesen hat, nicht zuletzt aus dem deutlichen Wortlaut in § 6 Abs. 5 SGB VI.[679] In der herrschenden Literatur wird seit den Urteilen des Bundessozialgerichts vom 31.10.2012 die Auffassung vertreten, dass neben dem klassischen Arbeitgeberwechsel auch jede weitere wesentliche Veränderung im Beschäftigungsverhältnis dazu führen kann, dass ein neuer Befreiungsantrag gestellt werden muss.[680] Das Bundessozialgericht hatte sich in seinen Entscheidungen vom 31.10.2012 nicht mit einem Tätigkeitswechsel innerhalb eines Beschäftigungsverhältnisses zu befassen und hat diesbezüglich keine näheren Angaben gemacht.[681]

---

678 BSG, Urt. v. 31.10.2012 – B 12 R 3/11 R, NJW 2013, 1624.

679 BSG, Urt. v. 31.10.2012 – B 12 R 3/11 R, NJW 2013, 1624 (1626 ff.).

680 vgl. hierzu die Anmerkungen der DRV Bund: http://www.deutsche-rentenversicherung.de/ Allgemein/de/Inhalt/5_Services/05_fachinformationen/01_aktuelles_aus_der_rechtsprechung/syndikusanwaelte_stichtagsregelung_1_1_2015.html (zuletzt abgerufen am 15.05.2019).

681 In den Fällen vor dem Bundessozialgericht vom 31.10.2012 ist im Rahmen des Tätigkeitswechsels stets ein Arbeitgeberwechsel erfolgt, BSG, Urt. v. 31.10.2012 – B 12 R 3/11 R, NJW 2013, 1624.

Vor dem Hintergrund der eindeutigen Auslegung von § 6 Abs. 5 SGB VI ist der Literatur insoweit zuzustimmen als tätigkeitsbezogene Änderungen in einem Beschäftigungsverhältnis zu einer neuen Antragstellung führen können. Insoweit kann auf die Regelung des § 46b Abs. 2 BRAO verwiesen werden, die eine Hinweispflicht für Syndikusrechtsanwälte bei Änderungen im Beschäftigungsverhältnis normiert. Nach der gesetzgeberischen Intention dieser Norm soll z.B. der Wechsel von der Rechtsabteilung in die Personalabteilung eine wesentliche Änderung darstellen, weil letzteres eine Veränderung der tätigkeitsbezogenen Elemente aufweisen kann.[682] Hieran anknüpfend hat die Deutsche Rentenversicherung Bund in einem Merkblatt vom 12.12.2014 beispielhaft den Wechsel von der Rechtsabteilung in den Vertrieb genannt, da die Tätigkeit ihren ursprünglich rechtsberatenden Charakter verliere.[683] Umgekehrt soll bei einer gleichbleibend unabhängig rechtsberatenden Tätigkeit innerhalb derselben Rechtsabteilung bei Bearbeitung nur eines anderen Rechtsgebiets keine in diesem Sinne wesentliche Änderung gegeben sein.[684] Gegen eine wesentliche Änderung spricht sich zudem die Deutsche Rentenversicherung Bund aus, wenn ein Arbeitgeberwechsel auf einem Betriebsübergang nach § 613a BGB erfolgt.[685] Daran anknüpfend wird vertreten, dass kein Unterschied zu einer Umwandlung einer Gesellschaft nach dem Umwandlungsgesetz besteht, sodass in beiden Fällen eine Antragstellung obsolet sein soll.[686]

Die von dem Gesetzgeber, der DRV Bund und einem Teil in der Literatur genannten Beispiele für eine wesentliche Änderung eines Beschäftigungsverhältnisses können im Einzelfall dazu führen, dass eine Antragstellung nicht erforderlich ist. Insoweit hat die Deutsche Rentenversicherung Bund zu Recht formuliert, dass eine allgemeine Beantwortung der Frage, wann eine wesentliche Änderung einer Tätigkeit vorliegt, unmöglich sei und es der Einzelfallbetrachtung eines jeden Tätigkeitsverhältnisses bedürfe.[687] Für die Beurteilung sei es

---

682 BT-Drs. 18/5563, S. 43.

683 Abrufbar unter: http://www.deutsche-rentenversicherung.de/Allgemein/de/Inhalt/5_Services/05_fachinfor-mationen/01_aktuelles_aus_der_rechtsprechung/syndikusanwaelte_stichtagsregelung_1_1_2015.html (zuletzt abgerufen am 30.06.2019).

684 BT-Drs. 18/5563, S. 43.

685 BT-Drs. 18/5563, S. 43.

686 Schafhausen, in: Kilger/Offermann-Burckart/Schafhausen/Schuster (Hrsg.), Das neue Syndikusrecht, § 3, S. 67.

687 Abrufbar unter: http://www.deutsche-rentenversicherung.de/Allgemein/de/Inhalt/5_Services/05_fachinformationen/01_aktuelles_aus_der_rechtsprechung/bsg_aenderungen_im_befreiungsrecht_der_rv.html (zuletzt abgerufen am 30.06.2019).

maßgeblich, in welchem Umfang zusätzliche Aufgaben, die nicht zum Berufsbild des Rechtsanwalts gehören, übernommen würden und welche Aufgaben damit in der Gesamtschau des Beschäftigungsverhältnisses prägend seien.[688] Auch in der Literatur wird vertreten, dass sich eine pauschale Herangehensweise verbiete.[689] Vielmehr müsse unter Berücksichtigung der Hinweispflichten an den Syndikusrechtsanwalt immer dann eine neue Antragstellung einer Befreiung erfolgen, wenn zu den Aufgaben, die Grundlage der ersten Zulassungsentscheidung gewesen sind, neue Aufgaben hinzukommen, die nicht anwaltlicher Natur seien.[690]

In diesen Punkten ist sowohl der Deutschen Rentenversicherung Bund als auch der Literatur zuzustimmen. Zu berücksichtigen ist jedoch, dass die Frage nach der Antragstellung für eine Befreiung von der gesetzlichen Rentenversicherungspflicht regelmäßig mit einer Zulassungsentscheidung zum Syndikusrechtsanwalt einhergehen wird. Die Betroffenen haben in der Regel die Möglichkeit eine Befreiung bei dem zuständigen Rentenversicherungsträger zu stellen, wenn sie der Auffassung sind, dass eine Änderung der Tätigkeiten eine neue Antragstellung bedingt. Gleichzeitig ist darauf hinzuweisen, dass die Träger der Rentenversicherung ihrerseits die Möglichkeit der Überprüfung hat, indem sie alle vier Jahre eine Betriebsprüfung gem. § 28p SGB IV beim Arbeitgeber durchführt. Kommt sie im Rahmen dieser Prüfung zu dem Ergebnis, dass eine wirksame Befreiungsentscheidung nicht vorliegt, fallen für den Arbeitgeber ggf. Beiträge an, die er nachzuentrichten hat. Im Rahmen eines nach § 7a SGB VI beantragten Statusfeststellungsverfahrens kann jedoch der einzelne Beschäftigten die Frage, ob er in der gesetzlichen Rentenversicherung pflichtversichert ist, klären lassen. Aus Sicherheitsgründen ist den Betroffenen jedoch anzuraten stets überprüfen zu lassen, ob eine Befreiung für die gegenwärtig ausgeübte Beschäftigung erteilt werden kann und auf einen wirksamen Befreiungsbescheid hinzuwirken.

---

688 FAQ zu http://www.deutsche-rentenversicherung.de/Allgemein/de/Inhalt/5_Services/05 fachinformationen /01_aktuelles_aus_der_rechtsprechung/bsg_aenderungen_im_befreiungsrecht_der_rv.html.

689 Schafhausen, in: Kilger/Offermann-Burckart/Schafhausen/Schuster (Hrsg.), Das neue Syndikusrecht, § 3, S. 68.

690 Schafhausen, in: Kilger/Offermann-Burckart/Schafhausen/Schuster (Hrsg.), Das neue Syndikusrecht, § 3, S. 68.

4. *Ausnahmen zur Antragstellung nach den Urteilen des Bundessozialgerichts vom 03.04.2014*

Im Nachgang zu den Entscheidungen des Bundessozialgerichts vom 31.10.2012 wurden zum Teil von der Literatur, aber auch von der Rechtsprechung vermehrt Instrumente wie der Vertrauensschutz, der Bestandsschutz und der Grundsatz von Treu und Glauben angeführt, um Unsicherheiten und Ungerechtigkeiten durch (zum Teil) nicht mehr nachholbare Antragstellungen nach den Entscheidungen des Bundessozialgerichts vom 03.04.2014 zu beseitigen. Für diese als Altfälle beschriebenen Fälle, hat das Bundessozialgericht bereits in Entscheidungen vom 22.10.1998[691] sowie erneut vom 31.10.2012[692] und schließlich vom 03.04.2014[693] immer wieder darauf hingewiesen, dass in Einzelfällen ein Schutz der Betroffenen bewirkt werden müsse.

a) *Der Grundsatz von Treu und Glauben*

In einer Entscheidung vom 31.10.2012 hielt es das Bundessozialgericht für geboten, Ausführungen zum Grundsatz von Treu und Glauben zu machen. Das Gericht führte aus, dass es nach seiner Rechtsprechung gegen Treu und Glauben verstoße, wenn ein Rentenversicherungsträger die Versicherungspflicht eines Betroffenen in der gesetzlichen Rentenversicherung feststelle, nachdem der Träger zuvor in einer Antwort auf die Frage des Betroffenen nach der Reichweite einer früheren Befreiung im Hinblick auf eine neu eingegangene Beschäftigung den Eindruck erzeugt hatte, auch insoweit trete wegen der schon erteilten früheren Befreiung keine Versicherungspflicht ein.[694]

b) *Der sozialrechtliche Herstellungsanspruch*

Kam es im Rahmen einer Anfrage durch einen Betroffenen zu einer Falschberatung, wodurch eine Antragstellung unterblieb folgert das Bundessozialgericht, dass alternativ zur Anwendung des Grundsatzes von Treu und Glauben eine Heranziehung der Grundsätze über den sozialrechtlichen Herstellungsanspruch möglich sein muss. Danach ist ein Betroffener bei Betreuungspflichtverletzungen eines Sozialversicherungsträgers so zu behandeln, als hätte der angegangene Träger die ihm obliegenden Pflichten (vgl. §§ 14, 15 SGB I) ordnungsgemäß

---

691 BSG, Urt. v. 22.10.1998 – B 5/4 RA 80/97 R, Rn. 22, juris, BSGE 83, 74 (78).

692 BSG, Urt. v. 31.10.2012 – B 12 R 3/11 R, NJW 2013, 1624.

693 BSG, Urt. v. 03.04.2014 – B 5 RE 3/14 R, juris; BSG, Urt. v. 03.04.2014 – B 5 RE 9/14 R, juris; BSG, Urt. v. 03.04.2014 – B 5 RE 13/14 R, NJW 2014, 2743.

694 BSG, Urt. v. 31.10.2012 – B 12 R 3/11 R, NJW 2013, 1624.

erfüllt.[695] Liegen Anhaltspunkte dafür vor, dass die Träger der Rentenversicherung falsch beraten und/oder durch eine falsche Auskunft der Betroffene von einer erneuten Antragstellung abgehalten wurde, hätte dies zur Folge, dass die Betroffenen so behandelt werden müssten, als wäre ein seinerzeit gestellter Befreiungsantrag rechtmäßig beschieden worden. Der sozialgerichtliche Herstellungsanspruch fingiert insoweit einen fehlenden Antrag und setzt im Übrigen voraus, dass der gewünschte Zustand über eine rechtmäßige Amtshandlung hergestellt werden kann. Dabei müssen alle übrigen Befreiungsvoraussetzungen dem Grunde nach vorgelegen haben.

c) Der Vertrauensschutz

In seinen Entscheidungen vom 03.04.2014 hat das Bundessozialgericht noch einen weiteren Umstand in Betracht gezogen, der eine neue Befreiungsantragstellung obsolet macht. Für Inhaber einer begünstigenden Befreiungsentscheidung wies das Gericht darauf hin, dass diese – bezogen auf die jeweilige Beschäftigung, für die eine Befreiung ausgesprochen wurde – ein rechtlich schützenswertes Vertrauen in den Bestand dieser Entscheidungen hätten, welches über den Schutz durch die §§ 44 ff. SGB X hinausgehe. Insbesondere durch die Anwendung und Förderung der Vier-Kriterien-Theorie durch die Träger der gesetzlichen Rentenversicherung (wenn auch ohne gesetzliche Grundlage), durch die zahlreiche Bereifungsbescheide erteilt worden seien, werde ein derartiger Vertrauensschutz begründet. Weil bei der gebotenen typisierenden Betrachtung Lebensentscheidungen über die persönliche Vorsorge nachhaltig mitbeeinflusst worden seien, könne einer Änderung der Rechtsauffassung hinsichtlich ergangener Befreiungsentscheidungen grundsätzlich keine Bedeutung zukommen.[696]

Gleichzeitig wies das Gericht darauf hin, dass aus dem Verfügungssatz des Befreiungsbescheides, wonach die Befreiung für die Dauer der Pflichtmitgliedschaft und einer daran anschließenden freiwilligen Mitgliedschaft in der Versorgungseinrichtung Geltung entfalte, kein Vertrauensschutz hergeleitet werden könne, da diese Formulierung nicht den Fall des Wechsels einer Beschäftigung betreffe.[697] Überdies könne ein Vertrauensschutz auch nicht aus den Hinweisen

695 BSG, Urt. v. 31.10.2012 – B 12 R 3/11 R; BSGE 65, 21 (26); BSG, Urt. v. 30.10.2001 – B 3 KR 27/01 R, BSGE 89, 50 (53 ff.); BSG, Urt. v. 29.08.2012 – B 12 R 7/10 R, NZS 2013, 233; BSG, Urt. v. 17.11.1970 – 1 RA 233/68, NJW 1971, 822.

696 BSG, Urt. v. 03.04.2014 – B 5 RE 9/14 R, Rn. 48, juris.

697 BSG, Urt. v. 03.04. 2014 – B 5 RE 3/14 R, Rn. 53, juris; BSG, Urt. v. 03.04. 2014 – B 5 RE 9/14 R, Rn. 48, juris; BSG, Urt. v. 03.04. 2014 – B 5 RE 13/14 R, Rn. 49, NJW 2014, 2743 (2749).

im Befreiungsbescheid resultieren, die rechtstechnisch betrachtet nicht Teil des Verfügungssatzes eines Verwaltungsaktes im Sinne der § 31 f. SGB X geworden seien und insoweit keinerlei rechtliche Außenwirkung entfalten könnten.[698]

Nach einer Auffassung in der Literatur könnten auch die Informationsblätter der Deutschen Rentenversicherung Bund vom 10.01.2014 sowie vom 12.12.2014 einen Vertrauenstatbestand auslösen.[699] Die Behörde habe hiermit ein bestimmtes Verwaltungshandeln angekündigt und ist damit über allgemeine Beratungs- und Aufklärungsmaßnahmen hinausgegangen, §§ 13, 14 SGB I. Diese Hinweise enthielten nach außen wirksame Wissenserklärungen, die ein bestimmtes Verhalten festlegen und auf die sich der Einzelne entsprechend berufen können solle.[700]

d) *Stellungnahme*

Die Erweiterung auf Fälle, in denen keine neue Antragstellung erforderlich ist, ist grundsätzlich zu begrüßen. Insbesondere in Fällen, in denen den Betroffenen nach eigener Auskunft bei einem Träger der Rentenversicherung versichert wurde, dass eine neue Antragstellung nicht erforderlich sei, ist im Hinblick auf den Grundsatz von Treu und Glauben in Verbindung mit dem sozialrechtlichen Herstellungsanspruch bei einem telefonischen Nachweis, nicht davon auszugehen, dass eine weitere Antragstellung erforderlich ist. Der aus dem Bürgerlichen Recht entstammende und in § 242 BGB niedergelegte Grundsatz von Treu und Glauben findet grundsätzlich auch im Sozialrecht Anwendung. Das Bundessozialgericht hat den Grundsatz von Treu und Glauben neben den bereits genannten Entscheidungen vom 31.10.2012 in diversen Entscheidungen zur Anwendung gebracht.[701] Verknüpft wurde der Grundsatz von Treu und Glauben in den vorliegenden Konstellationen zu Recht mit dem sozialrechtlichen Herstellungsanspruch, der im Rahmen einer Falschberatung dazu führt, dass der Status wiederhergestellt wird, der bestehen würde, wenn eine richtige Beratung erfolgt wäre.[702] In den Einzelfällen, in denen den Betroffenen der Nachweis eine

---

698 BSG, Urt. v. 30.04.1997 – 12 RK 34/96, NJW 1997, 3333; BSG, Urt. v. 22.10.1998 – B 5/4 80/97 R, NZS 1999, 402.

699 Becker, ZFA 2014, 87 (118).

700 Becker, ZFA 2014, 87 (118).

701 Vgl. insoweit beispielhaft: BSG, Urt. v. 07.11.1995 – 12 RK 19/94, SozR 3-2400 § 26 Nr. 7; BSG, Urt. v. 07.12.2000 – B 12 KR 11/00 R, SozR 3-2600 § 6 Nr. 5, SozR 3-2600 § 231 Nr. 2; BSG, Urt. v. 08.09.2009 – B 1 KR 11/09 R, SozR 4-2500 § 109 Nr. 19; BSG, Urt. v. 22.11.2012 – B 3 KR 1/12 R, SozR 4-2500 § 109 Nr. 28.

702 BSG, Urt. v. 17.11.1970 – 1 RA 233/68, NJW 1971, 822; Ladage, Der Sozialrechtliche Herstellungsanspruch, S. 87, 92.

Falschberatung gelingt, steht dem Eingreifen des sozialrechtlichen Herstellungsanspruchs demnach nichts entgegen. Darüber hinaus ist der Rückgriff auf den Bestandsschutz für die Betroffenen folgerichtig, die eine Befreiung mittels Anwendung der Vier-Kriterien erhalten haben und weiterhin ihre unveränderte Tätigkeit ausüben. Im Hinblick auf die im Nachgang zu den Entscheidungen vom 03.04.2014 ergangenen Erklärung der Deutschen Rentenversicherung Bund ist der Literatur insoweit zuzustimmen, dass diese, seien es mündliche oder schriftliche, einen Vertrauenstatbestand begründen konnten, der sich auf eine nicht beantragte Befreiung auswirken konnte. In diesem Sinne ist es ebenfalls folgerichtig, dass die Deutsche Rentenversicherung Bund in ihrem Informationsschreiben vom 12.12.2014 für Beschäftigte ohne einen aktuellen Befreiungsbescheid seit der Beschäftigungsaufnahme formulierte, dass sie Versicherte in der gesetzlichen Rentenversicherung seien, wenn sie nicht nachweisen könnten, dass ihnen auf eine entsprechende Anfrage bei der Deutschen Rentenversicherung Bund die Weitergeltung der alten Befreiung schriftlich oder mündlich bestätigt worden sei. Dieser Vertrauensschutz griff allerdings nur dann für alle Befreiungen ohne weitergehende Nachzahlungen ein, wenn die Betroffenen durchgehend als Rechtsanwälte zugelassen und rechtsberatend tätig waren.[703]

5. *Ergebnis*

Mit den Urteilen des Bundessozialgerichts vom 31.10.2012 gilt es als geklärt, dass sich eine einmal erteilte Befreiung ausschließlich auf die Tätigkeit bezieht, die bei Antragstellung ausgeübt wurde. Eine neue Antragstellung wird mit der Gesetzesimplementierung dann erforderlich, wenn die ursprüngliche Tätigkeit sich verändert hat und den Charakter einer rechtsberatenden Tätigkeit nicht ohne weiteres enthält.

Für sog. Altfälle wurde insbesondere im Zeitraum ab den Entscheidungen des Bundessozialgerichts vom 03.04.2014 bis zum Inkrafttreten des Gesetzes zur Neuordnung des Rechts von Syndikusanwälten durch sozial – und privatrechtliche Instrumente, wie den Vertrauensschutz, dem Grundsatz von Treu und Glauben sowie Bestandsschutzregelungen versucht die bestehende Rechtslage abzumildern, indem teilweise auf eine neue Antragstellung durch die Rentenversicherungsträger verzichtet wurde, wenn eine positive Befreiungsentscheidung für die ausgeübte Beschäftigung bis zum 03.04.2014 vorlag oder die Betroffenen

703 Kritisch hierzu Kleine-Cosack, AnwBl. 2015, 115 (118 f.), der zu Recht darauf hinweist, dass beide Einschränkungen zu einem erhöhten Verwaltungsaufwand führen und z.T. unbestimmte Rechtsbegriffe darstellen.

bis zur letzten Instanz prozessierten und ihre Klagen erfolgreich waren.[704] Schließlich wurde ein Vertrauensschutz für die Syndikusanwälte durch die Rentenversicherungsträger anerkannt, die bereits am 31.12.2014 das 58. Lebensjahr vollendet hatten.[705]

II. Die rückwirkende Befreiung gem. § 231 Abs. 4b, 4c SGB VI

Mit dem Gesetz zur Neuordnung des Rechts der Syndikusanwälte hat der Gesetzgeber Neuregelungen im Rentenversicherungsrecht normiert, die für bestimmte Altfälle rückwirkende Befreiungen von der gesetzlichen Rentenversicherungspflicht ermöglichen und damit über § 6 Abs. 4 SGB VI hinausgehen. Unter anderem wurde § 231 Abs. 4b S. 1 SGB VI wie folgt normiert:

> „Eine Befreiung von der Versicherungspflicht als Syndikusrechtsanwalt oder Syndikuspatentanwalt nach § 6 Absatz 1 Satz 1 Nummer 1, die unter Berücksichtigung der Bundesrechtsanwaltsordnung in der ab dem 1. Januar 2016 geltenden Fassung oder der Patentanwaltsordnung in der ab dem 1. Januar 2016 geltenden Fassung erteilt wurde, wirkt auf Antrag vom Beginn derjenigen Beschäftigung an, für die die Befreiung von der Versicherungspflicht erteilt wird. Sie wirkt auch vom Beginn davor liegender Beschäftigungen an, wenn während dieser Beschäftigungen eine Pflichtmitgliedschaft in einem berufsständischen Versorgungswerk bestand. Die Befreiung nach den Sätzen 1 und 2 wirkt frühestens ab dem 1. April 2014. Die Befreiung wirkt jedoch auch für Zeiten vor dem 1. April 2014, wenn für diese Zeiten einkommensbezogene Pflichtbeiträge an ein berufsständisches Versorgungswerk gezahlt wurden. Die Sätze 1 bis 4 gelten nicht für Beschäftigungen, für die eine Befreiung von der Versicherungspflicht als Syndikusrechtsanwalt oder Syndikuspatentanwalt auf Grund einer vor dem 4. April 2014 ergangenen Entscheidung bestandskräftig abgelehnt wurde. Der Antrag auf rückwirkende Befreiung nach den Sätzen 1 und 2 kann nur bis zum Ablauf des 1. April 2016 gestellt werden."

Nach dem Willen des Gesetzgebers soll mit der Novellierung der Tatsache Rechnung getragen werden, dass infolge der Rechtsprechung des Bundessozialgerichts die Möglichkeit zur Befreiung von Syndikusanwälten zeitweise unmöglich war und ein, durch die bisherige Verwaltungspraxis bei der Befreiung von Syndikusanwälten, geschaffenes schutzwürdiges Vertrauen angemessen Berücksichtigung findet.[706] Die Sätze 1 bis 3 regeln, dass die Befreiung bis zum Beginn der Beschäftigung zurückwirkt, in der eine Befreiung von der Versicherungspflicht in der gesetzlichen Rentenversicherung auf der Grundlage der

704 Vgl. hierzu die Ausführung bei Dankelmann, WzS 2015, 163 (168).
705 Dankelmann, WzS 2015, 163 (168).
706 BT-Drs. 18/1553, S. 56.

geänderten Bundesrechtsanwaltsordnung erfolgt.[707] Dabei werden grundsätzlich nur diejenigen berücksichtigt, die für ihre zum Zeitpunkt der Urteile des Bundessozialgerichts vom 03.04.2014 ausgeübte Beschäftigung keinen gültigen Befreiungsbescheid innehatten, stets Pflichtmitglieder im Versorgungswerk waren und nunmehr befreiungsfähig sind.[708] Keine Bedeutung sollen die Regelungen für diejenigen erlangen, die über einen wirksamen Befreiungsschutz verfügen bzw. für diejenigen, die aus Gründen des Vertrauens- oder Bestandsschutzes auch nach den Urteilen des Bundessozialgerichts weiterhin von der Rentenversicherungspflicht befreit bleiben.[709] Grundvoraussetzung einer rückwirkenden Befreiung ist die mindestens freiwillige Mitgliedschaft im Versorgungswerk.[710] Im Interesse der Rechts- und Beitragssicherheit soll so vermieden werden, dass in Sonderfällen, in denen zwar eine Befreiung nach neuem, nicht aber nach altem Berufsrecht möglich war bzw. angestrebt wurde und unter Umständen eine langjährige Beitragszahlung zur gesetzlichen Rentenversicherung rückabzuwickeln wäre.[711] Eine Erstreckung der Rückwirkung auf den Beginn davorliegender Beschäftigungen erfolgt gem. § 231 Abs. 4b S. 2 SGB VI auch, wenn während dieser Beschäftigungen eine Pflichtmitgliedschaft in einem berufsständischen Versorgungswerk bestand. Dabei muss die Pflichtmitgliedschaft nicht wegen der Tätigkeit bestanden haben, für welche die rückwirkende Befreiung verlangt wird.[712]

Nach Satz 4 der Neuregelung soll die Begrenzung der Rückwirkung der Befreiung über April 2014 in Fällen hinaus gelten, in denen insbesondere in der Annahme eines Bestehens eines gültigen Befreiungsbescheides seinerzeit nur einkommensbezogene Pflichtbeiträge zur berufsständischen Versorgung gezahlt wurden, nicht jedoch zur gesetzlichen Rentenversicherung.[713] Dabei soll auch in diesem Fall eine freiwillige Versorgung ausreichend sein.[714]

Satz 5 stellt klar, dass die Rückwirkung der Befreiung nicht Zeiten einer Beschäftigung umfasst, in denen eine Befreiung von der Versicherungspflicht auf der Grundlage der Rechtsprechung des Bundessozialgerichts vom

707 BT-Drs. 18/1553, S. 56.
708 BT-Drs. 18/1553, S. 56.
709 BT-Drs. 18/5536, S. 56.
710 BT-Drs. 18/5201, S. 46; KassKomm/Gürtner, § 231 SGB VI, Rn. 16.
711 BT-Drs. 18/5536, S. 57.
712 Schafhausen, in: Kilger/Offermann-Burckart/Schafhausen/Schuster (Hrsg.), Das neue Syndikusrecht, § 3, S. 76; ders., ArbRAktuell 2016, 398.
713 BT-Drs. 18/5536, S. 57.
714 BT-Drs. 18/5536, S. 57.

03.04.2014 und der geübten Rechtspraxis von der Verwaltung abgelehnt wurde und bestandskräftig geworden ist.[715] Sind dadurch Beiträge zur gesetzlichen Rentenversicherung abgeführt worden, soll eine Rückwirkung nicht in Betracht kommen. Umgekehrt sind alle Fälle erfasst, die durch eine nach den Urteilen des Bundessozialgerichts vom 03.04.2014, aber noch vor Inkrafttreten des Gesetzes ergangene Entscheidung abgelehnt wurden unabhängig davon, ob sie in Bestandskraft erwachsen sind.[716] Die Rückwirkung konnte daher auch dann erreicht werden, wenn der Befreiungsantrag oder ein Antrag auf Weitergeltung einer zuvor erteilten Befreiung abgelehnt wurde und diese Ablehnung bestandskräftig wurde.[717] Lediglich in den Fällen, in denen Rechtsschutz bei einer ablehnenden Entscheidung vor dem 03.04.2014 nicht in Anspruch genommen wurde, bleibt die Rückwirkung versagt.

1. Die Rückwirkungsregelung des § 231 Abs. 4b S. 4 SGB VI

Im Nachgang zu den gesetzgeberischen Änderungen ist insbesondere die in § 231 Abs. 4b S. 4 SGB VI normierte Rückwirkung in den Streit geraten. Danach wirkt eine rückwirkende Befreiung für Zeiten ab dem 01.04.2014[718] nur dann, wenn für diese Zeiten einkommensbezogene Pflichtbeiträge an ein berufsständisches Versorgungswerk gezahlt wurden. Nicht ausreichend war nach Auffassung der Rentenversicherungsträger dabei die Zahlung des Mindestbeitrags an die Versorgungswerke.

In der Literatur wurde dieses enge Wortlautverständnis kritisiert.[719] Es führe dazu, dass nach § 287f SGB VI Rentenversicherungsbeiträge nur in einem geringen Umfang zu beanstanden und an die Versorgungseinrichtungen zu zahlen seien, sodass in diesen Fällen mit erheblichen Beitragslücken zu rechnen sei.[720] Die Argumentation der Rentenversicherungsträger lasse sich weder aus dem Wort, der Systematik, dem gesetzgeberischen Willen noch dem Sinn und Zweck entnehmen.[721]

---

715 BT-Drucks 18/5201, S. 47; BR-Drucks 278/15, S. 55.

716 BT-Drs. 18/5536, S. 57.

717 Schafhausen, in: Kilger/Offermann-Burckart/Schafhausen/Schuster, (Hrsg.), Das neue Syndikusrecht, § 3, S. 75.

718 vgl. Hartmann/Horn, DStR 2015, 1813 bei einer bis zur Erteilung der Befreiung erfolgten Beitragszahlung zur gesetzlichen Rentenversicherung (bis zum 01.04.2014).

719 Vgl. Schafhausen, NJW 2018, 1135 (1136 ff.).

720 Schafhausen, NJW 2018, 1135 (1136).

721 Im Einzelnen siehe zur Argumentation Schafhausen, NJW 2018, 1135 (1136 ff.).

Der von § 231 Abs. 4b S. 4 SGB VI genannte Begriff der „einkommensbezogenen Pflichtbeiträge“ wird weder an anderer Stelle im SGB VI[722], noch in den jeweiligen Satzungen der Versorgungswerke[723] normiert. Auch die Gesetzesbegründung enthält keine klare Angabe, ob Mindestbeiträge für die Geltung der Rückwirkung ausreichend sein sollen.[724] Ausgehend von der Gesetzesbegründung solle Satz 4 insgesamt regeln, dass die Begrenzung der Rückwirkung der Befreiung auf April 2014 nicht in den Fällen gilt, in denen insbesondere in der Annahme des Bestehens einer gültigen Befreiung seinerzeit nur einkommensbezogene Pflichtbeiträge zur berufsständischen Versorgung gezahlt wurden, nicht jedoch zur gesetzlichen Rentenversicherung.[725] Eine Pflichtbeitragszahlung sei auch in den bereits angesprochenen Fällen anzunehmen, in denen die in einem regional neu zuständigen Versorgungswerk an sich bestehende Pflichtmitgliedschaften durch eine formal freiwillig fortgeführte Mitgliedschaft in dem bisher zuständigen Versorgungswerk ersetzt werde.[726] Es sei umfassend eine Rückabwicklung der zur berufsständischen Versorgung entrichteten Beiträge vermieden und im Ergebnis die tatsächliche Beitragszahlung nachträglich legalisiert worden.[727]

Der Gesetzgeber wollte lediglich solche Beschäftigungsverhältnisse zur Rückwirkung zulassen, für die keine Rentenversicherungsbeiträge in die gesetzliche Rentenversicherung gezahlt wurden.[728] Soweit trotzdem Beiträge eingezahlt wurden, sollte § 286f SGB VI eine vereinfachte Rückabwicklung von Beiträgen ermöglichen. Dieser regelt, das Pflichtbeiträge, die auf Grund einer Befreiung nach § 231 Absatz 4b und 4d zu Unrecht entrichtet wurden, abweichend von § 211 SGB VI und abweichend von § 26 Abs. 3 SGB VI von dem zuständigen Träger der Rentenversicherung beanstandet und unmittelbar an die zuständige berufsständische Versorgungseinrichtung erstattet werden.[729] Dabei ist zu

722 So auch Schafhausen, NJW 2018, 1135 (1136).

723 Vgl. Beispielhaft §§ 30-34 (Beiträge) der Satzung des Versorgungswerkes der Rechtsanwälte in Nordrhein-Westfalen, abrufbar unter: https://vsw-ra-nw.de/rechtsgrundlagen/satzung/beitraege/, die keine Definitionsgrundlage enthält.

724 BT-Drs. 18/5563, S. 57.

725 BT-Drs. 18/5563, S. 57.

726 BT-Drs. 18/5563, S. 57.

727 BT-Drs. 18/5563, S. 57.

728 So auch das Verständnis der DRV bei Schafhausen, NJW 2018, 1135 (1138).

729 Vgl. die Kommentierung bei Dankelmann, in: Schlegel/Voelzke, jurisPK-SGB VI, § 286f SGB VI, Rn. 1 ff.; Liebich, in: Hauck/Noftz (Hrsg.), SGB VI, § 286f SGB VI, Rn. 1 ff.

berücksichtigen, dass in der Literatur die Auffassung vertreten wird, dass § 286f SGB VI für die Zeit zwischen dem 01.04.2014 bis 31.12.2015 für zu Unrecht entrichtete Pflichtbeiträge gilt.[730] Der Gesetzgeber hat sich im Rahmen seiner Gesetzesbegründung nicht zu einer zeitlichen Begrenzung der Rückzahlung geäußert.[731] Er hat jedoch erklärt, dass mit der rückwirkenden Befreiung von der Versicherungspflicht in der gesetzlichen Rentenversicherung eine Pflichtmitgliedschaft in einem berufsständischen Versorgungswerk mit der Zahlungspflicht einkommensbezogener Beiträge in derselben Höhe wie zur gesetzlichen Rentenversicherung einhergeht.[732] Es soll mithin ein vereinfachtes Verfahren geschaffen werden, welches den Weg über die Arbeitgeber und Beschäftigten vermeidet.[733]

Hieraus ergibt sich, dass unter Berücksichtigung von § 286f SGB VI und dem Willen des Gesetzgebers, wie er in der Gesetzesbegründung zum Ausdruck kommt, nicht davon ausgegangen werden kann, dass die Rückwirkung über den 01.04.2014 hinaus bei Zahlung des Mindestbeitrags in einem Versorgungswerk ausreichend sein kann. Gegen eine solche Hinzuziehung spricht insbesondere, dass der Mindestbeitrag in der Satzung des Versorgungswerkes der Rechtsanwälte NRW als einkommensunabhängig normiert wird. Denn im Gegensatz zu § 30 Abs. 2 der Satzung, der einkommensbezogene Beiträge für Mitglieder normiert, deren Einkommen (Arbeitseinkommen und Arbeitsentgelt i.S.d. §§ 14, 15 SGB IV) die Beitragsbemessungsgrenze nicht erreicht, und festlegt, dass diese den Beitrag nach ihrem Einkommen gemäß dem Beitragssatz der gesetzlichen Rentenversicherung zu zahlen haben, nach § 30 Abs. 3 der Satzung jedes Mitglied, welches die Regelaltersgrenze noch nicht erreicht hat und nicht Rente bezieht, mindestens einen Beitrag in Höhe von 1/10 des Regelpflichtbeitrages zu leisten (Mindestbeitrag) hat.

Sofern der Gesetzgeber auch die Zeiten vor dem 01.04.2014 erfassen wollte, bleibt ihm lediglich die Möglichkeit im Rahmen der zum 31.12.2018 anvisierten Evaluation ergänzende Hinweise zu erlassen.[734]

730 Dankelmann, in: Schlegel/Voelzke, jurisPK-SGB VI, § 286f, Rn. 8.
731 BT-Drs. 18/5563, S. 57.
732 BT-Drs. 18/5563, S. 57.
733 BT-Drs. 18/5563, S. 58.
734 Zum Zeitpunkt des Abschlusses der Arbeit sind derartige Hinweise nicht erfolgt.

2. *Die teleologische Reduktion des § 231 Abs. 4b S. 5 SGB VI*

In der Literatur wird die Auffassung vertreten, dass die Ausschlussregelung des § 231 Abs. 4b S. 5 SGB VI[735] zu weit gefasst sei.[736] Nach der gesetzgeberischen Konstruktion solle ein umfassender Vertrauens- und Bestandsschutz nur denjenigen zukommen, die über einen wirksamen Befreiungsbescheid verfügen oder auch nach den Urteilen des Bundessozialgerichts vom 03.04.2014 weiterhin von der gesetzlichen Rentenversicherung befreit waren.[737] Dagegen werde er jenen „Alt-Syndizi" verwehrt, die ihre Ablehnungsbescheide nicht angefochten und stattdessen Beiträge in die Rentenkasse eingezahlt haben, weil sie damit zu erkennen gegeben hätten, dass sie die von der Deutschen Rentenversicherung Bund verfügte Eingruppierung in die gesetzliche Rentenversicherung hingenommen hätten.[738] Mit der Gruppe jener Betroffenen, die auf ein Rundschreiben der Deutschen Rentenversicherung Bund vom 12.12.2014 zur Umsetzung der Rechtsprechung des Bundessozialgerichts vom 03.04.2014 reagiert und im Vertrauen darauf, dass ihnen dadurch keine Rechtsnachteile entstehen, ihre Befreiungsanträge zurückgenommen haben, sei dies jedoch nicht zu vereinbaren. Jene sollen nach der Deutschen Rentenversicherung Bund so zu behandeln sein, als wenn ihnen eine bestandskräftige Befreiung erteilt worden wäre.[739]

Das Bundesverfassungsgericht hat diese Auffassung zum Anlass genommen den Sozialgerichten, trotz des Nichtannahmebeschlusses, Hinweise zur Auslegung von § 231 Abs. 4b S. 5 SGB VI an die Hand zu geben. Das Gericht wies darauf hin, dass die Sozialgerichte im Rahmen der Auslegung von § 231 Abs. 4b S. 5 SGB VI den vom Gesetzgeber mit dieser Ausnahmebestimmung verfolgten Zweck zu berücksichtigen haben, einer bestimmten Gruppe von Syndikusrechtsanwälten einen Vertrauens- und Bestandsschutz zu versagen.[740] Durch die Durchbrechungsmöglichkeiten von bestandskräftigen Bescheiden zugunsten der Betroffenen, die im sozialrechtlichen Schrifttum und in der Rechtsprechung zum Vertrauensschutz bzw. sozialrechtlichem Herstellungsanspruch angeregt

735 Vgl. zum Wortlaut der Norm, Kapitel 3.A.II dieser Arbeit.

736 So Schafhausen, in: Kilger/Offermann-Burckart/Schafhausen/Schuster (Hrsg.), Das neue Syndikusrecht, § 3 Rn. 61; Junker/Scharnke, BB 2016, 195 (201).

737 Junker/Scharnke, BB 2016, 195 (201).

738 vgl. Schafhausen, in: Kilger/Offermann-Burckart/Schafhausen/Schuster (Hrsg.), Das neue Syndikusrecht, § 3 Rn. 61 m.w.N.

739 Schafhausen, in: Kilger/Offermann-Burckart/Schafhausen/Schuster (Hrsg.), Das neue Syndikusrecht, § 3, Rn. 61 m.w.N.

740 BVerfG, Nichtannahmebeschl. v. 22.07.2016 – 1BvR 2534/14; NZS 2016, 825 (826); vgl. BT-Drs. 18/5201, S. 46 f.

wurden, müsse bei der Auslegung des einfachen Rechts im Sinne der Betroffenen entschieden werden. Zu berücksichtigen seien in den Fällen des § 231 Abs. 4b S. 5 SGB VI, insbesondere die prozessualen Situationen von jenen Betroffenen, die sämtliche ihnen nachteilhafte, im Ausgangsverfahren getroffene Entscheidungen mit den zu Gebote stehenden Rechtsbehelfen, teilweise bis zur Verfassungsbeschwerde angegriffen haben. Für diese Fälle müsse eine teleologische Reduktion von § 231 Abs. 4b S. 5 SGB VI zu erwägen sein, die nicht nur die Grundrechte aus Art. 2 Abs. 1 bzw. Art. 12 Abs. 1 S. 2 GG, sondern auch den Gesichtspunkt der Effektivität des von ihnen beschrittenen, verfassungsrechtlich durch Art. 93 Abs. 1 Nr. 4a GG gewährleisteten, Rechtsschutzes berücksichtigt.[741]

Ausgehend von diesen Hinweisen wird im sozialrechtlichen Schrifttum vertreten, dass neben den in § 231 Abs. 4b S. 5 SGB VI geregelten Fällen, auch in den nachfolgenden Fällen eine rückwirkende Befreiung von der Rentenversicherungspflicht möglich sein muss:

- Hat der Betroffene die Bestandkraft der Entscheidung eintreten lassen, indem er unter Bezugnahme auf die Verlautbarung der Deutschen Rentenversicherung Bund vom 12.12.2014 seinen erhobenen Widerspruch bzw. seine Klage zurückgenommen hat, kommen die Grundsätze des sozialrechtlichen Herstellungsanspruchs zum Tragen.[742] Die Behörde hat den Betroffenen zu einer verfahrensbeendenden Erklärung veranlasst, im Vertrauen darauf, dass es keines neuen Befreiungsbescheides bedarf.[743]
- Eine rückwirkende Befreiung soll auch dem Personenkreis ermöglicht werden, der ab Januar 2016 eine Zulassung zum Syndikusrechtsanwalt nicht erreichen kann, weil eine anwaltliche Tätigkeit nicht mehr ausgeübt wird.[744]

Die Beschränkung auf nichtbestandkräftige Befreiungsentscheidungen erstreckt sich auf alle Betroffenen, die ggf. auch auf eine falsche Aussage der Behörde vertraut haben. Da dieser Umstand bereits bei Nachweis einen Anspruch nach dem sozialrechtlichen Herstellungsanspruch ermöglicht, erscheint der Wortlaut von § 231 Abs. 4b S. 5 SGB VI zu weit gefasst. In diesem Sinne ist dem

741 BVerfG, Nichtannahmebeschl. v. 22.07.2016 – 1 BvR 2534/14, NZS 2016, 825 (826).

742 So auch Schafhausen, in: Kilger/Offermann-Burckart/Schafhausen/Schuster (Hrsg.), Das neue Syndikusrecht, § 3, S. 77; Schafhausen, ArbRAktuell, 2016, 398 (400).

743 So auch Schafhausen, in: Kilger/Offermann-Burckart/Schafhausen/Schuster (Hrsg.), Das neue Syndikusrecht, § 3, S. 77.

744 Schafhausen, in: Kilger/Offermann-Burckart/Schafhausen/Schuster (Hrsg.), Das neue Syndikusrecht, § 3, S. 77; Schafhausen, NJW 2018, 1135 (1135 f.).

Bundesverfassungsgericht sowie der in der Literatur vertretenen Auffassung vollumfänglich zuzustimmen.

3. *Die Fortwirkung der Befreiung nach § 231 Abs. 4c SGB VI*

Problematischer waren Fälle zu beurteilen, in denen der Syndikusanwalt seine Zulassung, wegen der Entscheidungen des Bundessozialgerichts vom 03.04.2014, vor dem 01.01.2016 abgegeben hat. In diesen Fällen greift nunmehr § 231 Abs. 4c SGB VI ein, der eine durch Gesetz angeordnete oder auf Gesetz beruhende Verpflichtung zur Mitgliedschaft in einer berufsständischen Versorgungseinrichtung nach § 6 Abs. 1 S. 1 Nr. 1 SGB VI auch für solche Personen fingiert, die nach dem 03.04.2014 in Ansehung an die Entscheidung des Bundessozialgerichts vom 03.04.2014 auf ihre Rechte aus der Zulassung zur Rechtsanwaltschaft verzichtet haben. Nach gesetzgeberischer Intention wird mit dieser Regelung dem Umstand Rechnung getragen, dass diese Situation letztlich durch die neue Rechtsprechung des Bundessozialgerichts zu Befreiungsfähigkeit von Anwälten verursacht wurde.[745] Dabei reicht eine bloß freiwillige Mitgliedschaft im Versorgungswerk über den weiteren Zeitraum hinaus aus.[746]

III. Die Rückabwicklung von Beiträgen

Bei der Rückabwicklung von geleisteten Beiträgen ist zwischen Rückabwicklung im Falle von fälschlicherweise gezahlten Beiträgen an das Versorgungswerk[747] auf der einen (1.) und der Rückabwicklung von Beiträgen an die gesetzliche Rentenversicherung nach der Neukonzeption von § 287f SGB VI auf der anderen Seite (2.) zu unterscheiden.

1. *Die Rückabwicklung bei fälschlicherweise gezahlten Beiträgen an das Versorgungswerk*

Bei der Rückabwicklung von Beiträgen an das Versorgungswerk, die fälschlicherweise gezahlt wurden, ist insbesondere zwischen den einzelnen rechtlichen Verhältnissen der Beteiligten, d.h. dem Versorgungswerk, dem Angestellten, dem Arbeitgeber und ggf. den Rentenversicherungsträgern zu differenzieren.

745 BT-Drs. 18/6915, S. 27.

746 BT-Drs. 18/6915, S. 26 f.

747 Dies ist insbesondere durch die Entscheidung des BSG vom 03.04.2014 erfolgt (BSG, Urt. v. 03.04.2014 – B 5 RE 3/14; BSG, Urt. v. 03.04.2014 – B 5 RE 13/14, NJW 2014, 2743; BSG, Urt. v. 03.04.2014 – B 5 RE 9/14)

a) Ansprüche des Arbeitgebers gegen das Versorgungswerk

Nach § 172a SGB VI zahlt der Arbeitgeber dem Arbeitnehmer, anders als in der gesetzlichen Rentenversicherung, einen Zuschuss zum Beitrag des Versorgungswerkes in Höhe des halben Beitrags für das Versorgungswerk. Hat der Arbeitgeber diesen Zuschuss an den Arbeitnehmer ausgezahlt, der den Gesamtbetrag an das Versorgungswerk entrichtet hat, steht der Arbeitgeber weder in einem Vertragsverhältnis zum Versorgungswerk noch hat er Leistungen an das Versorgungswerk erbracht. Rückforderungsansprüche des Arbeitgebers kommen daher unter keinem rechtlichen Gesichtspunkt in Betracht:

- Ein Anspruch aus § 50 SGB X kommt nicht in Betracht, weil die Vorschrift ihrem Wortlaut nach nur den Fall erfasst, dass die erbrachten Leistungen und der zu erstattende Betrag von einer Behörde an den Bürger zu zahlen ist.
- Gegen einen Anspruch aus § 26 Abs. 2 SGB IV spricht, dass der Erstattungsanspruch nur demjenigen zusteht, der die Beiträge getragen hat, § 26 Abs. 3 SGB IV. Weil der Arbeitgeber gem. § 172a SGB VI lediglich einen Zuschuss zum berufsständischen Versorgungswerk zahlt und im Umkehrschluss zur gesetzlichen Rentenversicherung die Beiträge gem. § 168 Abs. 1 S. 1 Nr. 1 SGB VI nicht zur Hälfte jeweils vom Arbeitgeber und Arbeitnehmer entrichtet werden, ist Träger der Beiträge ausschließlich der Angehörige des freien Berufes.[748]
- Auch der im öffentlichen Recht bestehende öffentlich-rechtliche Erstattungsanspruch, der sich nach den Grundsätzen des zivilrechtlichen Bereicherungsrechts richtet, kommt nicht in Betracht. Nach § 812 Abs. 1 S. 1, 1. Alt BGB müsste der Arbeitgeber Leistender sein. Leistender ist allerdings ausschließlich, wer nach der Zweckbestimmung der Beteiligten unmittelbar oder mittelbar über einen Dritten mit seinen Mitteln und auf seine Rechnung etwas zuwendet.[749] Bereicherungsgläubiger ist jedoch ausschließlich der Arbeitnehmer als Schuldner der Beiträge.[750] Auch nach der Zweckbestimmung der Parteien und der Sicht des Empfängers dürfte der Arbeitgeber lediglich auf Rechnung des Arbeitnehmers leisten.[751] Damit liegt ein Fall

748 So auch Leßmann/Hermann, DB 2013, 1114 (1115).

749 Sprau, in: Palandt, § 812, Rn. 16; BGH, Urt. v. 22.02.1967 – VIII ZR 287/64, WM 1967, 483, BeckRS 1967, 00153; BGH, Urt. v. 28.11.1990 – XII ZR 130/89, BGHZ 113, 62, ZIP 1991, 595 (596 f.); Buck-Heeb in: Erman (Hrsg.), Kommentar zum BGB, § 812, Rn. 26, 28, Staudinger/Lorenz, BGB, § 812, Rn. 43.

750 So auch Leßmann/Hermann, DB 2013, 1114 (1115).

751 So auch Leßmann/Hermann, DB 2013, 1114 (1115).

der „Anweisungsverhältnisse“ vor. Die Leistungskondiktion kann nur im Deckungsverhältnis zwischen dem Angehörigen des freien Berufs und dem Versorgungswerk (des Anweisenden zum Angewiesenen) oder im Valutaverhältnis zwischen dem Angehörigen des freien Berufes und dem Arbeitgeber (dem Anweisenden und dem Zuwendungsempfänger) erfolgen.[752] Fehlt es an einem Rechtsgrund wird im Deckungsverhältnis rückabgewickelt.

b) Ansprüche des Arbeitnehmers gegen das Versorgungswerk

Die einzige Anspruchsgrundlage, die für den Angehörigen des freien Berufes in Betracht kommt, stellt auch hier der öffentlich-rechtliche Erstattungsanspruch dar, der sich an § 812 Abs. 1 S. 1 Nr. 1 BGB orientiert.[753] Die Beitragszahlung stellt sich aus Sicht des Versorgungswerkes in voller Höhe als Leistung des Arbeitnehmers dar. Durch die Zahlung der Beiträge erwirbt das Versorgungswerk einen vermögensrechtlichen Vorteil. Zugleich fehlt ein Rechtsgrund für die Leistung, weil der Rechtsgrund mit fehlender Befreiung nicht besteht. Rechtsgrund für die Zahlung von Beiträgen an ein Versorgungswerk sind die aus der Mitgliedschaft folgenden satzungsrechtlichen Verpflichtungen zur Beitragszahlung und die darauf ergangenen Befreiungsbescheide.[754] Im Zuge der fehlerhaften Befreiungsvoraussetzungen fehlt es jedoch an einer wirksamen Beitragsverpflichtung, wenn die Befreiungsbescheide bei fehlendem Vorliegen der Befreiungsvoraussetzungen aufgehoben werden.[755]

c) Ansprüche des Arbeitgebers gegen den Arbeitnehmer

Ein Anspruch des Arbeitgebers gegen den Arbeitnehmer folgt in der Regel aus § 812 Abs. 1 S. 1, 1. Alt. BGB. Zahlt der Arbeitgeber den Zuschuss zum Versorgungswerk direkt an den Arbeitnehmer aus, liegt eine Leistung vor.[756] Sofern der Zuschuss an das Versorgungswerk abgeführt wird, liegt eine Leistung des Arbeitgebers ebenfalls im Verhältnis zwischen Arbeitnehmer und Arbeitgeber vor, da letzterer für ersteren leistet.[757] Dabei erlangt der Arbeitnehmer die Befreiung einer Verbindlichkeit, nämlich die Verpflichtung, den Beitrag selbst

---

752 Sprau, in: Palandt, § 812, Rn. 16, 57 ff.

753 Vgl. statt vieler: BSG, Urt. v. 25.10.2016 – B 1 KR 9/16 R, SozR 4–5562 § 11 Nr 2; BSG, Urt. v. 23.05.2017 – B 12 KR 9/16 R, BSGE 123, 180–188, SozR 4–2400 § 26 Nr 4.

754 Vgl. Leßmann/Hermann, DB 2013, 1114 (1115).

755 Vgl. Leßmann/Hermann, DB 2013, 1114 (1115).

756 So auch Leßmann/Hermann, DB 2013, 1114 (1115).

757 So auch Leßmann/Hermann, DB 2013, 1114 (1115).

zu zahlen, reduziert um den Zuschuss des Arbeitgebers. Ein Rechtsgrund fehlt, da der Beitragszuschuss nach § 172a SGB VI unter der Bedingung steht, dass der Arbeitnehmer von der gesetzlichen Rentenversicherungspflicht befreit wird.[758]

d) Ansprüche der Rentenversicherungsträger

Sofern der Arbeitgeber fälschlicherweise in der Vergangenheit Zuschüsse zu den Beiträgen des Versorgungswerkes gezahlt hat, stellt sich die anschließende Frage, welche Ansprüche die Rentenversicherung hat, wenn Beiträge nicht abgeführt wurden, obwohl sie abgeführt werden mussten. Nach § 28e Abs. 1 S. 1 SGB IV hat der Arbeitgeber den Gesamtsozialversicherungsbeitrag zu zahlen. Nach § 25 SGB IV verjähren Ansprüche auf Beiträge in vier Jahren nach Ablauf des Kalenderjahres, in dem sie fällig geworden sind. Ansprüche auf vorsätzlich vorenthaltene Beiträge verjähren in dreißig Jahren nach Ablauf des Kalenderjahres, in dem sie fällig geworden sind. Dabei liegt ein Vorenthalten der Beiträge schon dann vor, wenn der Arbeitgeber das Bestehen einer Beitragspflicht zwar für möglich gehalten, die Nichtabfuhr der Beiträge aber billigend in Kauf genommen hat.[759] Dieser bedingte Vorsatz kann dabei schon bei Kenntnis einer Rechtsprechungsänderung vorliegen.[760] Für die vorliegende Fallkonstellation dürfte eine Kenntnisnahme aber erst ab den Urteilen des Bundessozialgerichts vom 03.04.2014 anzunehmen sein, wobei auch hier auf die Entscheidungsgründe und ihre Veröffentlichung im August 2014 abzustellen sein dürfte.

2. Die Neuregelung gem. § 286f SGB VI bei rückwirkender Befreiung

In Abweichung von § 211 SGB VI und § 26 Abs. 3 SGB IV sieht § 286f SGB VI vor, dass Pflichtbeiträge von dem zuständigen Träger der Rentenversicherung beanstandet und unmittelbar an die zuständige berufsständische Versorgungseinrichtung erstattet werden. Mit der rückwirkenden Befreiung von der gesetzlichen Rentenversicherungspflicht geht eine Pflichtmitgliedschaft in einem berufsständischen Versorgungswerk mit der Zahlungspflicht einkommensbezogener Beiträge in derselben Höhe wie zur gesetzlichen Rentenversicherung einher.[761] Demnach hätten die Beiträge bei rechtmäßiger Befreiung direkt an das Versorgungswerk gezahlt werden können. Ein konkreter Antrag für die Erstattung zu Unrecht gezahlter Rentenversicherungsbeiträge wird dem Wortlaut

---

758 Vgl. Leßmann/Hermann, DB 2013, 1114 (1115) m.w.N.
759 BSG, Urt. v. 21.06.1990 - 12 RK 13/89, BeckRS 1990, 3073–4472.
760 Vgl. BAG, Urt. v. 14.12.2010 - 1 ABR 19/10, NZA 2011, 289.
761 BT-Drs. 5563, S. 57f.

der Vorschrift entsprechend nicht vorausgesetzt.[762] Die Deutsche Rentenversicherung Bund hat dennoch ein Formular (VB6320 SB) herausgegeben, das auf ihrer Internetseite abgerufen werden kann.[763] Die Beitragserstattung erfolgt gem. § 287 Abs. 2 SGB VI ohne Zinsen.

Im sozialrechtlichen Schrifttum wird die Auffassung vertreten, dass ein Antrag auf Erstattung in den Fällen erforderlich ist, in denen schon vor der Entscheidung des Bundessozialgerichts vom 03.04.2014 ein Befreiungsantrag abgelehnt wurde.[764] Die Träger der Rentenversicherung wenden § 286f SGB VI in diesen Fällen nicht an. Es erfolgt vielmehr eine Erstattung zu Unrecht gezahlter Beiträge nach § 211 SGB VI i.V.m. § 26 Abs. 3 SGB IV, die bei der zuständigen Einzugsstelle zu beantragen ist. Die Forderung ist mit 4% zu verzinsen und unterliegt der vierjährigen Verjährung nach Ablauf des Jahres in dem die Beiträge gezahlt wurden, § 27 Abs. 2 S. 2 SGB IV.[765] In Fällen, in denen eine rückwirkende Befreiung über eine teleologische Reduktion von § 231 Abs. 4b S. 5 SGB VI in Betracht kommt, ist zum Schutze der Betroffenen zugleich von einer Anwendung von § 286f SGB VI auszugehen.

Für sämtliche Erstattungsregeln gilt gem. § 26 Abs. 2 SGB IV, dass die Leistungen noch nicht in Anspruch genommen worden sein dürfen.[766] In der Regel handelt es sich dabei um Leistungen zur medizinischen Rehabilitation oder zur Teilhabe am Arbeitsleben, die von den Trägern der gesetzlichen Rentenversicherung geleistet werden. § 26 Abs. 2 SGB IV enthält eine Sperrwirkung für die Beiträge, die bis zum Ende des Vormonats des Beginns der Leistungen zu Unrecht entrichtet wurden. Der Erstattungsanspruch begrenzt sich in diesen Fällen auf

---

762 So auch Schafhausen, in: Kilger/Offermann-Burckart/Schafhausen/Schuster (Hrsg.), Das neue Syndikusrecht, § 3, S. 82.

763 http://www.deutsche-rentenversicherung.de/Allgemein/de/Inhalt/0_Home/meldungen/syndikusanwaelte_bei-tragserstattung.pdf?_blob0 = publicationFile&v = 2 (zuletzt abgerufen am 30.04.2019).

764 So auch Schafhausen, in: Kilger/Offermann-Burckart/Schafhausen/Schuster (Hrsg.), Das neue Syndikusrecht, § 3, S. 83.

765 Schafhausen, in: Kilger/Offermann-Burckart/Schafhausen/Schuster (Hrsg.), Das neue Syndikusrecht, § 3, S. 83.

766 Vgl. insoweit den Wortlaut der Norm:„(2) Zu Unrecht entrichtete Beiträge sind zu erstatten, es sei denn, dass der Versicherungsträger bis zur Geltendmachung des Erstattungsanspruchs auf Grund dieser Beiträge oder für den Zeitraum, für den die Beiträge zu Unrecht entrichtet worden sind, Leistungen erbracht oder zu erbringen hat; Beiträge, die für Zeiten entrichtet worden sind, die während des Bezugs von Leistungen beitragsfrei sind, sind jedoch zu erstatten“ sowie die Kommentierung bei Waßer in: Schlegel/Voelzke, jurisPK-SGB IV, § 26 SGB IV, Rn. 62 ff.

die Beiträge, die für die Monate gezahlt wurden, die nach der Leistungserbringung liegen.[767]

IV. Die Erstreckung der Befreiung auf vorübergehende Tätigkeiten

Bei der Fragestellung nach einer Antragstellung ist zuletzt auf § 6 Abs. 5 S. 2 SGB VI einzugehen, der die Befreiung in den Fällen des Absatzes 1 Nr. 1 und 2 auch auf eine andere versicherungspflichtige Tätigkeit erstreckt, wenn diese infolge ihrer Eigenart oder vertraglich im Voraus zeitlich begrenzt ist und der Versorgungsträger für die Zeit der Tätigkeit den Erwerb einkommensbezogener Versorgungsanwartschaften gewährleistet. Erste Voraussetzung einer Erstreckung ist das Vorliegen eines wirksamen Befreiungsbescheides. Die daneben ausgeübte Tätigkeit muss vorübergehender Natur sein. Eine Höchstdauer der Tätigkeit wird im Gesetz nicht normiert. Die in der Literatur vereinzelt herangezogen zeitliche Grenzen von z.B. fünf Jahren in Anlehnung an § 624 BGB[768] oder zwei Jahren in Anlehnung an § 15 Abs. 2 TzBfG überzeugen nicht.[769] Vor dem Hintergrund kann beispielsweise im Rahmen einer Projektarbeit eine vorübergehende Tätigkeit vereinbart sein, die sich über mehr als fünf Jahre erstreckt, jedoch kraft Natur des zugrundeliegenden Arbeitsverhältnisses keinen dauerhaften Charakter aufweist. Die Erstreckungsregelung soll sicherstellen, dass ein Wechsel zwischen Alterssicherungssystemen aufgrund einer vorübergehenden berufsfremden Tätigkeit nicht eintritt.[770] Eine andere Auffassung schlägt eine Grenze von zwei Jahren vor, weil sie dem Typisierungsbedürfnis der Massenverwaltung „Rentenversicherung“ Rechnung trage.[771] Sie entspricht der vom Gesetzgeber in § 184 Abs. 2 Nr. 2 SGB VI gesetzten Frist für eine nachversicherungsrechtlich irrelevante Überbrückung zweier versicherungsfreier Beschäftigungen.

Zu Recht wird gegen die Heranziehung von § 624 BGB herangeführt, dass § 6 Abs. 5 S. 2 SGB VI die von der Rentenversicherungsplicht befreiten Personen in

---

767 So auch Schafhausen, in: Kilger/Offermann-Burckart/Schafhausen/Schuster (Hrsg.), Das neue Syndikusrecht, § 3, S. 83.

768 Köhler, WzS 2015, 316 (317); Schafhausen, in: Kilger/Offermann-Burckart/Schafhausen/Schuster (Hrsg.), Das neue Syndikusrecht, § 3, S. 72.

769 So auch Schafhausen, in: Kilger/Offermann-Burckart/Schafhausen/Schuster (Hrsg.), Das neue Syndikusrecht, § 3, S. 72.

770 BSG, Urt. v. 22.10.1998 – B 5/4 RA 80/97 R, NZS 1999, 402 (403) mit Hinweis auf BT-Drs. 11/414, S. 151 f.; Schafhausen, in: Kilger/Offermann-Burckart/Schafhausen/Schuster (Hrsg.), Das neue Syndikusrecht, § 3, S. 72.

771 So Fichte in: Hauck/Noftz (Hrsg.), SGB VI, 2013, § 6 SGB, Rn. 134.

ihren persönlichen Freiheiten schützen soll.[772] Beide Normen enthalten demnach einen anderen Schutzzweck. Auch eine Heranziehung von § 15 TzBfG scheidet aus, weil es bei sachgrundlos zeitlich beschränkten anderen Tätigkeiten nicht um eine vermeintliche Umgehung kündigungsschutzrechtlicher Bestimmungen gehen kann.[773] Vor diesem Hintergrund erscheint eine genaue Festlegung der zeitlich ausgeübten Tätigkeit nicht angezeigt. Die zeitliche Begrenzung der Tätigkeit muss sich aus der Natur der Sache oder aus einer vertraglichen Vereinbarung ergeben.[774] Beruht die Begrenzung auf einem Vertrag, so ist es problematisch, eine allgemeine Grenze zu definieren, die nur vorübergehend berufsfremde Tätigkeiten von solchen Tätigkeiten unterscheidet, die auf eine nicht nur vorübergehende Hinwendung zu einem anderen Tätigkeitsfeld schließen lassen. Hier kann nach Sinn und Zweck des Gesetzes differenziert werden. Bei einer Nebentätigkeit (d.h. einer neben der berufsgruppenspezifischen Tätigkeit ausgeübten weiteren Tätigkeit) sollte eine feste zeitliche Grenze nicht gezogen werden, weil der Betroffene durch seine Hauptbeschäftigung noch dem originär befreiungsberechtigten Personenkreis zuzurechnen ist. Bei einer Unterbrechung des Hauptberufs wird man zu einer strengeren Beurteilung zu gelangen haben, um Missbrauch auszuschließen.[775] Aber auch eine pauschale Beschränkung auf zwei Jahre, um der Massenverwaltung Rechnung zu tragen, überzeugt nicht.[776] Schließlich stellt die Vorschrift keine Verwaltungsvereinfachungsregelung dar. Sie dient dem Schutz der Betroffenen über eine möglichst durchgehende Versicherungsbiografie zu verfügen. Der Verwaltung muss ein Beurteilungsspielraum im Einzelfall bei dem unbestimmten Rechtsbegriff „vorübergehend" verbleiben.[777] Zu berücksichtigen wird bei der individuellen Prüfung sein, dass der Betroffene seinem sozialen Erscheinungsbild nach grundsätzlich noch zu dem Personenkreis zählt, der originär nach § 6 Abs. 1 S. 1 Nr. 1, 2 SGB VI versicherungsbefreit ist.[778]

---

772 So Schafhausen, in: Kilger/Offermann-Burckart/Schafhausen/Schuster (Hrsg.), Das neue Syndikusrecht, § 3, S. 72.

773 So ebenfalls Schafhausen, in: Kilger/Offermann-Burckart/Schafhausen/Schuster (Hrsg.), Das neue Syndikusrecht, § 3, S. 72 f.

774 Fichte in: Hauck/Noftz (Hrgs.), SGB VI, 2013, § 6 SGB VI, Rn. 134.

775 Boecken, GK-SGB VI, § 6, Rz 166 f.

776 Voelzke, in: Schulin (Hrsg.), HS-RV, § 17, Rn. 75; im Anschluss an Boecken, GK-SGB VI, § 6, Rz. 166 f.

777 So auch: Voelzke, in: Schulin (Hrsg.), HS-RV, § 17, Rn. 75, im Anschluss an Boecken, GK-SGB VI, § 6, Rz. 166 f.

778 Fichte in: Hauck/Noftz (Hrgs.), SGB VI, 2013, § 6, Rn. 134.

Die Erstreckung der Befreiung setzt nach dem Bundessozialgericht entgegen seines insoweit lautenden Wortlauts eine rechtsmittelfähige Verwaltungsentscheidung voraus.[779] Vor diesem Hintergrund wird in Kenntnis der Entscheidung ein solcher Antrag bei den Trägern der Rentenversicherung zu stellen sein.

V. Der Zulassungszeitpunkt als maßgebliches Kriterium

Kritisiert wurde in der Literatur ferner, dass nach Auffassung der Deutschen Rentenversicherung Bund maßgeblich auf den Zeitpunkt der tatsächlichen Zulassung als Syndikusrechtsanwalt abgestellt werde und somit die Rückwirkungsfunktion des § 6 Abs. 4 SGB VI nicht eingreife.[780] Dabei wird diese Frage in den Fällen relevant, in denen die sich betroffenen Syndikusanwälte unter Berücksichtigung der neuen Fassung des BRAO erstmals als Syndikusrechtsanwälte zulassen möchten. Stellt die Behörde auf den Zeitpunkt der Bekanntgabe der Zulassung ab und nicht auf den Zeitpunkt der Antragstellung, könnten dadurch Versicherungslücken entstehen.[781] Verwaltungsakte werden gem. §§ 39 Abs. 1, 37 SGB X mit ihrer Bekanntgabe wirksam. Dabei wird der Verwaltungsakt mit dem Inhalt wirksam, mit dem er bekannt gegeben wird, § 39 Abs. 1 S. 2 SGB X. Vor dem Hintergrund der eindeutigen Formulierung von § 6 Abs. 4 SGB V scheidet ein Abstellen der Behörde auf die Bekanntgabe des Verwaltungsaktes aus. Danach wirkt die Befreiung vom Vorliegen der Befreiungsvoraussetzungen an, wenn sie innerhalb von drei Monaten beantragt wird, sonst vom Eingang des Antrags an. Ein Abstellen auf die Bekanntgabe der Zulassung würde die Betroffenen vor die Problematik stellen, für eventuelle Verzögerungen in der Bearbeitung des Antrags einstehen zu müssen. Überdies entstünden neue Probleme bzgl. der Frage der Bekanntgabe.[782] Dies ist weder vom Gesetzgeber gewollt, noch in der Rechtsordnung angelegt.

---

779 BSG, Urt. v. 31.12.2012 – B 12 R 8/10 R, NJW 2013, 1901.

780 Hartmann/Horn, BRAK-Mitt. 2016, 46; Hartmann/Horn, DStR 2016, 972.

781 Hartmann/Horn, BRAK.MItt. 2016, 46; Hartmann/Horn, DStR 2016, 972.

782 Zwar regelt § 37 SGB X, dass ein schriftlicher Verwaltungsakt, am dritten Tag nach Aufgabe zur Post als bekanntgegeben gilt. Probleme entstehen hier regelmäßig, wenn die Behörde nicht nachweisen kann, wann die Aufgabe zur Post erfolgte. In der Regel werden die Bescheide aus Kostengründen nicht mit Postzustellungsurkunde verschickt.

B. Das Verwaltungs- und Gerichtsverfahren

Mit der Neuordnung des Gesetzes der Syndikusanwälte ist durch die Neukonzeption einer Zulassung zum Rechtsanwalt (Syndikusrechtsanwalt) in der BRAO ein neues Zulassungsverfahren normiert worden, welches konkrete Anforderungen an die Verwaltung enthält. Durch die Verflechtung zwischen der Zulassungsentscheidung auf der einen und der Erteilung eines Befreiungsbescheides auf der anderen Seite muss in einer bestimmten Art und Weise dafür Sorge getragen werden, dass beide Entscheidungsträger über die jeweils andere Entscheidung Kenntnis erlangen. Nunmehr ist daher erforderlich, dass zwei Anträge, einer gerichtet auf die Befreiung von der gesetzlichen Rentenversicherungspflicht und einer auf Zulassung zum Rechtsanwalt (Syndikusrechtsanwalt), gestellt werden.[783]

I. Die Zuständigkeit für die Überprüfung der Befreiungsvoraussetzungen

Die Entscheidung über die Befreiung von der gesetzlichen Rentenversicherungspflicht obliegt nach wie vor den Rentenversicherungsträgern. Dies ergibt sich aus § 12 SGB I, der bestimmt, dass für die Sozialleistungen die in den §§ 18–29 genannten Körperschaften, Anstalten und Behörden (Leistungsträger) zuständig sind und die Abgrenzung ihrer Zuständigkeit sich aus den besonderen Teilen des Gesetzes ergibt. Gem. § 23 Abs. 2 Nr. 1 SGB I sind für die Leistungen in der gesetzlichen Rentenversicherung in erster Linie die Regionalträger, die Deutsche Rentenversicherung Bund und die Deutsche Rentenversicherung Knappschaft-Bahn-See zuständig.

II. Die Entscheidung über die Zulassung zum Rechtsanwalt (Syndikusrechtsanwalt)

Nach der Neukonzeption des Gesetzgebers setzt die Befreiung von der gesetzlichen Rentenversicherungspflicht als notwendige Voraussetzung die Zulassung zur Rechtsanwaltschaft als Syndikusrechtsanwalt voraus. Der Antragsteller wird daher neben dem Antrag auf Befreiung von der gesetzlichen Rentenversicherungspflicht gleichzeitig auch einen Antrag auf Zulassung zur Rechtsanwaltschaft als Syndikusrechtsanwalt gem. § 46a Abs. 1 BRAO stellen müssen. Über diese entscheidet gem. § 46a Abs. 2 BRAO die zuständige Rechtsanwaltskammer. Durch die eigenverantwortliche Wahrnehmung dieser Aufgabe durch die

---

783 Theus, BB 2016, 203 (206).

zuständige Rechtsanwaltskammer als Selbstverwaltungskörperschaft des öffentlichen Rechts soll die Stellung der Syndikusrechtsanwälte als Teil der Rechtsanwaltschaft und damit als unabhängiges Organ der Rechtspflege betont werden.[784] Gem. § 46a Abs. 2 S. 4 BRAO ist der Rentenversicherungsträger jedoch an die Zulassungsentscheidung der Rechtsanwaltskammer gebunden. Während vor der Gesetzesnovellierung die Überprüfung der Voraussetzungen von § 6 Abs. 1 S. 1 SGB VI, nämlich der anwaltlichen Tätigkeit, von den Trägern der gesetzlichen Rentenversicherung erfolgen musste, ist diese nunmehr auf die berufsrechtliche Ebene verlagert worden. Die Überprüfung der einzelnen Voraussetzungen einer anwaltlichen Tätigkeit erfolgt aufgrund der Bindungswirkung durch die zuständige Rechtsanwaltskammer.[785]

III. Beteiligung der Rentenversicherungsträger

Mit der Entscheidung über die Zulassung zum Rechtsanwalt (Syndikusrechtsanwalt) liegen die Voraussetzungen für die Erteilung einer positiven Befreiung von der gesetzlichen Rentenversicherung vor. Durch die Bindungswirkung der Entscheidung der Rechtsanwaltskammer gegenüber dem Rentenversicherungsträger gem. § 46a Abs. 2 S. 4 BRAO, bedarf es konkreter Instrumentarien die gewährleisten, dass die Interessen der Rentenversicherungsträger im Zulassungsverfahren gewahrt werden.

Aus diesem Grund sieht § 46a Abs. 2 BRAO vor, dass über die Zulassung zum Syndikusrechtsanwalt die örtlich zuständige Rechtsanwaltskammer nach Anhörung des Trägers der Rentenversicherung entscheidet. Damit besteht für diesen frühzeitig die Gelegenheit, etwaige Erwägungen, die aus seiner Sicht gegen eine Zulassung des Antragstellers als Syndikusrechtsanwalt und seiner damit verbundenen Befreiung von der gesetzlichen Rentenversicherungspflicht sprechen, vorzubringen.[786] Damit wird zugleich die Auseinandersetzung zwischen Rentenversicherungsträger und Rechtsanwaltskammer gefördert.[787] Die Interessen des Antragstellers werden gewahrt, indem die Auseinandersetzung der berufsrechtlichen Argumente in einem sehr frühen Studium erfolgt und er hieran teilhaben

784 BT-Drs. 18/5201, S. 32; Junker/Scharnke, BB 2016, 195 (200); Wolf, BRAK-Mitt. 2016, 9 (13).

785 Vgl. Zu Problemen, die mit der Antragstellung zusammenhängen, insbesondere Hartmann/Horn, BRAK-Mitt. 2016, S. 46.

786 Junker/Scharnke, BB 2016, 195 (200).

787 So auch Junker/Scharnke, BB 2016, 195 (200).

kann.[788] Das Erfordernis einer konkreten Genehmigung oder Zustimmung besteht damit nicht.[789]

Wie das Beteiligungsinstrument der Anhörung konkret auszugestalten ist, regelt das Gesetz nicht. Gem. § 46a Abs. 2 S. 1 BRAO ist die Rechtsanwaltskammer lediglich gehalten, vor der Entscheidung über die Zulassung zur Rechtsanwaltschaft als Syndikusrechtsanwalt die örtlich zuständige Rechtsanwaltskammer anzuhören. Damit steht es im Ermessen der Rechtsanwaltskammern wie die Anhörung praktisch durchgeführt wird. So ist denkbar, dass die zuständige Rechtsanwaltskammer die Anhörung mit einer entsprechend angemessen Frist versieht, innerhalb derer der Rentenversicherungsträger eine Stellungnahme abgeben kann.[790] Dabei stellen sich typischerweise Fragen, deren Beantwortung die BRAO nicht regelt.[791] So ist zum Beispiel fraglich, wie sich die verspätete Rückmeldung auf eine Anhörung oder die unterlassene Anhörung im Rahmen des Zulassungsprozesses auswirkt. Nach der Gesetzesbegründung führt die Versäumnis der Frist zur Stellungnahme nicht zur Präklusion, sodass die Rechtsanwaltskammer auch ohne Stellungnahme über die Zulassung zur Rechtsanwaltschaft als Syndikusrechtsanwalt entscheiden kann.[792] Sollte die Anhörung unterblieben und die Zulassung erteilt worden sein, liegt im Vergleich zu sonstigen die Anhörung regelnden Verfahrensordnungen ein formaler Verfahrensfehler vor, der jedoch im Rahmen eines gerichtlichen Klageverfahrens heilbar sein muss. Das Anhörungsverfahren dient der Gewährleistung rechtlichen Gehörs.[793] So wird z.B. in § 24 Abs. 1 SGB X der Begriff der Anhörung mit der Gelegenheit, sich zu den für die Entscheidung erheblichen Tatsachen zu äußern, umschrieben. Damit wird klargestellt, dass die Anhörung der Information dient und zugleich eine Warnfunktion beinhaltet.[794] Es sollen Überraschungsentscheidungen vermieden und Transparenz geschaffen werden.[795] Wenn die Verletzung der Anhörung in den einzelnen Verwaltungsordnungen, welche die Beziehungen

788 Junker/Scharnke, BB 2016, 195 (200); BT-Drs. 18/5201, S. 33.

789 BT-Drs. 18/5563, S. 39.

790 Vgl. hierzu BT-Drs. 18/5201, S. 33.

791 Dabei setzt die BRAO in einer Vielzahl an Normen eine Anhörung voraus, die jedoch im Einzelnen nicht näher geregelt wird. So in §§ 51 Abs. 8, 51a Abs. 3, 59j Abs. 3, 111 und § 135 BRAO.

792 BT-Drs. 18/5563, S. 39.

793 BSG, Urt. v. 28.07.1977 – 2 RU 31/77, BeckRS 1977, 598; Franz, in: Schlegel/Voelzke, jurisPK-SGB X, § 24, Rn. 10.

794 Vgl. hierzu z.B. Franz, in: Schlegel/Voelzke, jurisPK-SGB X, § 24, Rn. 11.

795 Franz, in: Schlegel/Voelzke, jurisPK-SGB X, § 24, Rn. 11.

zwischen Bürger und Staat regeln, geheilt werden kann, muss dies umso mehr für die Beziehung zwischen zwei öffentlich-rechtlichen Institutionen gelten.

IV. Einwirkungsmöglichkeit der Rentenversicherungsträger

Wie dem Antragsteller steht auch dem Träger der Rentenversicherung gegen die Entscheidung über die Zulassung Rechtsschutz nach § 112a Abs. 1 und 2 BRAO zu. Gem. § 112c Abs. 1 S. 1 BRAO findet danach im gerichtlichen Verfahren gegen Entscheidungen der Rechtsanwaltskammer grundsätzlich die Verwaltungsgerichtsordnung (VwGO) entsprechend Anwendung. Der Träger der Rentenversicherung ist bei seiner Entscheidung über die Befreiung von der Versicherungspflicht in der gesetzlichen Rentenversicherung nach § 6 Abs. 1 S. 1 Nr. 1 und Abs. 3 SGB VI an die bestandskräftige Entscheidung der Rechtsanwaltskammer über die Zulassung gebunden. Dem Rentenversicherungsträger steht auf Grund der in § 46a Abs. 2 S. 4 BRAO vorgesehenen Bindungswirkung der Zulassungsentscheidung eine Klagebefugnis zu.[796] Diese folgt bereits daraus, dass mit der gesetzlich angeordneten Bindungswirkung für ein Tatbestandselement des Befreiungstatbestandes der sachliche Zuständigkeitsbereich des Trägers der gesetzlichen Rentenversicherung berührt ist.[797] Er ist insoweit beschwert, als die getroffene Zulassungsentscheidung im Umfang der Bindungswirkung unmittelbar Auswirkungen auf die Befreiungsentscheidung und damit die Rentenversicherungspflicht hat.[798] Die Klage eines Rentenversicherungsträgers gegen die Zulassungsentscheidung der Rechtsanwaltskammer hat mangels anderweitiger Regelungen aufschiebende Wirkung gem. § 80 VwGO. Bis zur gerichtlichen Entscheidung kann der Antragsteller daher nicht als Syndikusrechtsanwalt tätig werden und muss seine Versorgungsbezüge zur gesetzlichen Rentenversicherung abführen.[799] Die in der Literatur angesprochene Kritik, dass die dem Rentenversicherungsträger eingeräumte Klagebefugnis im Hinblick auf die zeitliche Dauer eines Klageverfahrens „ein kaum hinzunehmender Umstand“[800] sei, kann nicht überzeugen. Ergeht im Rahmen der gerichtlichen Entscheidung ein für den Antragsteller positives Ergebnis, müssen die Beiträge an die Versorgungswerke ausgezahlt werden.[801] Dem Antragsteller widerfährt

---

796 BT-Drs. 18/5563, S. 40.
797 BT-Drs. 18/5563, S. 40.
798 BT-Drs. 18/5563, S. 40.
799 Junker/Scharnke, BB 2016, 195 (200).
800 Schafhausen, AnwBl. 2016, 116 (117).
801 So auch Junker/Scharnke, BB 2016, 195 (200) und Bezugnahme auf § 286f SGB VI und § 26 SGB IV.

damit kein nennenswerter Nachteil bei einer für ihn positiven Entscheidung. Auch bei einer für ihn negativen Entscheidung ist kein Nachteil zu verzeichnen, weil die bereits eingezahlten Beiträge bei den Rentenversicherungsträgern verbleiben.

Wird die Zulassungsentscheidung bestandskräftig, kann sie nicht mehr mit einem Widerspruch und/oder einer Klage angegriffen werden (formelle Bestandskraft). In diesen Fällen besteht allenfalls die Möglichkeit im Wege der Aufhebung, Rücknahme oder des Widerrufs nach §§ 43 ff. VwVfG vorzugehen.[802]

V. Zuständigkeit der Anwaltsgerichtshöfe

Durch die Verlagerung der Prüfung des Vorliegens einer anwaltlichen Tätigkeit aufgrund der Neuregelung in der BRAO ändert sich zudem die gerichtliche Zuständigkeit. Während bis zum Inkrafttreten des Gesetzes zur Neuordnung des Rechts der Syndikusanwälte die Zuständigkeit der Sozialgerichtsbarkeit gegeben war, welche die einzelnen Voraussetzungen einer Befreiungsentscheidung zu überprüfen hatte, entscheidet in erster Instanz nunmehr der Anwaltsgerichtshof (§ 112a Abs. 1 BRAO) über die verwaltungsrechtlichen Anwaltssachen. Diese sind gem. § 112a Abs. 1 definiert als alle öffentlich-rechtlichen Streitigkeiten nach der BRAO, einer aufgrund der BRAO erlassenen Rechtsverordnung oder einer Satzung einer der nach der BRAO errichteten Rechtsanwaltskammern, einschließlich der Bundesrechtsanwaltskammern, soweit die Streitigkeiten nicht anwaltsgerichtlicher Art sind oder einem anderen Gericht ausdrücklich zugewiesen sind. Hierzu zählen Streitigkeiten über die Zulassung zur Rechtsanwaltschaft nach § 4 BRAO oder die Rücknahme bzw. der Widerruf dieser gem. § 14 BRAO. Über ein eingelegtes Rechtsmittel entscheidet der Bundesgerichtshof (§ 112a Abs. 2 BRAO).

VI. Ausblick

Nach dem Inkrafttreten des Gesetzes zur Neuordnung des Rechts der Syndikusanwälte sind viele bei den Gerichten ruhend gestellte Verfahren wiederaufgenommen worden. Viele Verfahren wurden nach Überprüfung durch die Rentenversicherungsträger für erledigt erklärt, sodass die Gerichte nur noch über die notwendigen außergerichtlichen Kosten gem. § 193 SGG zu entscheiden

---

802 So auch Junker/Scharnke, BB 2016, 195 (200).

hatten.[803] Bislang sind nach Inkrafttreten des Gesetzes wenige Urteile ergangen. So mussten sich vereinzelt Sozialgerichte mit der Frage beschäftigen, ob eine rückwirkende Befreiung auch dann erteilt werden kann, wenn das Arbeitsverhältnis bereits beendet wurde und eine rückwirkende Zulassung nicht mehr in Betracht kommt.[804] Vor dem Hintergrund, dass auch nach neuer Gesetzeslage eine Zulassung an die jeweilige Beschäftigung gekoppelt ist, erscheint eine Rückwirkung mangels Zulassung nicht möglich. Ob und inwieweit die Rechtsprechung der Sozialgerichte weitere Auslegungsprobleme zu entscheiden haben wird, bleibt abzuwarten. Jedenfalls werden bei Streitigkeiten nach Inkrafttreten des Gesetzes zur Neuordnung des Rechts der Syndikusanwälte nicht mehr die Sozialgerichte, sondern die Anwaltsgerichte hierfür zuständig sein.[805]

803 Vgl. insoweit SG Frankfurt am Main, Beschl. v. 30.03.2017 – S 31 R 467/16; SG Düsseldorf, Beschl. v. 30.03.2017 – S 44 R 155/17; SG Ulm, Beschl. v. 03.03.2017 – S 6 R 792/15, sämtliche Entscheidungen sind nicht veröffentlicht.

804 Neben dem SG Berlin, Urt. v. 11.01.2017 – S 11 R 645/16 WA, juris, gegen das Berufung eingelegt wurde, die aus anderen Gründen zurückgenommen wurde, verneinen sowohl das LSG NRW, Urt. v. 24.10.2016 – L 3 R 49/14, juris und das LSG Baden-Württemberg, Urt. v. 20.07.2017 – L 7 R 3495/15, juris, eine rückwirkende Befreiung.

805 Insoweit hat bis zum Zeitpunkt des Abschlusses dieser Arbeit lediglich der Anwaltsgerichtshof Hamburg, Beschl. v. 04.08.2017 – AGH I ZU (SYN) 10/2017 (I-14), juris, über die notwendige Beiladung eines Rechtsanwalts und einen Streitwert entschieden.

Kapitel 4 – Schlussbetrachtung

A. Zusammenfassende Thesen

Im Einzelnen untersucht diese Arbeit, inwieweit und unter welchen Voraussetzungen die Regelungsänderungen mit dem Gesetz zur Neuordnung des Rechts der Syndikusanwälte zu einer Befreiungsmöglichkeit von der gesetzlichen Rentenversicherungspflicht für Syndikusanwälte führen. Die Arbeit hat den folgenden Inhalt, der entsprechend der Gliederung der Arbeit zusammengefasst wird:

1. Die Untersuchung beginnt zunächst mit der Einführung in das Thema (S. 23–31). Die Verfasserin (Verf.) leitet mit einer kurzen Zusammenfassung über die Entwicklung in Rechtsprechung und Literatur in die Thematik ein. Da das Bundessozialgericht mit Entscheidungen vom 03.04.2014 die Befreiungsmöglichkeit für Syndikusanwälte von der gesetzlichen Rentenversicherungspflicht ablehnte, sah sich der Gesetzgeber aufgrund der Erhaltung des Status quo dazu veranlasst, das Gesetz zur Neuordnung des Rechts der Syndikusanwälte und Änderung der Finanzgerichtsordnung vom 21.12.2015 zu beschließen. Die Verf. nennt die wesentlichen Regelungen des Gesetzes und erläutert sodann die Begriffe des „Syndikusanwalts" und des „Syndikusrechtsanwalts". Im weiteren Verlauf der Arbeit gibt die Verf. einen Überblick über die rechtlichen Probleme der Neuregelungen. Dabei wird sie in drei Schritten vorgehen: Zunächst soll die Entwicklung des Gesetzes dargestellt werden. In einem zweiten Teil werden sodann die Neuregelungen beschrieben. Hierbei erfolgt insbesondere eine Bewertung der Rechtsprobleme. Im dritten Teil wendet sich die Verf. den Rechtsfolgen der Entwicklung der Rechtsprechung sowie der Neuregelungen zu.
2. Im ersten – einleitenden – Kapitel (S. 33–54) wird die Entwicklung des Gesetzes zur Neuordnung des Rechts der Syndikusanwälte beschrieben. Zuvörderst wird das Obiter-Dictum-Urteil des Bundessozialgerichts dargestellt, mit welchem das Gericht die Befreiung von der gesetzlichen Rentenversicherungspflicht für Syndikusanwälte versagte (S. 33–37). In einem weiteren Schritt wird die vom Bundessozialgericht aufgegriffene Rechtsprechung des Bundesgerichtshofes, des Bundesverfassungsgerichtes und des Europäischen Gerichtshofes beleuchtet, die ausgehend von der Anwendung der Doppelberufstheorie ablehnen, dass Syndikusanwälte für nicht-anwaltliche Arbeitgeber als angestellte Rechtsanwälte tätig werden können (S. 37–46). Hieran anknüpfend wird die sozialgerichtliche Rechtsprechung dargestellt,

welche – mit Ausnahmen – bis zu den Urteilen des Bundessozialgerichts weitestgehend das Merkblatt der ABV e.V. i.V.m. DRV Bund zugrunde gelegt hat (S. 47–51). Mit der Beschreibung der Rechtsprechung und Literatur zeigt die Verf. die Motivation des Gesetzgebers für die Neuordnung des Rechts der Syndikusanwälte auf (S. 51–54).

3. Im zweiten Kapitel (S. 55–161) wird der Kern der Arbeit dargestellt: Die Verf. stellt die einzelnen Neuregelungen des Gesetzes vor. Neben den Regelungszielen (S. 55–56), nämlich zuvörderst den Status quo vor den Urteilen des Bundessozialgerichts vom 03.04.2014 wiederherzustellen, werden insbesondere Fragen zum Gesetzgebungsverfahren im weitesten Sinne aufgeworfen (S. 56–85). Dabei wird zum einen untersucht, ob der Bundesgesetzgeber eine Gesetzgebungskompetenz zum Erlass des Gesetzes hatte (S. 57–63), was von der Verf. ausgehend von einer Analyse von Art. 72, 74 Abs. 1 Nr. 12 GG bejaht wird. Ferner wird die Frage aufgeworfen, welche Anforderungen an ein Gesetz, welches an der Schnittstelle zwischen Versorgungswerken auf den einen und der gesetzlichen Rentenversicherung auf der anderen Seite anknüpft, zu stellen sind. Hier untersucht die Verf. die Wahrung der Friedensgrenze (S. 63–77). Sie geht dabei auf die Unterscheidung zwischen beiden Systemen ein, arbeitet die wesentlichen Unterschiede heraus und verdeutlicht die Bedeutung der Friedensgrenze in diesem Zusammenhang. In diesem Abschnitt widmet sich die Verf. zudem einem Exkurs zu der Frage, ob die Befreiungsnorm abgeschafft werden könnte (S. 74–77) und kommt zu dem Ergebnis, dass verfassungsrechtliche Einwände gegen die Abschaffung der Befreiungsnorm durch den Gesetzgeber nicht bestehen. Im weiteren Verlauf setzt sich die Verf. mit der systematischen Einordnung einer Norm auseinander, die an der Schnittstelle zweier Regelungsmaterien anknüpft (S. 78–85). Auch der Gesetzgeber hatte sich im Rahmen des Gesetzgebungsverfahrens mit der Frage zu beschäftigen, an welcher Stelle eine derartige Norm zu implementieren ist. Die Verf. führt zunächst abstrakt mehrere Implementierungsmöglichkeiten aus dogmatischer Sicht an, ehe sie konkrete Beispiele aus der Literatur darstellt und zu dieser Stellung nimmt. Hierbei widmet sich die Verf. auch der Gesetzesänderung, die unter Berücksichtigung der aufgezeigten Möglichkeiten die systematisch überzeugendste Lösung darstellt.

Im weiteren Verlauf (S. 85–161) stellt die Verf. die einzelnen Voraussetzungen der Befreiungsnorm unter Berücksichtigung der Neuregelungen in der Bundesrechtsanwaltsordnung dar. Als erstes widmet sie sich, ausgehend von der in § 6 Abs. 1 S. 1 Nr. 1 SGB VI normierten Befreiungsnorm, der Pflichtmitgliedschaft in der Rechtsanwaltskammer zu. Dabei wird zunächst die Frage aufgeworfen, ob die in § 46a BRAO neu geregelte Zulassung zur Rechtsanwaltschaft als Syndikusrechtsanwalt unter dem Gesichtspunkt von Art. 12 GG,

Art. 14 GG und Art. 2 Abs. 1 GG verfassungsrechtlichen Bedenken standhält (S. 88–98). Dabei wirft die Verf. im Rahmen der Prüfung von Art. 12 GG zunächst die Frage nach dem Schutzbereich auf. Sie kommt nach Beschreibung der geschichtlichen Entwicklung des Syndikusanwalts und aufgrund der Unterscheidung zwischen einem eigenständigen Berufsbild und einer bloßen Berufsmodalität zu dem Ergebnis, dass die Tätigkeit des Syndikusrechtsanwalts keinen eigenständigen Beruf darstellt, sondern lediglich eine Form der Berufsausübung. Anschließend kommt die Verf. zu dem Ergebnis, dass überdies kein Eingriff in die Berufsfreiheit vorliegt, weil die Zulassung zur Rechtsanwaltschaft als Syndikusrechtsanwalt nur die Befreiung von der gesetzlichen Rentenversicherung zum Gegenstand hat, die Berufsausübung aber auch ohne Zulassung (wie bisher) weiter ausgeübt werden kann. Auch ein Eingriff in Art. 14 GG wird von der Verf. verneint, weil durch die Zulassung weder Anwartschaften noch erworbene Rechte eingebüßt werden. Auch ein Eingriff in Art. 2 Abs. 1 GG wird von der Verf. abgelehnt. Insoweit weist sie darauf hin, dass die Zulassung aus Antrag letztlich ein für Syndikusanwälte begünstigender Umstand ist, der von sich aus keinem belastenden Eingriff darstellen kann.

Sodann folgt die Verf. der weiteren Überlegung, ob aus der Neuregelung der Zulassung zum Syndikusrechtsanwalt zugleich eine Verpflichtung zur Zulassung resultieren kann, die ggf. einer anderen Beurteilung unterliegt (S. 98–103). Die Verf. kommt zu dem Ergebnis, dass eine verpflichtende Zulassung einen nicht zu rechtfertigenden Eingriff in die Berufsfreiheit der Syndikusrechtsanwälte darstellen würde. Im Weiteren geht die Verf. auf die in der Literatur verstärkt aufgeworfene Frage ein, ob die in der Bundesrechtsanwaltsordnung normierten Versagungsgründe in § 7 Nr. 8 und 9 BRAO auf Syndikusrechtsanwälte anzuwenden sind und bejaht dies im Unterschied zu Stimmen in der Literatur (S. 103–106).

Im Anschluss werden die einzelnen Tätigkeitsanforderungen an die Tätigkeit des Syndikusanwalts für die Zulassung zum Syndikusrechtsanwalts dargestellt und ausgelegt (S. 106–155). Dabei wendet sich die Verf. zunächst den beiden prägenden Merkmalen, der Unabhängigkeit und der Eigenverantwortung, zu. So wird zunächst der Begriff der Unabhängigkeit in Bezug zum selbständigen Rechtsanwalt dargestellt und schließlich vom Begriff der fachlichen Unabhängigkeit abgegrenzt (S. 107–118). Es wird festgestellt, dass auch der Syndikusrechtsanwalt im Sinne von § 3 Abs. 1 BRAO unabhängig sein kann.

Anschließend folgt die Untersuchung der Anforderungen an die Eigenverantwortlichkeit eines Syndikusanwalts (S. 118–128). Hierbei prüft die Verf. die Grundsätze der privilegierten Arbeitnehmerhaftung und deren Anwendung auf den Syndikusrechtsanwalt in einem abhängigen Beschäftigungsverhältnis bei einem nicht-anwaltlichen Arbeitgeber. Sie gelangt aufgrund von Beispielen aus der Rechtsprechung zu der Überzeugung, dass die Grundsätze der privilegierten Arbeitnehmerhaftung aufgrund ihrer teilweise weisungsgebundenen Tätigkeit grundsätzlich auf Syndikusrechtsanwälte übertragbar sind. Unter Berücksichtigung der vom Bundesgerichtshof entwickelten Maßstäbe zur Arbeitnehmerhaftung von Justiziaren, würden die Grundsätze der beschränkten Arbeitnehmerhaftung im weisungsfreien Tätigkeitsbereich des Syndikusanwalts jedoch nicht zum Tragen kommen. Selbst unter Berücksichtigung der vollumfänglichen Anwendung der Grundsätze der privilegierten Arbeitnehmerhaftung, bedeuten die strengen Maßstäbe der Haftung von Rechtsanwälten und die Beweislast nach § 619a BGB ein ständiges Risiko für den Syndikusrechtsanwalt. Vor diesem Hintergrund weist die Verf. auf die Vorteile einer Berufshaftpflichtversicherung für Syndikusrechtsanwälte hin.

Die Verf. wendet sich dann der Analyse der einzelnen Tätigkeitsmerkmale, der Prüfung von Rechtsfragen, der Rechtsraterteilung, der Gestaltung von Rechtsverhältnissen sowie der Befugnis zur Vertretung nach außen zu (S. 129–144). Bezüglich der Rechtsprüfung kommt die Verf. zu dem Schluss, dass das erste Merkmal in § 46 Abs. 3 Nr. 1 von der Rechtsberatung in § 3 Abs. 1 BRAO unproblematisch umfasst ist und als Vorbereitungshandlung der Rechtsraterteilung anzusehen ist. Diese umfasst jedoch ausschließlich die Erteilung eines Rechtsrates und ist nach Auffassung der Verf., anders als dies teilweise in der Praxis gesehen wird, zwingend von der Rechtsvermittlung nach der Vier-Kriterien-Theorie abzugrenzen. Ausgehend von einer Wortlautauslegung und dem Willen des Gesetzgebers steht auch das Merkmal der Rechtsraterteilung im Einklang mit § 3 Abs. 1 BRAO und bildet zusammen mit dem Merkmal der Prüfung von Rechtsfragen ein einheitliches Bild der Rechtsberatung ab. Die Rechtsgestaltung als dritte in § 46 Abs. 3 BRAO genannte Voraussetzung demgegenüber lässt nach der reinen Wortlautauslegung nicht erkennen, ob ein Bezug nach Außen zu externen Dritten erforderlich ist. Dies folgert die Verf. aus einer Auslegung des Begriffs der Rechtsgestaltung und den vom Gesetzgeber insoweit normierten Beispielsfällen, die hiernach in einem Widerspruch zu einander stehen und eine einheitliche Auslegung bzgl. der Frage nach einem Außenbezug nicht ermöglichen. Soweit der Gesetzgeber einen Außenbezug nicht erfordert, wäre es nach Auffassung der Verf. sinnvoll gewesen im Rahmen der Gesetzesbegründung darauf aufmerksam zu machen und sich von dem Begriff der Rechtsgestaltung im Rahmen der Vier-Kriterien-Theorie abzugrenzen. Sofern im Rahmen der Rechtsgestaltung kein nach außen tretendes Handeln nach dem Willen des Gesetzgebers erforderlich ist, so ist dies zwingend für die Vertretungsbefugnis nach außen zu fordern. Andernfalls steht § 46 Abs. 3 BRAO in einem Widerspruch zu § 3 Abs. 1 BRAO, der neben der Beratung auch die Vertretung zur anwaltlichen Tätigkeit zählt.

Anschließend erfolgt die Untersuchung, ob sämtliche Merkmale kumulativ vorliegen müssen (S. 144–153). Dabei werden insbesondere im Hinblick auf die Zulassung von Rechtsanwälten Gesichtspunkte des allgemeinen Gleichheitssatzes, Art. 3 Abs. 1 GG, in die Untersuchung einbezogen. Die Verf. führt aus, dass ein Verstoß gegen den allgemeinen Gleichheitssatz in der Kumulation der vier die anwaltliche Tätigkeit prägenden Merkmale nicht zu sehen ist. Insbesondere bestehen keine milderen gleich geeigneten Mittel, die Rechtspflege zu schützen und ihre Funktionsfähigkeit zu wahren.

Schließlich endet dieser Teil mit der Aufarbeitung der Frage, welchen Anteil die anwaltliche Tätigkeit eines Syndikusrechtsanwalts umfassen muss (S. 153–155). Die Verf. verweist darauf, dass stets die konkrete Tätigkeit in Betracht zu ziehen und eine starre Grenze von z.B. 50 % abzulehnen ist.

Das zweite Tatbestandsmerkmal der Befreiungsnorm, die Pflichtmitgliedschaft im Versorgungswerk (S. 155–160), wird von der Verf. unter der Fragestellung untersucht, ob die Übernahme in ein Versorgungswerk bis zu einem bestimmten Lebensalter den verfassung- und ggf. europarechtlichen Vorgaben widerspricht. Sie kommt zu dem Ergebnis, dass eine Altersgrenze weder gegen das Grundgesetz noch gegen europäische Vorgaben verstößt. Im Hinblick auf die Fragestellung der Befreiung von Syndikusanwälten von der gesetzlichen Rentenversicherungspflicht weist sie jedoch darauf hin, dass durch den Gesetzgeber Anreize durch eine Neuregelung geschaffen wurden, die zu einer Aufhebung der Altersgrenzen führen sollen, um so möglichst vielen auch älteren Syndikusanwälten die Befreiung zu ermöglichen.

Das dritte und letzte Tatbestandsmerkmal, nämlich die Verknüpfung zwischen der Tätigkeit, wegen der eine Mitgliedschaft im Versorgungswerk und in der Berufskammer besteht, endet mit einer kurzen Zusammenfassung, welche die wesentlichen Änderungen der BRAO nochmals darstellt mit dem Ergebnis, dass die Prüfung dieses Merkmals nunmehr bei Vorliegen der übrigen Voraussetzungen unproblematisch ist (S. 160–161).

4. Im dritten Kapitel schließt die Verf. die Bearbeitung mit einem Überblick über die Auswirkungen der Rechtsprechung des Bundessozialgerichts und der Gesetzesänderung ab (S. 163–201). Die Verf. wendet sich unter der Überschrift des Antragsverfahrens zunächst dem Problem zu, wie mit ursprünglich erteilten Befreiungsbescheiden umzugehen ist, wenn die ursprüngliche

Tätigkeit nicht mehr ausgeübt wird (S. 164–181). Insoweit kommt mit der Rechtsprechung des Bundessozialgerichts eine Erledigung der Befreiungsbescheide auf sonstige Weise in Betracht. Alternativ verbleibt dem Rentenversicherungsträger nur die Aufhebung über § 48 Abs. 1 SGB X. Hat sich der ursprüngliche Befreiungsbescheid auf sonstige Weise erledigt oder ist er gem. § 48 Abs. 1 SGB X aufgehoben worden, stellt sich die Frage nach einer neuen Antragstellung für die Betroffenen. Zu diesem Zweck verweist die Verf. auf die bereits vom Bundessozialgericht genannten Ausnahmen, nämlich dem Grundsatz nach Treu und Glauben, dem sozialrechtlichen Herstellungsanspruch und dem Vertrauensschutz. Liegt eine derartige Ausnahme vor, ist eine erneute Antragstellung nicht erforderlich.

Für die Fälle einer rückwirkenden Befreiung nimmt die Verf. die Neuregelungen in § 231 SGB VI ins Auge und zeigt die in der Literatur hierzu vertretenen Auffassungen auf (S. 181–188). Hierbei bezieht sie Stellung und verweist auf die vom Bundesverfassungsgericht angeführte teleologische Auslegung von § 231 Abs. 4b S. 5 SGB VI zur Vermeidung von unzumutbaren Belastungen für die betroffenen Syndikusanwälte.

Dann wird die Handhabung mit Beitragsrückerstattungen von der Verf. in den Blick genommen und insbesondere im Hinblick auf den neu eingeführten § 286f SGB VI näher dargestellt (S. 188–195). Dieser Abschnitt enthält zudem Ausführungen zur Erstreckung der Befreiung auf vorübergehende Tätigkeiten und den Zulassungszeitpunkt als maßgebliches Kriterium für die Befreiung.

Die Untersuchung endet schließlich mit einer kurzen Zusammenfassung des geänderten Verwaltungs- und Gerichtsverfahrens (S. 196–201). Die Verf. stellt hier die wesentlichen Änderungen dar und zeigt die Unterschiede zur alten Rechtslage auf.

5. Im vierten und abschließenden Kapitel werden alle Ergebnisse der Arbeit – wie dargestellt – zusammengetragen (S. 203–210).

B. Fazit

Abschließend ist festzuhalten, dass der Gesetzgeber mit der Implementierung des Gesetzes zur Neuordnung des Rechts der Syndikusanwälte wesentliche Aspekte neu geregelt hat. Er hat die Stellung der Syndikusanwälte durch die Zulassung zum Rechtsanwalt (Syndikusrechtsanwalt) gestärkt und sie als einen Teil der Rechtsanwaltschaft anerkannt. Sie unterstehen – mit Ausnahmen – denselben Rechten und Pflichten wie selbständige Rechtsanwälte. Die Untersuchung hat gezeigt, dass sich vereinzelt Unstimmigkeiten bei der Auslegung der einzelnen anwaltlichen Merkmale ergeben und weitere Verbesserungsmöglichkeiten im Rahmen der Evaluierung angedacht werden können. Vor diesem Hintergrund wird abzuwarten sein, ob die Gesetz gewordene Regelungskonzeption dauerhaft den beabsichtigten Mehrwert erreichen wird. Anders als noch vor der Gesetzesänderung vermutet, haben sich bislang lediglich rund 17.000 Syndikusrechtsanwälte zugelassen, wobei hiervon knapp 14.000 zusätzlich über eine Rechtsanwaltszulassung verfügen.[806] Die nicht verifizierbare Anzahl von 40.000 Syndikusanwälten konnte damit nicht bestätigt werden.[807]

Im Zuge der Evaluierung des Gesetzes zum 31.12.2018 veröffentlichte die RAK Berlin ihre Stellungnahme vom 25.09.2018 nach der eine abnehmende Tendenz der Anträge auf die Zulassung zum Rechtsanwalt (Syndikusrechtsanwalt) zu verzeichnen sei, gleichwohl die Arbeitsbelastung der Zulassungsabteilung weiterhin anhalte. Zwar seien seit dem 01.01.2016 lediglich 30 Zulassungsanträge versagt worden, gleichzeitig aber 1452 Zulassungsanträge gestellt worden. Klageverfahren würden teilweise von den Antragstellern, teilweise von der DRV Bund geführt werden. Schwierigkeiten bestünden in praktischer Hinsicht zum einen darin, dass die Beendigung eines Arbeitsverhältnisses nicht zeitgenau mitgeteilt werden würde und somit ein nachträglicher umfangreicher Verwaltungsaufwand bei Neubegründung eines Arbeitsverhältnisses entstünde.[808] Weitere Probleme ergäben sich zudem beim Ruhen der Tätigkeit des Syndikusrechtsanwalts z.B. bei Eltern- und Pflegezeiten.[809]

---

806 Vgl. hierzu die Anmerkungen von Göcken, NJW-aktuell 2019, 17 oder Anger, abrufbar unter: https://www.handelsblatt.com/politik/deutschland/unternehmensanwaelte-anwaltszunft-fordert-nachbesserungen-fuer-unternehmensjuristen/24308026.html (zuletzt abgerufen am 19.07.2019).

807 Auch der Bundesgesetzgeber ist im Rahmen der Gesetzesänderung von 40.000 betroffenen Syndikusanwälten ausgegangen, vgl. BT-Drs. 18/5563, S. 1. Zu Berücksichtigung ist hierbei jedoch, dass Syndici, die ihre Tätigkeit zwischenzeitlich nicht verändert haben, gleichwohl ggf. für ihren Arbeitgeber anwaltlich tätig werden, jedoch bislang keinen entsprechenden Antrag gestellt haben müssen, vgl. hier die Anmerkungen von Göcken, NJW-aktuell 2019, 17.

808 vgl. hierzu die Ausführungen der Rechtsanwaltskammer Berlin vom 25.09.2018: https://www.rak-berlin.de/download/pdf_bisEnde2020/180925_Evaluierung_SRA.pdf (zuletzt abgerufen am 19.07.2019).

809 Vgl. hierzu die Entscheidung des Anwaltsgerichtshofes Stuttgart, Urt. v. 07.12.2017 – AGH 10/17, juris, wonach maßgeblich sei, ob ein gegenwärtiges Arbeitsverhältnis bestünde. Die gleichen Probleme stellen sich auch bei der Frage nach der passiven Phase der Altersteilzeit im Blockmodell oder einem Sabbatical.

Im Ergebnis kann festgehalten werden, dass auch nach der gesetzgeberischen Neuordnung des Rechts der Syndikusanwälte nicht sämtliche Fragen beantwortet wurden und es dem Gesetzgeber obliegt im Rahmen der Evaluation weitere Änderungen vorzunehmen, die eine weitergehende Rechtssicherheit bei der Anwendung der Neuregelungen begründen. Dies gilt insbesondere vor dem Hintergrund, dass sich bereits das Bundesverfassungsgericht im Rahmen seines Nichtannahmebeschlusses dazu bewogen sah, wegweisende Hinweise zur Berücksichtigung der Rückwirkung von Befreiungsbescheiden zu erteilen, die über den Wortlaut des Gesetzestextes hinausgingen.

Zum Zeitpunkt des Abschlusses dieser Arbeit lag die Evaluation des Gesetzes zur Änderung des Rechts der Syndikusanwälte noch nicht vor. Es ist daher abzuwarten, welche Schwierigkeiten in Praxis bei der Umsetzung der gesetzgeberischen Normen aufgetreten sind und ob die Lösung dieser Gegenstand eines neuen Gesetzgebungsverfahrens werden wird. In Anbetracht der bisher im Zuge der Gesetzesänderung ergangenen Rechtsprechung[810] wird dies jedoch zu bezweifeln sein. Insoweit werden sich die Gerichte mit der näheren Auslegung der Gesetzesnormen für den konkreten Einzelfall befassen müssen.

810 Vgl. hierzu insbesondere die nachfolgenden Entscheidung: BGH, Beschl. v. 01.08.2017 – AnwZ (Brfg) 14/17, NJW 2017, 2835; BGH, Urt. v. 02.07.2018 – AnwZ (Brfg) 49/17, NJW 2018, 3100; BGH, Urt. v. 15.10.2018 – AnwZ (Brfg) 68/17, DStR 239; BGH, Urt. v. 15.10.2018 – AnwZ (BrfG) 20/18, NJW 2018, 3701 sowie die Zusammenfassung von Grunewald, NJW 2018, 3623 (3623 ff.).

Literaturverzeichnis

Adam, Jörg, Eigentumsschutz in der gesetzlichen Rentenversicherung, Berlin 2009.

Anger, Heike, Anwaltszunft fordert Nachbesserungen für Unternehmensjuristen, abrufbar unter: https://www.handelsblatt.com/politik/deutschland/unternehmensanwaelte-anwaltszunft-fordert-nachbesserungen-fuer-unternehmensjuristen/24308026.html, v. 06.05.2019 (zuletzt abgerufen am 12.06.2019).

Baudenbacher, Carl/Speitler, Philipp, Syndikus der Gegenwart – Interessensvertreter oder Anwalt des Rechts?, NJW 2015, S. 1211–1215.

Becker, Ulrich, Neue Rechtsprechung und Vertrauensschutz im Sozialrecht: Zur Befreiung der Syndikusanwälte von der Rentenversicherungspflicht, ZFA 2014, S. 87–129.

Beusch, Carl/Decker, Hans. W., Der Syndikusanwalt- diesseits und jenseits des Atlantiks, in: Festschrift für Ernst C. Stiefel zum 80. Geburtstag, München 1987, S. 17–46.

Bezani, Thomas/Klinkhammer, Patrick, Kein Befreiungsanspruch der „Syndikusanwälte" von der Versicherungspflicht in der gesetzlichen Rentenversicherung, ArbR 2014, S. 275–277.

Biermann, Jürgen, Der Syndikusanwalt im neuen Berufsrecht, AnwBl. 1990, S. 420–425.

Bissel, Carsten, Die Rechtsstellung des Syndikusanwalts und die anwaltliche Unabhängigkeit, 1996.

Boecken, Winfried, Die Pflichtaltersversorgung der verkammerten freien Berufe und der Bundesgesetzgeber, Berlin 1986.

Börtzler, Der Syndikusanwalt, in: Ehrengabe für Bruno Heusinger, München 1968, S. 119–142.

Böttcher, Elke, Dem Syndikusanwalt sein Tod?, AnwBl. BE 2014, S. 142–144.

Bogs, Walter, 80 Jahre Sozialrechtspflege – 10 Jahre Sozialgerichtsbarkeit, DVBl. 1964, S. 1–7.

Bonner Kommentar zum Grundgesetz, hrsg. v. Kahl, Wolfgang/ Waldhof, Christian/Walter, Christian, Loseblattsammlung, 190. Aktualisierung, München 2013 (zitiert: Bearbeiter, in: Bonner Kommentar zum GG, Art., Rn.).

Brandi, Ernst, Von der Freiheit der Advokatur, in: Gedenkschrift für Josef Cüppers, Anwälte zur Reform des Strafrechts und Standesrecht, Essen 1955, S. 13 - 70.

Britz, Gabriele, Der allgemeine Gleichheitssatz in der Rechtsprechung des BVerfG, NJW 2014, S. 246–351.

Bürkle, Jürgen, Die Unabhängigkeit des Syndikusanwalts aus europäischer Perspektive, BB 2015, S. 394–396.

Butzer, Hermann, § 16 Berusständische Versorgungswerke, in: Kluth, Winfried (Hrsg.), Handbuch des Kammerrechts, 2. Aufl., Baden-Baden 2011, S. 559–605. (zitiert: Butzer, in: Kluth (Hrsg.), Handbuch des Kammerrechts, S.).

Butzer, Hermann, Fremdlasten in der Sozialversicherung, Tübingen 2001.

Cirsovius, Thoma, Generationengerechtigkeit in der gesetzlichen Rentenversicherung und Korrekturmöglichkeiten, SGb 2011, S. 1–9.

Cramer, Jörg E./Förster, Wolfgang/Ruland, Franz, Handbuch der Altersversorgung, Leinen 2002 (zitiert: Cramer/Förster/Ruland, S.).

Cremer, Wolfram, Freiheitsgrundrechte: Funktionen und Strukturen, Tübingen 2004.

Dahns, Christian, Die Befreiung des Syndikusanwalts von der gesetzlichen Rentenversicherungspflicht, NJW Spezial 2007, S. 237–238.

Dahns, Christian, Der Syndikusanwalt als Fachanwalt, NJW-Spezial 2010, S. 766–767.

Dahns, Christian, Die Rechtsstellung des Syndikusanwalts, NJW-Spezial 2014, S. 574–575.

Dankelmann, Helmut, Der Syndikusanwalt, Die Entscheidungen des BSG und ihre Folgen, WzS 2015, S. 163–168.

Deckenbrock, Christian/Fleckner, Andreas, Verschwiegenheitspflichten des Insolvenzverwalters?, ZIP 2005, S. 2290–2301.

Depenheuer, Otto, Wie sicher ist verfassungsrechtlich die Rente? – Vom liberalen zum solidarischen Eigentumsbegriff, AöR 120, S. 417–446.

Deutsche Rentenversicherung Bund, Verwaltungspraxis nach Änderungen im Befreiungsrecht der Rentenversicherung, NZA 2014, S. 136–138.

Dietzel, Andres/Mahlzahn, Christian, Interessenskollision bei in Unternehmen tätigen Anwälten, BRAK-Mitt. 2016, S. 154–157.

Diller, Martin, Kein Anspruch auf Ermöglichung der Zulassung als Syndikusrechtsanwalts, ArbRAktuell, 2019, S. 38.

v. Doetinchem, Vera, Versorgungsrechtliche Situation von Syndikusanwälten, AnwBl. BE 2014, S. 412–414.

Düring, Günter, Der Staat und die vermögenswerten öffentlich-rechtlichen Berechtigungen seiner Bürger, in: Festschrift für Willibat Apelt, München 1985, S. 13–56.

Eckertz-Höfer, Marion, Organ der Rechtspflege oder Core Values?, NJW 2013, S. 1580–1582.

Ehrenberg, Herbert/Fuchs, Anke, Sozialstaat und Freiheit, Frankfurt 1980.

Epping, Volker/Hillgruber, Christian (Hrgs.), Grundgesetz, Kommentar, BeckOnline, München 2019 (zitiert: BeckOK Grundgesetz/Bearbeiter, GG, Art., Rn.).

Erman, Walter (Begr.), Bürgerliches Gesetzbuch – Handkommentar mit EGBGB, ErbbauVO, HausratsVO, LPartG, ProdHaftG, UKlaG, VAHRG und WEG, Band II, §§ 812–2385, 15. Aufl., Münster Köln 2017 (zitiert: Bearbeiter, in: Erman, BGB, §, Rn.).

Ewer, Wolfgang, Anwaltliche Unabhängigkeit zwischen Interessenvertretung und Gemeinwohlorientierung, AnwBl. 2009, S. 657–662.

Ewer, Wolfgang, Der Syndikusanwalt ist eine Errungenschaft – kämpfen wir dafür, AnwBl. 2014, S. 683–684.

Ewer, Wolfgang/Filges, Axel/Roegele, Elisabeth, Argumentationspapier von DAV, BRAK und BUJ für gesetzgeberische Maßnahmen zur Wahrung der Einheit der Anwaltschaft aus Anlass der Entscheidungen des BSG vom 03.04.2014, abrufbar unter: https://www.juve.de/nachrichten/namenund-nachrichten/2015/05/berufsrecht-brak-und-buj-legen-stellungnahmen-vor (zuletzt abgerufen am 19.05.2019).

Feichtinger, Gustav, Ursachen und Konsequenzen des Geburtenrückgangs, in: Külp, Bernhard/ Hass, Heinz-Dieter (Hrsg.), Soziale Probleme der modernen Industriegesellschaft, Berlin 1977, S. 393–434.

v. Felbert, André/Korneev, Denis, Unzulässige Fixierung des anwaltlichen Berufsbildes durch die DRV Bund, vom 06.11.2012, abrufbar unter: http://syndikus-und-rentenversicherung.de/unzulässige-fixierung-des-anwaltlichen-berufsbildes-durch-die-drv-bund/ (zuletzt abgerufen am 19.07.2019).

v. Felbert, André/Korneev, Denis, Prüfungsgegenstand des Merkmals „wegen der“ in § 6 Abs. 1 S. 1 Nr. 1 SGB VI, vom 19.11.2013, abrufbar unter: http://syndikus-und-rentenversicherung.de/prüfungsgegenstand-des-merkmals-wegen-der-in-6-abs-1-s-1-nr-1-sgb-vi/ (zuletzt abgerufen am 19.07.2019).

v. Felbert André/Korneev, Denis, Kritik am Referentenentwurf (RefE) eines Gesetzes zur Neuordnung des Rechts der Syndikusanwälte in der Fassung vom 26.03.2015, abrufbar unter: http://syndikus-und-rentenversicherung.de/verfassungswidrigkeit-der-urteile-des-bsg-vom-3-april-2014-gesetzesvorschläge/ (zuletzt abgerufen am 19.07.2019).

v. Feuerich, Wilhelm E./Weyland, Dag, u.a. (Hrsg.), Bundesrechtsanwaltsordnung, 9. Aufl., München 2016 (zitiert: Bearbeiter, in: Feuerich/Weyland (Hrsg.), BRAO, §, Rn.)

Figlestahler, Jan, Ist der Syndikus Rechtsanwalt?, ZRP 2013, S. 254.

Filges, Axel, Der Syndikusanwalt als Fachanwalt, NZA 2013, S. 257–260.

Fischinger, Philipp S., Haftungsbeschränkung im Bürgerlichen Recht, zugleich Habilitationsschrift, Tübingen 2015.

Friauf, Karl Heinrich/Höfling, Wolfram (Hrsg), Berliner Kommentar zum Grundgesetz, Band 1 (Art. 1 - 15 GG); Berlin, Loseblattsammlung, Stand 2010, (zitiert: Bearbeiter, in: Friauf/Höfling, GG, Bd., Art., Rn.).

Gaier, Reinhard, Berufsrechtliche Perspektiven der Anwaltstätigkeit unter verfassungsrechtlichen Gesichtspunkten, BRAK-Mitt., 2006, S. 2–7.

Gaier, Reinhard/Wolf, Christian/Glöcken, Stephan (Hrsg.), Kommentar zum anwaltlichen Berufsrecht, Köln 2010 (zitiert: Bearbeiter, in: Gaier/Wolf/Glöcken (Hrsg.), Anwaltliches Berufsrecht, §, Rn.).

Gemeinschaftskommentar zum Sozialgesetzbuch, Gesetzliche Rentenversicherung: GK-SGB VI, Ruland, Franz u.a. (Hrsg.), Neuwied 2007 (zitiert: Bearbeiter, GK-SGB VI, §, Rn.).

Giesen, Richard, Rentenversicherungspflicht angestellter Freiberufler, NZA 2014, S. 1297–1305.

Göcken, Stephan, Aus der Anwaltschaft, Evaluierung des Rechts der Syndikusanwälte, NJW-aktuell 2019, 17.

Grunewald, Barbara, Die Entwicklung des anwaltlichen Berufsrechts im Jahr 2018, NJW 2018 S. 3623–3627.

Hahn, Dierk, Die öffentlich-rechtliche Alterssicherung der freien Berufe, Berlin, 1974.

Hamacher, Peter, Der Syndikusanwalt, in: Deutscher Anwaltsverein (Hrsg.), Anwälte und ihre Geschichte, Tübingen 2011, S. 913–948.

Hamacher, Peter, Der Syndikusanwalt ist kein Anwalt 2. Klasse, AnwBl. 2011, S. 519.

Harnier, Gabriel, Anmerkung zum Urteil des Bundesgerichtshofes vom 25.06.2001 – II ZR 38/99, GmbHR 2001, 771.

Hartmann, Peter, Die Entscheidungen des Bundessozialgerichts zur Rentenversicherungspflicht von Syndikusanwälten und ihre Folgen sowie die Bedeutung für Syndikussteuerberater, DStR 2014, S. 2183–2193.

Hartmann, Peter/Horn, Jan, Gesetzesentwurf zur Neuordnung des Rechts der Syndikusanwälte, DStR 2015, S. 1813–1814.

Hartmann, Peter/Horn, Jan, Gesetz zur Neuordnung des Rechts der Syndikusanwälte, BRAK-Mitt., 2016, S. 46.

Hartmann, Peter/Horn, Jan, Anwendungsfragen zum Gesetz zur Neuordnung des Rechts der Syndikusanwälte, DStR 2016, S. 972–974.

Hartung, Wolfgang, Anmerkung zum Beschluss vom BGH vom 13.03.2010 – AnwZ (B) 25/99, MDR 2000, S. 671–672.

Hartung, Wolfgang/Scharmer, Hartmut, Kommentar zur Berufs- und Fachanwaltsordnung, 6. Aufl., München 2016 (zitiert: Bearbeiter/Hartung/Scharmer, BORA/FAO, §, Rn.).

Hassemer, Winfried, Das Zeugnisverweigerungsrecht des Syndikusanwalts, Wistra 1986, S. 1–17.

Hauck, Karl/Noftz, Wolfgang (Hrsg.), Kommentar zum SGB VI, Berlin 2008

(zitiert: Bearbeiter in: Hauck/Noftz (Hrsg.), SGB VI, 2008, §, Rn.).

Hauck, Karl/Noftz, Wolfgang (Hrsg.), Kommentar zum SGB VI, Berlin 2013

(zitiert: Bearbeiter in: Hauck/Noftz (Hrsg.), SGB VI, 2013, §, Rn.).

Hauck, Karl/Noftz, Wolfgang (Hrsg.), Kommentar zum SGB VI, Berlin 2016

(zitiert: Bearbeiter in: Hauck/Noftz (Hrsg.), SGB VI, 2016, §, Rn.).

Hedermann, Denis, Die „Erstreckung“ der Befreiung von der Rentenversicherungspflicht nach § 6 Abs. 5 S. 2 SGB VI für Mitglieder berufsständischer Versorgungseinrichtungen, NZS 2014, S. 321–324.

Hein, Ulrike, Die Rechtsstellung des Syndikusanwalts im Strafverfahren, Gießen, 1987.

Heine, Wolfgang, Syndikusanwälte – Mögliche Perspektiven der Deutschen Rentenversicherung – die Freien Berufe in der Rentenversicherung – was lange gelöst war, wird nun zum Konflikt, AnwBl. 2014, S. 690–694.

Heise, Julia, Syndikusanwalt – wie geht es nach BSG-Urteilen weiter?, AnwBl. 2014, S. 936.

Hellwig, Hans-Jürgen, Der Syndikusanwalt – neue Denkansätze, AnwBl. 2015, S. 2–12.

Henke, Udo, Tausende Syndikusanwälte bangen um Altersversorgung – die klaren Urteile des BSG zum Ende des Syndikusanwalts schaffen keine Klarheit, AnwBl. 2014, S. 720–723.

Henssler, Martin/Deckenbrock, Christian: Keine Zulassungspflicht für Alt-Syndizi mit gültigem Befreiungsbescheid, NJW 2016, S. 1345–1350.

Henssler, Martin/Dorando, Thomas, Anmerkung zur Entscheidung des BSG vom 03.04.2014 (Az: B 5 RE 9/14 R) – „Zur Frage der Befreiung von der gesetzlichen Rentenversicherungspflicht für Syndikusanwälte“, WuB 2015, S. 92–94.

Henssler, Martin/Prütting, Hanns, Bundesrechtsanwaltsordnung, 3. Aufl. München 2010 (zitiert: Bearbeiter, in: Henssler/Prütting, Kommentar zur BRAO, 3. Aufl., §, Rn.).

Henssler, Martin/Prütting, Hanns, Bundesrechtsanwaltsordnung, Kommentar, 4. Aufl. München 2014 (zitiert: Bearbeiter, in: Henssler/Prütting, Kommentar zur BRAO, 4. Aufl., §, Rn.).

Henssler, Martin/Willemsen, Heinz Josef/Kalb, Heinz-Jürgen, Arbeitsrecht Kommentar, 7. Aufl. 2016 (zitiert: Bearbeiter, in: Henssler/Willemsen/Kalb, Arbeitsrechtskommentar, §, Rn.).

Hesse, Konrad, Grundzüge des Verfassungsrechts der Bundesrepublik Deutschland, Nachdruck 20. Aufl., Heidelberg 1999 (zitiert: Hesse, Grundzüge des Verfassungsrechts, §, Rn.).

Hey, Thomas, Auswirkungen der BSG-Rechtsprechung auf Unternehmensanwälte und die Angehörigen der weiteren freien Berufe, ArbR 2014, S. 604–606.

Hommerich, Christoph/Prütting, Hanns, Das Berufsbild des Syndikusanwalts, Dt. Anwaltsverein, Bonn 1998.

Horn, Jan, Das Befreiungsrecht der Syndikusanwälte von der gesetzlichen Rentenversicherungspflicht, AnwBl. 2011, S. 755–758.

Horn, Jan, Die sozialgerichtliche Rechtsprechung zur Befreiung von Syndikusanwälten von der gesetzlichen Rentenversicherungspflicht, NJW 2012, S. 966–971.

Horn, Jan, Das Befreiungsrecht des § 6 SGB VI der verkammerten Freien Berufe zugleich ein Beitrag zu BSG B 12 R 3/11 R, B 12 R 5/10 R sowie B 12 R 8/10 R, NZS 2013, S. 605–612.

Horn, Jan, Der Syndikusanwalt und das Zusammenspiel von Sozial- und Berufsrecht, AnwBl. 2014, S. 147–149.

Horn, Jan, Das Befreiungsrecht der Syndikusanwälte von der gesetzlichen Rentenversicherungspflicht, NZS 2014, S. 245–253.

Horn, Jan/Jung, Michael, Syndikusanwälte und die gesetzliche Rentenversicherung, AnwBl. 2011, S. 209–211.

Horn, Jan/Jung, Michael, BSG ordnet Befreiungsrecht von Anwälten aus der Rentenversicherung neu, AnwBl. 2013, S. 420–425.

Huff, Martin W., Heftige Diskussionen um die Befreiung von Unternehmensanwälten in der Deutschen Rentenversicherung, WiR, 2011, S. 4–6.

Huff, Martin W., Streit um die Rentenbefreiung von Rechtsanwälten als Compliance-Mitarbeiter in Unternehmen, CCZ 2011, S. 101–103.

Huff, Martin W., Das falsche Bild des BGH vom Syndikusanwalt, AnwBl. 2011, S. 473–475.

Huff, Martin W., Was HR beachten muss, Befreiung von Unternehmensanwälten in der Deutschen Rentenversicherung, AuA 2011, S. 392–395.

Huff, Martin W., Befreiung für Syndici verkompliziert, AuA 2013, S. 704–706.

Huff, Martin W., Die Auseinandersetzung um die Befreiung der Syndikusanwälte erreicht das Bundessozialgericht, BRAK-Mitt. 2013, S. 215–220.

Huff, Martin W., Das Bundessozialgericht verkennt das heutige Berufsbild der Anwaltschaft, ZAP 2014, S. 547–548.

Huff, Martin W., Dramatische Urteile aus Kassel, AuA 2014, S. 300–301.

Huff, Martin W., Das neue „Gesetz zur Neuordnung des Rechts der Syndikusanwälte“ ZAP 2016, S. 235–246.

Huff, Martin W., Das neue Recht der Syndikusanwälte: erste Erfahrungen und offene Fragen, BB 2016, S. 1480–1483.

Huff, Martin W./Legerlotz, Christoph, Das Befreiungsrecht der Syndikusanwälte – Ein Update, ArbRB 2015, S. 178–181.

Huster, Stefan, Rechte und Ziele, Zur Dogmatik des allgemeinen Gleichheitssatzes, Berlin 1993 (zitiert: Huster, Rechte und Ziele, S.).

Huster, Stefan, Gleichheit und Verhältnismäßigkeit, JZ 1994, S. 541–549.

Jaeger, Renate, Rechtsanwälte als Organ der Rechtspflege – Notwendig oder überflüssig? Bürde oder Schutz? NJW 2004, S. 1–7.

Jarass, Hans. D./Pieroth, Bodo (Hrsg.), Grundgesetz für die Bundesrepublik Deutschland, Kommentar, 15. Aufl., München 2018, (zitiert: Bearbeiter, in: Jarass/Pieroth, GG, Art., Rn.).

Jung, Michael/Horn, Jan, Syndikusanwälte und die gesetzliche Rentenversicherung, AnwBl. 2011, S. 209 – 211.

Jung, Michael/Horn, Jan, BSG ordnet Befreiungsrecht von Anwälten aus der Rentenversicherung neu, AnwBl. 2013, S. 420–425.

Jungk, Antje/Chab, Bertin/Grams, Holger, Pflichten und Haftung des Anwalts – Eine Rechtsprechungsübersicht, BRAK-online, 2016, S. 221–227.

Junker, Claudia/Biederblick, Jörn, Die Unabhängigkeit von Unternehmensjuristen, AG 2012, S. 898–906.

Junker, Claudia/Scharnke, Sebastian, Das neue Syndikusanwaltsgesetz: Rechtssicherheit für Unternehmensjuristen, BB 2016, S. 195–202.

Joussen, Jacob, Der persönliche Anwendungsbereich der Arbeitnehmerhaftung, RdA 2006, S. 129–137.

Kahlert, Oliver, Befreiung der Syndikusanwälte von der gesetzlichen Rentenversicherungspflicht, SGb 12.13, S. 683–691.

Kannegießer, Walter, In eigener Verantwortung, Sankt-Augustin 1998.

Kesan, Christine/Witt, Rebecca, Die „Friedensgrenze“ zwischen gesetzlicher Rentenversicherung und berufsständischen Versorgungssystemen – Verschmelzung oder dauerhafte Koexistenz?, NZS 2013, S. 612–619.

Kilger, Hartmut, Die Geschichte der Rechtsanwaltsversorgungswerke, AnwBl. 1998, S. 424–431 (Teil I).

Kilger, Hartmut, Die Geschichte der Rechtsanwaltsversorgungswerke, AnwBl. 1998, S. 560–566 (Teil II).

Kilger, Hartmut, „berufsspezifische Tätigkeit" von Rechtsanwälten, AnwBl. 1999, S. 571- 574.

Kilger, Hartmut, Die Rechtsanwaltsversorgungswerke, Die Anwältin-Der Anwalt 2008, S. 177–191.

Kilger, Hartmut, Freie Advokatur: Versorgungswerke für Rechtsanwälte, AnwBl. 2011, S. 901–912.

Kilger, Hartmut, Syndikusanwälte und Befreiungsrecht – vieles offen – Zielrichtung klar, BSG-Urteile von 2012 und 2014 zerstören das gelebte Befreiungsrecht, AnwBl. 2014, S. 685–689.

Kilger, Hartmut, Syndikusanwalt: Wer zu spät kommt, den betraft das BSG, AnwBl. 2014, M 157.

Kilger, Hartmut/Prossliner, Michael, Die Rechtsprechung zum Recht der berufsständischen Versorgung seit dem Jahre 2004, NJW 2006, S. 3108–3114.

Kilger, Harmut/Prossliner, Michael, Das Recht der berufsständischen Versorgung seit dem Jahr 2012, NJW 2013, S. 3283 -3287.

Kilger, Hartmut/Offermann-Burckart, Susanne/Schafhausen, Martin/Schuster, Doris, Das neue Syndikusrecht, München 2016.

Kilian, Matthias, Die Zukunft der Syndikusanwaltschaft nach den BSG Urteilen, AnwBl. 2014, S. 468–473.

Kilian, Matthias, Brennpunkte des anwaltlichen Berufsrechts, NJW 2014, S. 1499–1504.

Kingreen, Thorsten/Poscher, Ralf, Grundrechte Staatsrecht II, 34. Aufl., München 2018.

Kirchhoff, Ulrich/Kilger, Hartmut, Verfassungsrechtliche Verpflichtung der berufsständischen Versorgungswerke zur Berücksichtigung von Zeiten der Kindererziehung, NJW 2005, S. 101–106.

Klattenhoff, Roland, Gesetzliche Rentenversicherung und berufsständische Altersversorgung, DAngVers 1996, S. 404–411.

Kleine-Cosack, Michael, Rechtsanwalt, Syndikusanwalt und Zweitberuf, ZIP 1991, S. 1337–1349.

Kleine-Cosack, Michael, Freiheit zum Zweitberuf: Grundsatzentscheidung des BVerfG zur Anwaltszulassung, NJW 1993, S. 1289–1294.

Kleine-Cosack, Michael, Syndikusanwälte ante portas? AnwBl. 2011, S. 467–472.

Kleine-Cosack, Michael, Vom Syndikusanwalt zum Unternehmensjuristen – dient das der Anwaltschaft?, AnwBl. 2012, S. 947–955.

Kleine-Cosack, Michael, Versorgungswerk-Aus für Syndikus – BSG erliegt Unabhängigkeitsmythos – Der Gesetzgeber ist gefordert, AnwBl. 2014, S. 891–898.

Kleine-Cosack, Michael, Kommentar zur Bundesrechtsanwaltsordnung, 7. Aufl., München 2015.

Kleine-Cosack, Michael, Vertrauensschutz und Rentenversicherungspflicht von Syndikusanwälten, AnwBl. 2015, S. 115–121.

Kleine-Cosack, Michael, Der Gesetzgeber ordnet neu: Durchbruch für die Syndikusanwälte, AnwBl. Online 2016, S. 50–64, abrufbar unter: https://anwaltsblatt.anwaltverein.de/files/anwaltsblatt.de/Rubriken/Aufsaetze/2016/01.16.Kleine-Cosack-AnwBl-Online%2050..64.pdf (zuletzt abgerufen am: 12.06.2019).

Kleine-Cosack, Michael, Der Gesetzgeber ordnet neu: Durchbruch für die Syndikusanwälte, AnwBl. 2016, S. 101–115.

Knickrehm, Sabine/Kreikebohm, Ralf/Waltermann, Raimund (Hrsg.), Kommentar zum Sozialrecht, 4. Aufl., München 2015 (zitiert: KKW/Bearbeiter, §, Rn.).

Koch, Raphael, Die Berücksichtigung der Syndikusrechtsanwaltstätigkeit bei den Voraussetzungen des Zugangs zum Anwaltsnotariat nach Inkrafttreten des Gesetzes zur Neuordnung des Rechts der Syndikusanwälte, DNotZ 2018, S. 84–96.

Köhler, Matthias, Die Erstreckung eines Befreiungsbescheides der Deutschen Rentenversicherung Bund bei Entsendung, WzS 2015, S. 316–319.

Körner, Anne/Leitherer, Stephan/Mutschler, Bernd/Rolfs, Christian (Hrsg.), Kassler Kommentar zum Sozialrecht, Bd. 1, Ergänzungslieferung 103 aus März 2019 (zitiert: KassKomm/Bearbeiter, §, Rn.).

Kollrus, Harald, Verfassungskonforme Auslegung des Tätigkeitsverbots für Syndikusanwälte gem. § 46 BRAO, BRAK 2013, S. 98–102.

Kolvenbach, Walter, Die Tätigkeit der Syndikusanwälte im Unternehmen und ihre Zusammenarbeit mit frei praktizierenden Anwälten, JZ 1979, S. 458–462.

Kramer, Hans-Jörg, „Friedensgrenze“ zwischen Rentenversicherung und berufsständischer Versorgung abgesteckt, DAngVers 1996, S. 154–162.

Kreikebohm, Kommentar zum Sozialgesetzbuch Gesetzliche Rentenversicherung – SGB VI, 3. Aufl., München 2008 (Bearbeiter, in: Kreikebohm, SGB VI, 3. Aufl., §, Rn.).

Kreikebohm, Kommentar zum Sozialgesetzbuch Gesetzliche Rentenversicherung – SGB VI, 6. Aufl., München 2018 (Bearbeiter, in: Kreikebohm, SGB VI, 6. Aufl., §, Rn.).

Krenzer, Michael, Anmerkungen zu den Entscheidungen des Bundessozialgerichts zur Befreiung von Syndikusanwälten, BRAK-Mitt. 2014, S. 128–132.

Kury, Otmar, „Altsyndici“ und Zulassung, BRAK-Magazin, 2016, S. 3.

Ladage, Klaus, der Sozialrechtliche Herstellungsanspruch: Ein Sonderfall materiell-rechtlicher Widereinsetzung in den vorigen Stand, Sankt-Augustin 1990.

Legerlotz, Christoph/Schmidt, Anke, Die Rentenversicherungspflicht von Syndikusanwälten ArbRB 2014, S. 209–212.

Leibholz, Gerhard/Rinck, Hans-Justus/Hesselberger, Dieter, Kommentar zum Grundgesetz, Bd. II, 6. Aufl., Köln 1989 (zitiert: Leibholz/ Rinck/ Hesselberger, GG, Art., Rn.).

Lerche, Peter/Pestalozza Christian Graf von, Aktuelle Verfassungsfragen der berufsständischen Versorgung, in: Arbeitsgemeinschaft berufsständischer Versorgungseinrichtungen (ABV) (Hrsg.), Verfassungsrechtliche Fragen zur berufsständischen Versorgung freier Berufe und zur Hinterbliebenenreform, 1986, S. 213–322 (zitiert: Bearbeiter, in: ABV e.V. (Hrsg.), Verfassungsrechtliche Fragen zur berufsständischen Versorgung freier Berufe und zur Hinterbliebenenreform 1986, S.).

Leßmann, Jochen/Hermann, Christoph, Rentenversicherung: Der vermeintlich befreite Syndikusanwalt, DB 2013, S. 1114–1118.

Leßmann, Jochen/Hermann, Christoph, Geänderte Verwaltungspraxis bei der Befreiung von der gesetzlichen Rentenversicherungspflicht, DB 2014, S. 836–841.

Leßmann, Jochen/Hermann, Christoph, Vertrauensschutz für Syndikusanwälte in der Rentenversicherung, DB 2014, S. 2227–2232.

Lewens, Die Rechtsstellung des Syndikusanwalts in Straf- und Kartellverfahren, Hamburg 2010.

Lissner, Stefan, Das Amt des Insolvenzverwalters, DZWIR 2013, S. 159–163.

Löwe, Henning, Syndikusrechtsanwälte, Wer muss was wann wie wo tun? BRAK-Magazin 2016, S. 7–8.

v. Mangoldt, Hermann/Klein, Friedrich, Kommentar zum Grundgesetz, 3. Aufl., München 1996 (zitiert: Bearbeiter, in: v. Mangoldt/Klein (Hrsg.), GG, Bd. VIII, 3. Aufl., Art., Rn.).

v. Mangoldt, Hermann/Klein, Friedrich/Starck, Christian, Kommentar zum Grundgesetz, Bd. 1 (Präambel, Art. 1–19 GG), 7. Aufl., München 2018 (zitiert: Bearbeiter, in: v. Mangoldt/Klein/Starck (Hrsg.), GG, Bd. 1, Art., Rn.).

v. Mangoldt, Hermann/Klein, Friedrich/Starck, Christian, Kommentar zum Grundgesetz, Bd. 2 (Art. 20–82 GG), 7. Aufl., München 2018 (zitiert: Bearbeiter, in: v. Mangoldt/Klein/Starck (Hrsg.), GG, Bd. 2, Art., Rn.).

Mann, Marius E., Gleichstellung des Syndikusanwalts beim Vertraulichkeitsschutz, AnwBl. 2010, S. 87–91.

Mann, Marius E./Leisinger, Christian M., Kein „legal privilege“ für unternehmensinterne Rechtsanwälte, AnwBl. 2010, S. 776 -779.

Mann, Thomas, Die „Friedensgrenze“ zwischen Anwaltsversorgung und gesetzlicher Rentenversicherung, NJW 1996, S. 1315–1320.

Marburger, Horst, Pflichten der Arbeitgeber des öffentlichen Rechtes bei Mitgliedschaft eines Arbeitnehmers in einer öffentlich-rechtlichen Versicherungs- oder Versorgungseinrichtung, DöD 2014, S. 294–299.

Maunz, Theodor/Düring, Günter (Begr.), Grundgesetzkommentar, Loseblattsammlung, Band VI, Artt. 86–102, Stand 1971, (zitiert: Maunz/Düring/Bearbeiter, GG, Band VI, Stand 1971, Art., Rn.).

Maunz, Theodor/Düring, Günter (Begr.) Grundgesetzkommentar, Loseblattsammlung, Band II, Artt. 6–15, Stand 2018 (zitiert; Maunz/Düring/Bearbeiter, GG, Band, Art., Rn.).

v. Maydell, Bernd Baron/Ruland, Franz/Becker, Ulrich (Hrsg.), Sozialrechtshandbuch, 5. Aufl., Baden-Baden 2012.

Mehrens, Christian, Das Gesetz zur Neuordnung des Rechts der Syndikusanwälte, KrV 2016, S. 51–56.

Merkt, Hanno, Syndikusanwalt und Anwaltsprivileg – Chance für das Rechtssystem, AnwBl. 2014, S. 278 - 285.

Merkt, Hanno, Syndikusanwalt und Corporate Governance, NJW 2014, S. 2310–2315.

Merkt, Hanno, Syndikusanwälte: Besser eine kleine als keine Lösung!, BB 2015, S. 8.

Meurer, Anne, Berufsständische Versorgung – Sinnvoller Bestandteil des gegliederten Systems oder Entsolidarisierung der Alterssicherung? DAngVers 1994, S. 301–306.

Meyer, Cord, Anmerkung zum Urteil des BSG vom 03.04.2014, NZA 2014, S. 971.

Meyer, Cord, Der Aspekt von Lebensentscheidungen in der Rechtsprechung des BSG – zum – vermeintlich – nicht befreiungsfähigen Syndikusanwalt, NZS 2014, S. 801–804.

Meyer, Cord, Zur sozialrechtlichen Flankierung im Gesetz zur Neuordnung des Rechts der Syndici, BB 2015, S. 2165–2168.

Meyer, Cord, Die sozialrechtlichen Übergangsvorschriften im Gesetz zur Neuregelung des Rechts der Syndikusrechtsanwälte, BB 2016, S. 501–505.

Meyer-Ladewig, Jens/Keller, Wolfgang/Leitherer, Stephan, Kommentar zum SGG, 10. Aufl., München 2012.

Moosmayer, Klaus, Der EuGH und die Syndikusanwälte, NJW 2010, S. 3548–3551.

Müller-Glöge, Rudi/Preis, Ulrich/Schmidt, Ingrid (Hrsg.), Erfurter Kommentar zum Arbeitsrecht, 18. Aufl., München 2018 (Zitiert: ErfKomm/Bearbeiter, §, Rn.).

Munte, Oliver, Der Syndikusanwalt im Konzernunternehmen, AnwBl. 1998, S. 500–509.

Neumann, Jens, Hausanwalt oder Rechtsabteilung? AnwBl. 1987, S. 404–408.

Oetker, Hartmut, Neues zur Arbeitnehmerhaftung durch § 619a BGB? BB 2002, S. 43–45.

Offermann-Burckart, Susanne, Die Systemrelevanz von Syndikusanwälten, AnwBl. 2012, S. 778–787.

Offermann-Burckart, Susanne, Befreiung von der Versicherungspflicht in der gesetzlichen Rentenversicherung, MDR 2013, S. 1197–1201.

Offermann-Burckart, Susanne, Kassel locute, causa finita!?- Das BSG urteilt über Syndikusanwälte, NJW 2014, S. 2683–2686.

Offermann-Burckart, Susanne, Das Gesetz zur Neuordnung des Rechts der Syndikusanwälte, NJW 2016, S. 113–120.

Offermann-Burckart, Susanne, Die Neue Ordnung des Rechts der Syndikusanwälte im Praxistest, AnwBl. 2016, S. 474–482.

Offermann-Burckart, Susanne, Die Zulassung als Syndikusrechtsanwalt und ihre rechtlichen Folgen, AnwBl. 2016, S. 125–136.

Offermann-Burckart, Susanne, Anmerkung zum Beschluss des BGH vom 01.08.2017, AnwZ (Brfg) 14/17, NJW 2017, 2837.

Ostler, Fritz, Die deutschen Rechtsanwälte 1871–1971, Essen 1971.

Ostler, Fritz, Neueste Entwicklungen in der Rechtsanwaltschaft, NJW 1987, S. 281–289.

Otto, Hansjörg, Anmerkung zum Urteil des BAG (GS), Beschluss vom 27.09.1994 - GS 1/89, AuR 1995, S. 72–76.

Palandt, Otto (Hrsg.), Kommentar zum Bürgerlichen Gesetzbuch, 77. Aufl., München 2018 (zitiert: Bearbeiter, in: Palandt, §, Rn.).

Papier, Hans-Jürgen, Berufsständische Altersversorgung und gesetzliche Rentenversicherung, in: Verfassung, Theorie und Praxis des Sozialstaats, Festschrift für Hans F. Zacher, Heidelberg 1998, S. 689–713.

Papier, Hans-Jürgen, Alterssicherung durch berufsständische Versorgungswerke, in: Alterssicherung in Deutschland, FS für Franz Ruland, Baden-Baden 2007, S. 455–476.

Papier, Hans-Jürgen, Sozialstaat und berufsständische Versorgung, AnwBl. 2007, S. 97–102.

Pfeiffer, Gerd, Der Syndikusanwalt in der Rechtsprechung der Ehrengerichtshöfe und des Senats für Anwaltssachen bei dem Bundesgerichtshof, in: Festschrift für Walter Oppenhoff, München 1985, S. 249–274.

Pieroth, Bodo/Schlink, Bernhard, Grundrechte Staatsrecht II, 22. Aufl., München 2009.

Plagemann, Jochen, Prognosefetischismus in der Sozialversicherung? Betrachtungen zur Säkularfeier der Deutschen Sozialversicherung, VersWirtsch 1982, S. 170–178.

Plitt/Stütze, Die Befreiung von Syndikusanwälten von der gesetzlichen Rentenversicherungspflicht, NJW 2011, S. 2556 - 2560.

Posegga, Volker, Kurzkommentar zur Entscheidung des BGH, Beschluss vom 18.06.2001 - AnwZ(B) 41/00, EWirR 2001, S. 1137–1138.

Possega, Volker, Praxisrelevante Missverständnisse rund um den Syndikusrechtsanwalt, DStR 2018, S. 1372–1376.

Prossliner, Michael, Syndikusanwälte und die gesetzliche Rentenversicherung, AnwBl. 2009, S. 133–135.

Prossliner, Michael, Brennpunkt Befreiung von der Rentenversicherungspflicht, NZA 2013, S. 1384–1390.

Prossliner, Michael, Befreiungsrecht und jetzt? – Fallgruppen in ihren Varianten, AnwBl. 2014, S. 695–699.

Prütting, Hanns, Das Anstellungsverhältnis des Syndikusanwalts, AnwBl. 2001, S. 313–319.

Prütting, Hanns, Anwaltliche Tätigkeit und berufsständische Versorgung, ABV e.V., 2003.

Prütting, Hanns, Die Unabhängigkeit des Syndikusanwalts, AnwBl. 2009, 402–404.

Prütting, Hanns, Die Stellung des Syndikusanwalts aus berufsrechtlicher Sicht, Kammerforum 2012, S. 4–8.

Prütting, Hanns, Die Stellung des Syndikusanwalts aus berufsrechtlicher Sicht, WiR 2012, S. 84–89.

Prütting, Hanns, Die Folgen der BSG-Urteile: Berufsverbot für die deutschen Syndikusanwälte?, AnwBl. 2014, S. 788–790.

Prütting, Hanns, Gesetzliche Rentenversicherungspflicht von Syndikusanwälten, EWiR 2014, S. 599–600.

Prütting, Hanns, Das Eckpunktepapier des Bundesjustizministeriums zu den Syndikusanwälten, AnwBl. 2015, S. 199–201.

Redeker, Konrad, Freiheit der Advokatur - heute, NJW 1987, S. 2610–2616.

Redeker, Konrad, Der Syndikus als Rechtsanwalt, NJW 2004, S. 889–893.

Remmertz, Frank, Die Bezeichnung für Syndikusanwälte nach altem und neuen Recht, BRAK-Mitt. 2016, S. 47–49.

Ring, Gerhard, Keine Befreiung für Syndikusanwälte von der gesetzlichen Rentenversicherungspflicht, NJ 2014, S. 439–440.

Rische, Herbert/Thiede, Reinhold, Die Zukunft der gesetzlichen Rentenversicherung, NZS 2013, S. 601 – 605.

Robbers, Gerhard, Der Gleichheitssatz, DÖV 1988, S. 749–758.

Römermann, Volker/Hartung, Wolfgang, Berufs- und Fachanwaltsordnung, 4. Aufl. München 2008 (zitiert: Bearbeiter, in: Römermann/Hartung, BORA/FAO, §, Rn.).

Römermann, Volker/Günther, Tim, Syndikusanwalt – der (un)abhängige Rechtsallrounder mit der besonderen Lizenz, NZA 2016, S. 71–75.

Rolfs, Christian, Das BSG erschüttert die Alterssicherung der Syndikusanwälte, SGb 2014, S. 653–658.

Rolfs, Christian/Marcelli, Ricarda, Rentenversicherungspflicht für Syndikusanwälte, NZA 2014, S. 574–580.

Roxin, Claus, Das Beschlagnahmeprivileg des Syndikusanwalts im Lichte der neuesten Rechtsentwicklung, NJW 1995, S. 17–23.

Rüfner, Wolfgang, Zur Bedeutung von § 48 Abs. 2 SGB X, in: Gitter, Wolfgang/ Schulin, Bertram/Zacher, Hans F. (Hrsg.) Festschrift für Krasney, München 1997, S. 401–410.

Ruland, Franz, Die freien Berufe zwischen gesetzlicher Rentenversicherung und berufsständischen Versorgungswerken, NJW 1982, S. 1847–1854.

Ruland, Franz, Die Koordinierung der verschiedenen Alterssicherungssysteme in Deutschland, NZS 2015, S. 81–91.

Sachs, Michael (Hrsg.), Grundgesetz, Kommentar, 8. Aufl., München 2018 (zitiert: Bearbeiter, in: Sachs, GG, Art., Rn.).

Salditt, Franz, Die Moral der Strafverteidigung, AnwBl. 2009, S. 805–811.

Salzwedel, Jürgen, Sind staatliche Eingriffe in die berufsständischen, insbesondere ärztlichen Werke zulässig, wo liegen ihre verfassungsrechtlichen Grenzen?, in: Arbeitsgemeinschaft berufsständischer Versorgungseinrichtungen (ABV) (Hrsg.), Verfassungsrechtliche Fragen zur berufsständischen Versorgung freier Berufe und zur Hinterbliebenenrentenreform 1986, 1986, S. 323 ff. (zitiert: Bearbeiter, in: ABV e.V. (Hrsg.), Verfassungsrechtliche Fragen zur berufsständischen Versorgung freier Berufe und zur Hinterbliebenenreform 1986, S.).

Schafhausen, Martin, BVerfG gibt wichtige Hinweise zur Auslegung des § 231 Abs. 4b SGB VI („Syndikusrechtsanwälte"), ArbRAktuell 2016, S. 398–400.

Schafhausen, Martin, Die SGB VI-Änderungen im Gesetz zur Neuordnung des Rechts der Syndikusanwälte, AnwBl. 2016, S. 116–120.

Schafhausen, Martin, Anmerkung zum Urteil des Bundesgerichtshofes - AnwZ (Brfg) 49/17, NJW 2018, 3110.

Schafhausen, Martin, Rückwirkende Befreiung von Syndikusrechtsanwälten vor April 2014, NJW 2018, S. 1135–1138.

Schenke, Wolf-Rüdiger, Sozialversicherungsrechtliche Ansprüche und das Eigentumsgrundrecht, in: Festschrift für Egon Lorenz, Kontinuität und Wandel des Versicherungsrechts, 2004, S. 715–766.

Schenkel, Jan, Sozialversicherung und Grundgesetz, Diss., Berlin 2008.

Schlegel, Rainer/Voelzke, Thomas (Gesamt-Hrsg.), Juris Praxiskommentar zum SGB X, 2. Aufl. 2013 (zitiert: Bearbeiter, in Schlegel/Voelzke, jurisPK-SGB X, §, Rn.).

Schlegel, Rainer/Voelzke, Thomas (Gesamt-Hrsg.), Juris Praxiskommentar zum SGB IV, 3. Aufl. 2016 (zitiert: Bearbeiter, in Schlegel/Voelzke, jurisPK-SGB IV, §, Rn.).

Schmidt-De Caluwe, Reimund, Der Eigentumsschutz sozialer Rechtspositionen - zu einer funktionsgesteuerten Auslegung von Art. 14 I GG, JA 1992, S. 129–137.

Schulin, Bertram (Hrsg.), Handbuch des Sozialversicherungsrechts, Bd. 3, Rentenversicherungrecht, 1999 (zitier: Bearbeiter, in: Schulin, HS RV, §, Rn.).

Schulze, Handkommentar zum Bürgerlichen Gesetzbuch, 10.Aufl., Baden-Baden 2019.

(zitiert: Hk-BGB/Bearbeiter, §, Rn.).

Schuster, Doris-Maria, Was ist nach den „Syndikus-Urteilen“ im Arbeitsverhältnis zu beachten?, AnwBl. 2014, S. 700–702.

Schuster, Doris-Maria, Syndikusanwälte: Folgen des neuen Rechts für das Arbeitsverhältnis, AnwBl. 2016, S. 121–124.

Singer, Reinhard, Unternehmensjuristen und ihre Rente, BRAK-Mitteilungen 2014, S. 282–291.

Skouris, Die Diskriminierung des Syndikusanwalts aus verfassungsrechtlicher Sicht, BB 1975, S. 1230–1234.

Söllner, Alfred/Waltermann, Raimund, Arbeitsrecht, 15. Auflage, München 2009.

Staudinger, J. v., Kommentar zum Bürgerlichen Gesetzbuch mit Einführungsgesetz und Nebengesetzen, Buch 2, Berlin 2007 (zitiert: Staudinger/Bearbeiter, BGB, §, Rn.).

Staudinger, J. v., Kommentar zum Bürgerlichen Gesetzbuch, Recht der Schuldverhältnisse, Buch 2, Berlin 2019 (zitiert: Staudinger/Bearbeiter, BGB, 2019, §, Rn.).

v. Steinau-Steinrück, Robert /Burkard-Pötter, Julia, Rentenversicherungspflicht der Syndikusanwälte, NJW-Spezial 2014, S. 562–563.

Steinmeyer, Heinz-Diedrich, Das Befreiungsrecht für Syndikusanwälte – Probleme und Lösungen, NZS 2015, S. 281–288.

Teihle, Hans-Oskar, Die soziale Alterssicherung für Selbständige, DVBl. 1971, S. 390–394.

Temming, Felipe/Dalmer, Stefan, Die Bestimmung der „anwaltlichen Prägung“ im Sinne von § 46 Abs. 3 BRAO, AnwBl. 2018, S. 916–924.

Theus, Melanie, Endlich Syndikusrechtsanwalt oder doch Rechtsanwalt (bleiben) oder beides?, BB 2016, S. 203–206.

Thietz-Bartram, Jochim, Friedenssicherung in der Anwaltschaft – ein Appell, AnwBl. 2014, S. 791–796.

Thönißen, Klaus, Gesetzliche Rentenversicherung für Syndici und der Vertrauensschutz – Ist nun der Gesetzgeber gefragt?, DB 2014, S. 2473–2474.

Thüsing, Gregor/Fütterer, Johannes, Altersversorgung von Syndikusanwälten: Lösung liegt im Berufsrecht, AnwBl. 2015, S. 13–17.

Thüsing, Gregor/Fütterer, Johannes, Der Syndikus und die Anwaltszulassung nach dem Referentenentwurf des BMJV – Sein oder Nichtsein?, NZA 2015, S. 595–599.

Trebeck, Joachim, Keine Befreiung von Syndikusanwälten von der Rentenversicherungspflicht, ArbRB 2014, S. 300–301.

Voigt, Peter, Syndikusanwälte in der DRV pflichtversichert, ArbuR 2014, S. 480.

Waltermann, Raimund, Sozialrecht, 13. Aufl, Heidelberg 2018.

Wein, Boris/Walter, Daniela, Die Anforderungen an den neuen Syndikusrechtsanwalt – ein Beitrag zum Unternehmensjuristen-Kongress 2016 des BUJ e.V., BB 2016, S. 245–248.

Wieland, Joachim, Kurzkommentar zum Urteil des Bundesverfassungsgerichts vom 03.08.2004 – 1 BvR 135/00 u. 1086/01, EWiR 2005, S. 437–438.

Wirges, Volkmar, Syndici und Rentenversicherungspflicht – neue Tendenzen in der Rechtsprechung, NZS 2006, S. 19–25.

Wolf, Christian, Sozialrechtliche, Arbeitsrechtliche und berufsrechtliche Implikationen für den Syndikusrechtsanwalt – Ein erster Überblick, BRAK-Mitt. 2016, S. 9–16.

Wolff, Heinrich Amadeus, Grundgesetz für die Bundesrepublik Deutschland, 12. Aufl., Baden-Baden 2018 (zitiert: Bearbeiter/Wolff, GG, Art., Rn.).

v. Wulffen, Matthias (Hrsg.), Kommentar zum SGB X, 7. Aufl., München 2010.

Zimmer, Mark/Bauer, Philipp, Nach dem Paukenschlag des BSG, BB 2014, S. 2677–2682.

Zuck, Rüdiger, Organ der Rechtspflege – Ein anwaltlicher Zuruf, NJW 2013, S. 1582–1583.

www.ingramcontent.com/pod-product-compliance
Ingram Content Group UK Ltd.
Pitfield, Milton Keynes, MK11 3LW, UK
UKHW021935290926
8980IPUK00016B/1647

9 783631 814888